U0840256

守正创新

新时代高校思政课教学研究

肖贵清　著

人民出版社

目　　录

·总　论

·理论联系实际

·概论课教学

· 立德树人

前　言

高校思想政治理论课（以下简称“思政课”）是对学生进行思想政治教育的主渠道，是帮助学生树立正确的世界观、人生观、价值观的重要途径。因此，党中央和国务院高度重视高校思政课建设，强调充分发挥思政课的作用，是党的教育方针的具体体现，是社会主义大学的本质特征。党的十八大以来，中国特色社会主义进入新时代，坚持和发展中国特色社会主义面临着许多新问题，世界百年未有之大变局加速演进，世界进入新的动荡变革期。这些都对高校思政课建设提出了新的更高要求。

新时代高校思政课建设面临着新的挑战与机遇。一方面，随着世界多极化、经济全球化的深入发展，人们的思想观念逐渐发生新的变化，各国之间的文化交流日益频繁，有利于我们在文明互鉴过程中吸收国外的进步思想和文化遗产，不断丰富思政课教学的内容和方法，为高校思政课教学改革和发展提供了新的内容和方式方法。随着大数据时代和新媒体时代的到来，各类信息资源高速传播和共享，为我们开展思想政治教育、研究和宣传党的理论方针和政策产生了积极影响。信息网络技术的快速发展，不仅拓宽了高校思政课的教学场域，缩短了教育者与被教育者的时空距离，同时也促进了思想政治教育传统优势同信息技术的高度融合，推动了高校思政课教学手段的创新，使思政课的吸引力和感召力得以提升。

另一方面，国内外形势的深刻变化也给高校思政课建设带来了巨大挑战。中国特色社会主义新时代，是一个科技迅猛发展、经济结构不断调整、社会结构不断变化的时代，是一个利益主体、分配方式、价值观念日益多元化发展的时代，是一个增长速度换挡期、结构调整阵痛期、社会矛盾突发期等“多期叠加”的特殊时代，世界正处于“百年未有之大变局”。在与世界各国的文化交往中，东西方思想文化相互交融碰撞，西方国家凭借科技和经济上的优势，不断加强思想渗透，一些西方的政治观点、价值理念、生活方式、落后甚至腐朽的思想也通过各种途径进入了我国。高校学生正处于世界观、人生观、价值观的形成时期，对于纷繁复杂的国际形势和社会思潮难以进行有效辨析，容易受到各种错误思潮的影响，从而导致信仰缺失、理想信念模糊、价值取向错位。

中国特色社会主义新时代，建设社会主义现代化强国、实现中华民族伟大复兴进入关键时期。加强高校思政课建设的重大意义在于，引导学生立足中华民族伟大复兴战略全局，科学认识全球发展大势、洞察世界格局变化，认清资本主义和社会主义既相互合作又相互竞争的关系，深入思考“世界怎么了”“人类向何处去”等时代课题。引导学生运用马克思主义的立场、观点和方法，从中国共产党探索和开创中国特色社会主义的伟大实践中，认识人类社会发展的历史必然性，认识和把握中国特色社会主义的历史必然性，从而树立为共产主义远大理想和中国特色社会主义共同理想而奋斗的信念和信心。引导学生做社会主义核心价值观的坚定信仰者、积极传播者、模范践行者，准确分析并抵制西方社会思潮的冲击，维护我国意识形态领域的安全，争做堪当民族复兴重任的时代新人，在实现中华民族伟大复兴的时代洪流中踔厉奋发、勇毅前进。

做一个新时代高校教师难，做一个合格的高校思政课教师更加不易。新时代对高校思政课教师的能力和素质同样提出了更高要求。思政课首先是其政治性，思政课教师要坚定正确的政治立场。思政课是高校的核心课程，是一门性质特殊的课程，它要解决的是学生的理想信念问题，即教育和帮助学生树立坚定的马克思主义信仰，树立共产主义远大理想和中国特色社会主义共同理想。思政课教师只有对马克思主义、对社会主义和共产主义有坚定的信仰，坚定中国特色社会主义道路自信、理论自信、制度自信和文化自信，才能对所讲课程的内容高度认同;思政课教师只有善于从政治上看问题,始终在大是大非面前保持政治清醒,才能讲得有底气,才能有效引导学生真学、真懂、真信、真用;思政课教师只有对教育有深深的情怀,把它作为自己的毕生追求,才能以情感人、以情化人,在学生和真理之间架起桥梁,引导学生走向真理的彼岸,树立起正确的世界观、人生观、价值观。

思政课教师要有扎实的理论功底。传道者自己首先要明道、信道,思政课教师作为从事马克思主义理论学科研究和教育的专业群体,不仅要树立终身学习的理念,熟练掌握马克思主义基本原理和马克思主义中国化最新理论成果;还要广泛涉猎哲学社会科学以及自然科学的知识,掌握职业规划等基本技能,能对学生常见的思想和行为问题予以精准指导。思政课教师不仅要有宽广的国际视野,善于利用国内外的事实、案例、素材,既不封闭保守,也不崇洋媚外,教育引导学生正确认识人类社会发展规律,认识世界和中国发展大势,认识中国共产党坚持和发展中国特色社会主义的伟大实践,认识自己的时代责任和历史使命;思政课教师还要有深邃的历史视野,通过上下五千年、纵横几万里的深入比较明辨是非,在循循善诱中启迪学生心智,在润物无声中传播真理。

思政课教师要加强自身道德修养。要评价一个老师是否是好老师,要评价一支教师队伍是否是高素质的教师队伍,师德师风是第一标准。新时代加强师德师风建设,要引导教师把教书育人和自我修养相结合,做到以德立身、以德立学、以德施教。思政课教师是塑造学生灵魂的职业,只有不断锤炼品德修养,坚持言传和身教相统一,才能以高尚的人格赢得学生敬仰,以模范的言行举止影响和感召学生,成为精于"传道授业解惑"的"经师"和"人师"的统一者。思政课教师只有严于修身,严于律己,用"吾日三省吾身"的自律精神严格要求自己,用表里如一、知行合一的嘉言懿行传递正能量,不仅在课堂上讲授马克思主义和中国化马克思主义的立场、观点和方法,而且在工作生活当中自觉遵守中国特色社会主义的路线、方针、政策,才能真正成为学生的大先生,成为被社会尊重的楷模。

新时代高校思政课教学面临的机遇与挑战，需要思政课教师正确处理好守正与创新的关系。强调守正，就是要守马克思主义的根本，守中国特色社会主义的根本，守思政课立德树人的根本。思政课教师应自觉遵循思政课教学规律、教书育人规律、学生成长规律，立足教材讲清讲深讲透思政课的基本原理和基本观点，特别是习近平新时代中国特色社会主义思想的科学内涵、核心要义、理论体系、历史地位，切实提高学生的马克思主义理论水平；思政课教师应强化思政课的政治导向功能，发挥思政课主流意识形态传播主阵地的作用，使学生牢固树立中国特色社会主义的理想信念，立志成为中国特色社会主义事业的合格建设者和可靠接班人；思政课教师应充分阐释课程内容所蕴含的价值取向和价值目标，使思政课的理论知识转化为大学生的内在价值理念，使学生在掌握人类社会发展规律和中国特色社会主义发展规律的基础上，实现对社会主义核心价值观的认同。

讲好新时代思政课，还需要思政课教师强化创新意识。强调创新，就是要积极回应时代的变迁，积极呼应 21 世纪马克思主义的发展，积极面对和释疑社会问题。思政课教师要在理论上跟上时代，在教学各个环节及时融入马克思主义中国化最新成果，紧跟学科进展和理论研究前沿，以辩证思维分析和阐释最新时政热点，从而切实增强高校思政课的科学性和时代性；思政课教师还要在形式上跟上时代，努力创新教学理念和方式方法，将新媒体工具、网络信息技术与思政课教学相融合，探索多元参与、双向互动、线上线下结合等新的教学模式，努力调动学生学习主体性、积极性，提升学生参与度和增强师生互动性，使思政课更加鲜活起来；思政课教师还要积极开展实践教学，教育引导学生了解世情国情、乡情民情，在实践中提高本领、锻炼能力，真正做到学以致用。

新时代高校思政课的守正与创新，是一个具有现实意义和长远意义的重大课题。我愿与高校思政课同仁一起开展这方面的研究，为思政课建设，为马克思主义理论学科建设，为培育堪当民族复兴重任的时代新人贡献绵薄之力。

·总　论

新时代高校思想政治理论课的守正与创新*

新时代高校思想政治理论课是对学生进行思想政治教育的主渠道。提高思想政治理论课的教学效果，需要不断进行改革创新。但是，改革不能忘却根本，需要在守正的基础上进行创新。唯有如此，才能培养中国特色社会主义的建设者和接班人。

一、守正是新时代高校思想政治理论课创新的基础

党的十八大以来，随着对"高校培养什么样的人、如何培养人以及为谁培养人"①这一根本问题的回应，"立德树人"成为高校育人工作的中心环节。思想政治理论课作为学生思想政治教育的主渠道备受关注。为了提升思想政治教育的亲和力和针对性，满足学生成长发展的需求和期待，切实提高教学效果，高校积极推进教学改革，探索多种课堂教学形式，取得了丰富的教学改革成果。然而，在各种创新形式之中出现的问题也不容忽视。必须指出，守正是高校思想政治理论课创新的前提和基础。

---

* 原载《思想教育研究》2019 年第 3 期。中国人民大学复印报刊资料《高校思想政治理论课教学研究》2019 年第 4 期全文转载。

① 《习近平谈治国理政》第二卷，外文出版社 2017 年版，第 376 页。

（一）守正就要坚持思想政治理论课的理论属性、政治属性和价值属性，完善思想政治理论课的课程体系和教学体系

思想政治理论课的理论属性是解决“教什么”的问题。马克思主义基本原理是对学生进行思想政治教育的理论基础，各种形式的教学方法改革不能替代读经典、悟原理的理论学习，马克思主义理论的科学性和彻底性本身就对充满好奇的大学生具有吸引力。一个坚持守正的思想政治理论课教师不仅要吃透教材，更要悟透马克思主义基本理论，讲得出科学理论的魅力。习近平新时代中国特色社会主义思想是当代中国的马克思主义，是全面深化改革实践的生动理论发展，坚持守正的思想政治理论课教师要有能力充分把握这一思想的精髓，运用生动教学语言加以阐释。

思想政治理论课的政治属性是指思想政治理论课具有明确的意识形态属性，思想政治理论课是一门政治课，必须把维护中国共产党的领导，坚守社会主义方向，坚持中国特色社会主义四个自信作为基本原则。要全面贯彻党的教育方针，坚持社会主义的政治方向，培育社会主义事业的建设者和接班人，实现学生对中国特色社会主义的政治认同，增强学生的社会责任感和历史使命感。坚持守正就是旗帜鲜明地落实思想政治理论课的意识形态功能。

价值属性体现在使学生形成正确的世界观、人生观和价值观，正确认识社会、认识世界，处理好个人、集体和国家的关系。马克思主义不仅是一个科学的理论体系，而且是一个完整的价值体系。高校思想政治理论课要培育和践行社会主义核心价值观，体现社会主义的价值取向和实践要求。要大力弘扬中华优秀传统文化，使之与社会主义核心价值观相结合，培养既具有时代精神又具有传统文化底蕴的时代新人。守正的思想政治理论课，就是要用真理的力量和逻辑的力量吸引学生，通过教学引导学生，帮助学生树立正确的世界观、人生观和价值观，要向学生传播正能量，引导学生明辨善恶是非，形成高尚的道德情操和理想人格。

（二）守正要遵循思想政治理论课的教学规律，坚持因材施教

教学手段、方法和形式的创新要有对象感，要充分考虑到学生的学习能力，不能一哄而上，千篇一律。在一个学校一个课堂有效的方法，在另一个课堂可能会打折扣。教育教学之所以是一门艺术，就在于教师能够针对每个学生的个性差别进行有效的引导教化。教学改革无论怎样创新，都要遵从这一规律，守正就是遵循教学规律。

从教师的角度看，要真正讲好思想政治理论课，教师必须加强自身理论修养，还要有能力区分专业、区分学生，灵活开展教学形式创新。一方面，教师要通晓马克思主义基本原理，熟悉中国近现代史，掌握中国特色社会主义理论体系。教师要带领学生深入学习马克思主义经典著作，讲清、讲透马克思主义的立场、观点和方法，深化学生的理论认知，使学生感受到马克思主义的理论魅力。另一方面，要强化问题意识，运用马克思主义的立场、观点和方法深入剖析现实热点问题，有针对性地回应不同专业、不同层次学生的关切，从学生的视角寻找问题的答案，使学生在现实中体会到马克思主义的真理性和科学性。要坚持马克思主义与时俱进的理论品质，不断完善教学内容，使马克思主义中国化的最新理论成果“进教材、进课堂、进头脑”。

思想政治理论课要遵循教学规律。思想政治理论课是高校课程体系中的一门特殊的课程，既有自身的教学规律，也要遵循一般课程的教学规律。要研究和探索思想政治理论课教学的内在规律，建立科学的评价体系，提高思想政治理论课的教学质量，提升思想政治理论课的针对性和亲和力，把高校思想政治理论课打造成既严肃认真、又生动活泼的精品课程。

（三）强化思想政治理论课的守正意识

强化思想政治理论课的守正意识，就必须把“立德树人”作为思想政治理论课的根本教育目标，明确思想政治理论课的学科属性，从学生的主体价值和内在需要出发，提高思想政治理论课的教育教学效果。“不断提高学生思想

水平、政治觉悟、道德品质和文化素养，让学生成为德才兼备、全面发展的人才。”①

强调守正，就要正本清源，从思想政治理论课的基本内容入手，以教材为基础，讲清讲透思想政治理论课的基本原理和基本观点。习近平新时代中国特色社会主义思想是新时代建设现代化强国的根本指南，思想政治理论课必须全面透彻地阐述其内涵、核心要义、基本内容，实现入脑入心。要使学生真正理解思想政治理论课所讲授的内容，必须建立在对教学内容的基本观点和理论体系充分阐释的基础上。马克思主义基本原理是学生分析问题、解决问题的出发点，讲清楚这些问题，才能提高学生的马克思主义理论水平，掌握科学方法。

强调守正，就要强化思想政治理论课的政治导向功能，发挥思想政治理论课主流意识形态传播主阵地的作用。加强理想信念教育，提高学生的思想政治素质，坚定学生的政治信仰，使学生真正成为中国特色社会主义事业的建设者和接班人；使学生明白中国特色社会主义的科学性和必然性，增强学生的道路自信、理论自信、制度自信和文化自信。思想政治理论课教师要坚持正确的政治方向，敢于在大是大非问题面前发声，对错误思想言论要敢于批驳，敢于亮剑。“管好自己的责任田，守好自己的一段渠”。

强调守正，就要把思想政治理论课的价值内化功能落到实处。思想政治理论课的一个重要功能是在学生掌握相关理论知识的基础上，把基本理论知识所传递的价值观内化为学生的价值认知，实现对马克思主义的价值认同。在学生掌握较为全面系统的思想政治理论体系的基础上，对课程所蕴含的价值取向、价值目标进行阐释，使思想政治理论课的基本知识转化为大学生的内在价值理念；使学生掌握人类社会发展规律和中国特色社会主义发展规律，认同社会主义核心价值体系和核心价值观。

---

① 《把思想政治工作贯穿教育教学全过程　开创我国高等教育事业发展新局面》，《人民日报》2016 年 12 月 9 日。

二、创新是新时代高校思想政治理论课保持活力的源泉

思想政治理论课是高校的核心课程和灵魂课程，具有很强的政治性、科学性和现实性，“思想政治理论课要坚持在改进中加强”①，积极回应时代的变迁、积极呼应21世纪马克思主义的发展、积极面对和释疑社会问题，是思想政治理论课立德树人的根本使命。新时代中国特色社会主义的发展，要求高校思想政治理论课也必然紧随时代步伐创新发展，做到“因事而化、因时而进、因势而新”②，遵循教书育人规律，不断提高教学水平。

（一）新时代高校思想政治理论课创新，要在内容上积极探索将马克思主义中国化最新成果融入教学各环节，在理论上跟上时代

引领学生深入学习习近平新时代中国特色社会主义思想，“全面推动习近平新时代中国特色社会主义思想进教材进课堂进学生头脑，打牢大学生成长成才的科学思想基础，引导大学生树立正确的世界观、人生观、价值观，不断提高大学生对思想政治理论课的获得感”③。新时代高校思想政治理论课应深研习近平新时代中国特色社会主义思想，及时跟踪学科进展和理论研究前沿，运用思辨和逻辑的思维以及富有亲和力的语言，讲清楚其时代背景、丰富内涵、科学体系、理论创新、理论品格、实践要求以及科学思想方法和工作方法等；讲清楚与马克思列宁主义、毛泽东思想和中国特色社会主义理论体系既一脉相承又与时俱进的关系；讲清楚社会主义初级阶段的“变”与“不变”，社

---

① 《习近平谈治国理政》第二卷，外文出版社2017年版，第378页。

② 《习近平谈治国理政》第二卷，外文出版社2017年版，第378页。

③ 《教育部关于印发〈新时代高校思想政治理论课教学工作基本要求〉的通知》，中华人民共和国教育部政府门户网站，见http://www.moe.gov.cn/srcsite/A13/moe_772/201804/t20180424_334099.html。

会主义初级阶段社会主要矛盾的“变”与“不变”，中国和世界关系的“变”与“不变”，等等。新时代高校思想政治理论课应具有宏大视野，从中国共产党发展进程、中国近代以来社会发展历程、世界社会主义发展进程乃至人类文明发展进程中来准确把握习近平新时代中国特色社会主义思想的重大意义。新时代高校思想政治理论课应直面社会问题，善于运用马克思主义的立场、观点和方法及时回应各种社会思潮，在思想交锋和事实雄辩中彰显马克思主义理论的科学性和生命力，增强学生对马克思主义的真理认同和价值认同，真正帮助学生牢固树立起道路自信、理论自信、制度自信和文化自信。思想政治理论课有理论前沿，有宏大视野，有思想交锋，有现实回应，方能“促进思想政治理论课教学有虚有实、有棱有角、有情有义、有滋有味”①，增强学生获得感。

（二）新时代高校思想政治理论课创新，需要在形式上作有益探索，在形式上跟上时代

高校思想政治理论课不同于其他专业学科专业知识传授，无法借助定理和公式进行逻辑推演，也不宜采取“1+1=2”式的直线思维来与学生对话，更不能生硬宣讲、敷衍了事，搞成政策的简单传达或者理论的空洞说教。高校思想政治理论课有着自身独特的规律，它是一种复杂的、多维的思想和情感的交流。因此，要在形式上作有益探索，需要借用更多有效手段和形式来提升思想政治教育教学的吸引力、感染力和说服力。当今世界，信息技术迅猛发展、信息产品广泛普及、信息传播发生变革，改变了人们的生活习惯、思维习惯和学习方式。新时代的学生也凸显出许多新的特点，譬如“手机控”多，追逐潮流，崇拜技术，崇尚个性，自我意识较强，价值多元，思想活跃，易于乐于接受新鲜事物，等等。面对如此变化，新时代的高校思想政治理论课也应该不断探索教学形式的改革与创新。一方面，在继承传统课堂讲授的基础上，深入拓展思想

① 《教育部关于印发〈新时代高校思想政治理论课教学工作基本要求〉的通知》，中华人民共和国教育部政府门户网站，见 http://www.moe.gov.cn/srcsite/A13/moe_772/201804/t20180424_334099.html。

政治理论课堂的内涵与外延，打造智慧课堂、共享课堂、互动课堂、线上课堂、实践课堂、校外课堂等，使学生学习和生活无处不课堂、无时不课堂。另一方面，在坚持正确导向和强化内容建设的前提下，科学运用慕课、微电影、微视频、微信公众号和手机客户端等新媒体新技术手段，创新教学形式和方法，努力调动学生学习主体性、积极性，提升学生参与度和增强师生互动性，使思想政治理论课更加鲜活起来，“推动思想政治工作传统优势同信息技术高度融合，增强时代感和吸引力。”①教学形式和手段创新始终为教学内容和目标服务，使学生多维度、全方位受到思想浸润、人生启迪、价值引导和道德涵育，以期达到情感共鸣、价值认同、思想认同。

（三）新时代高校思想政治理论课创新，需尊崇学科规律，端正目标导向，避免误入歧途

新时代高校思想政治理论课在内容和形式上亟须创新，不断提升思想政治理论课的亲和力、针对性和实效性。同时，高校思想政治理论课又具有很强的政治性和思想性。高校思想政治理论课在创新过程中，要妥善处理好内容与形式的关系。任何事物都既有其内容，也有其形式；内容需要适合的形式来表达，形式需要丰富的内容来依托。形式永远是服从服务于内容的，如果内容空泛，再好的形式也不会引人入胜。

因此，高校思想政治理论课创新，如果在内容和形式的关系上本末倒置或者喧宾夺主，必然会走向歧途。“思政网红”现象表现出的娱乐化趋势引起了人们的普遍关注，在充分尊重其实践探索和创新精神的基础上，对“思政网红”也给予了客观中肯的批评和建议。“一些‘思想政治网红’的授课内容随意性过大，且取材需要提炼和提升，需要从学科角度加以科学把握”“趣味有余而思想性、政治性和导向性不足”“思政课可以没有‘网红’，但不能没有学

① 《习近平谈治国理政》第二卷，外文出版社 2017 年版，第 378 页。

科意识和目标导向。”①立德树人是新时代高校的根本任务，也是高校思想政治理论课的首要目标，“思政网红”不能成为高校思想政治理论课教师追求的目标。

三、新时代高校思想政治理论课要正确处理好守正与创新的关系

习近平总书记在全国宣传思想工作会议上强调，宣传思想工作要“坚持正确政治方向，在基础性、战略性工作上下功夫，在关键处、要害处下功夫，在工作质量和水平上下功夫，推动宣传思想工作不断强起来”②。新时代高校思想政治理论课属于这种基础性、战略性的工作，也是高校宣传思想工作的关键，因为办好思想政治理论课，“事关意识形态工作大局，事关中国特色社会主义事业后继有人，事关实现中华民族伟大复兴的中国梦。”③新时代高校思想政治理论课必须正确处理好守正与创新的关系。

（一）守正是根基，守正是创新的基础和前提

所谓守正，就是要坚守正道，坚守初衷，把握事物本质、遵循客观规律。不忘初心，方得始终。高校思想政治理论课设立的初衷，就是全面贯彻党的教育方针，对学生进行系统的马克思主义理论教育，巩固马克思主义在高校意识形态领域指导地位，落实高校立德树人根本任务，为坚持和发展中国特色社会主义、实现中华民族伟大复兴培育勇担重任、德才兼备的时代新人，这既是思想

① 陈志强：《“思政网红”不能只追求“红”》，《解放日报》2017 年 1 月 17 日。

② 《举旗帜聚民心育新人兴文化展形象　更好完成新形势下宣传思想工作使命任务》，《人民日报》2018 年 8 月 23 日。

③ 《中央宣传部　教育部关于印发〈普通高校思想政治理论课建设体系创新计划〉的通知》，中华人民共和国教育部政府门户网站，见 http://www.moe.gov.cn/srcsite/A13/moe_772/201508/t20150811_199379.html。

政治理论课的初衷,也是其重要使命。只有始终坚守初衷和使命,高校思想政治理论课才能体现其价值,才能有灵魂。任何形式的创新,都必须反映思想政治理论课的价值与灵魂。因此,在各类纷繁复杂的技术面前,思想政治理论课教师不应该迷失方向,不能成为思想政治理论课堂上的“段子手”,成为“脱口秀”的网红,要将主要精力放在教育教学上。根基不牢,地动山摇。如果“守正”的根基不牢,那么我们的创新就极有可能走向歧途。只有守住根本,守正基础上的创新才能有意义,才能赢得学生的支持和喝彩。

(二)创新是源泉,创新是在守正基础上的创新

思想政治理论课有没有吸引力,能不能说服人,关键看它以一种什么样的形式来表达和呈现,有没有亲和力和针对性。新时代高校思想政治理论课充满生机活力的源泉在于创新,创新是其发展的需要,也是前行的动力。但是,新时代高校思想政治理论课创新,应该是在守正基础上的创新。一方面,高校思想政治理论课的创新应该是在继承优良传统基础上的创新,应该有所遵循、有所坚守。遵循的是思想政治理论课的思想性、政治性、导向性的特点,坚守的是价值引领和政治立场的阵地。采取多种集知识性和趣味性于一体的教学辅助手段和创新形式十分必要,但行之有效的理论分析和讲解、辩证逻辑推理还必须坚守。高校思想政治理论课的创新需要有底线思维,绝不可以为了创新而去哗众取宠、趋利媚俗,甚至偏离导向、放弃立场。这个底线思维,就是一定要“守正”。新时代高校思想政治理论课,必须不折不扣地推进习近平新时代中国特色社会主义思想进教材、进课堂、进学生头脑,突出理想信念教育和中华优秀传统文化教育,不断加深学生对伟大祖国、中华文化、中华民族、中国共产党和中国特色社会主义的认同,牢固树立“四个自信”,为中华民族伟大复兴培养时代新人。

(三)坚持守正与创新的辩证统一

新时代高校思想政治理论课不能因为强调守正,就排斥和否定创新。思

想政治理论课是一种复杂的、多维的思想和情感的交流，如果仅仅立场正确、内容无误，还不足以吸引人和说服人，那么课程就会因为缺少亲和力而失去其听众。因此，它还需要根据课程内容和受众实际，或借助必要技术手段，或采取必要形式方法，对教学形式进行创新，以此来提升高校思想政治理论课教学的有效性和针对性。新时代高校思想政治理论课也不能因为追求创新，而忽视守正。不以守正为目的的创新只能是猎奇媚俗；偏离思想政治理论课思想性、政治性和导向性，简单求新求奇、热衷于新鲜热闹表象的创新，都是伪创新。守正，守的是思想政治理论课的价值和灵魂，守的是“立德树人”的重要使命；创新，创的是思想政治理论课价值和灵魂的外在表现形式，创的是落实“立德树人”根本任务的具体手段和途径。守正是创新的基础和前提，坚持守正，创新才能有明确的立场和价值指向；创新是为了更好地守正，不断创新，守正才能获得活力源泉和动力基础。二者不是相互否定，是相辅相成、辩证统一于思想政治理论课的教学实践中。

守正不渝，创新不止。新时代高校思想政治理论课只有努力在守正的基础上创新，在创新的过程中守正，才能真正跟上新时代，更好发挥其“重要阵地”和“主干渠道”“核心课程”和“灵魂课程”的作用。

新时代学校思想政治理论课建设的基本思路*

从2019年3月18日习近平总书记主持学校思想政治理论课（以下简称"思政课"）教师座谈会并发表重要讲话，到中共中央办公厅、国务院办公厅印发《关于深化新时代学校思想政治理论课改革创新的若干意见》（以下简称《意见》），再到教育部等五部门印发《关于加强新时代中小学思想政治理论课教师队伍建设的意见》，都展现出新时代学校思政课建设引起党和国家的高度重视。新时代学校思政课建设要统筹规划，实现大中小学的教材体系、教学内容、教师培训的有机衔接和一体化。新时代思政课建设要求思政课教师有坚定的政治立场、扎实的理论功底，切实加强自身道德修养。

一、新时代学校思想政治理论课建设的重大意义

立德树人是教育的根本任务，而"思想政治理论课是落实立德树人根本任务的关键课程"①。要解决好培养什么人、怎样培养人、为谁培养人这个根

---

* 原载《吉首大学学报（社会科学版）》2020年第2期。中国人民大学复印报刊资料《高校思想政治理论课教学研究》2020年第4期全文转载。

① 《用新时代中国特色社会主义思想铸魂育人 贯彻党的教育方针落实立德树人根本任务》，《人民日报》2019年3月19日。

本问题,必须加强学校思政课建设。目前,我国正处于世界百年未有之大变局中,处于坚持和发展中国特色社会主义的新时代,处于建设社会主义现代化强国、实现中华民族伟大复兴的关键时期,建设好学校思政课具有十分重大的意义。

(一)从世界面临百年未有之大变局认识新时代学校思政课建设的重大意义

习近平总书记指出:“当前,我国处于近代以来最好的发展时期,世界处于百年未有之大变局,两者同步交织、相互激荡。”①当今世界是一个全新的世界,世界格局重新洗牌,世界多极化、经济全球化深入发展,新一轮科技革命和产业革命不断孕育发展,各国之间的文化交流更加频繁。在这种大变革大调整时期,我国面临的挑战愈来愈多。世界经济复苏乏力,贸易保护主义不断抬头,冷战思维和强权政治仍有广泛市场,威胁世界的和平发展;多元化的社会思潮对我国的思想文化建设形成了巨大挑战,大国之间的博弈和较量日渐增多,特别是在意识形态领域的交锋日趋激烈;国际社会的不稳定因素增多,国际治理问题仍层出不穷。与此同时,世界各国在相互竞争的同时,也形成了相互依赖的关系,没有一个国家能够独立于世界之外,和平与发展仍是世界各国人民的共同心愿。

世界大变局对于中国来讲既是挑战也是机遇。中国经过改革开放 40 多年的发展,取得了举世瞩目的成就,不仅给世界发展贡献了中国力量,也给世界的发展提供了中国方案,在国际社会的影响力日益提升。要以更高远的历史站位、更宽广的国际视野、更深邃的战略眼光来看待学校思政课建设的重大意义。青少年正处于世界观、人生观、价值观的形成时期,对于纷繁复杂的国际形势和社会思潮难以进行有效辨别,也容易受到不良思想的影响。新时代

① 《坚持以新时代中国特色社会主义外交思想为指导　努力开创中国特色大国外交新局面》,《人民日报》2018 年 6 月 24 日。

加强学校思政课建设的重大意义在于，引导学生在国际风云变幻的格局中准确认清世界发展大势，认清资本主义和社会主义既相互合作又相互竞争的关系，认清中国特色社会主义制度的优势，树立共产主义远大理想和中国特色社会主义共同理想。引导学生运用马克思主义的立场、观点和方法辨明是非，准确分析并抵制西方社会思潮的冲击。引导学生自觉践行社会主义核心价值观，筑牢意识形态的堤坝，维护我国意识形态领域的安全。

（二）从坚持和发展中国特色社会主义的时代要求认识新时代学校思政课建设的重大意义

习近平总书记指出："历史和现实都告诉我们，只有社会主义才能救中国，只有中国特色社会主义才能发展中国，这是历史的结论、人民的选择。"① 中国特色社会主义是党和人民接续奋斗取得的根本成就。改革开放以来的实践充分证明，中国特色社会主义道路是实现社会主义现代化和创造人民美好生活的必由之路，中国特色社会主义理论体系是实现中华民族伟大复兴的正确理论、科学理论，中国特色社会主义制度是当代中国一切发展进步的根本制度保障，中国特色社会主义文化是指引中国人民胜利前行的伟大精神力量。因此，"必须高举中国特色社会主义伟大旗帜，牢固树立中国特色社会主义道路自信、理论自信、制度自信、文化自信，确保党和国家事业始终沿着正确方向胜利前进"②。这就要求我们必须把思政课作为主要阵地，讲授好中国特色社会主义，增强青少年学生对中国特色社会主义的认同感，并能够自觉运用这一思想理论体系去认识世界、指导实践。

思政课是以讲授马克思主义理论特别是习近平新时代中国特色社会主义思想为核心内容的课程。习近平新时代中国特色社会主义思想是当代中国的马克思主义，是推进新时代各项事业发展的根本指导思想。为增强青少年学

---

① 《习近平谈治国理政》第一卷，外文出版社 2018 年版，第 22 页。
② 《习近平谈治国理政》第二卷，外文出版社 2017 年版，第 59 页。

生对马克思主义尤其是习近平新时代中国特色社会主义思想的认识和把握,形成正确的世界观、人生观、价值观,成为合格的社会主义建设事业的接班人,必须“要理直气壮开好思政课,用新时代中国特色社会主义思想铸魂育人”①。推动习近平新时代中国特色社会主义思想进教材进课堂进学生头脑,推动以习近平新时代中国特色社会主义思想为核心内容的思政课课程群建设,使对这一思想的掌握成为一种理论自觉,使之真正入脑入心。

(三)从建设社会主义现代化强国和实现中华民族伟大复兴的高度认识新时代学校思政课建设的重大意义

习近平总书记在党的十九大报告中指出:“新时代中国特色社会主义思想,明确坚持和发展中国特色社会主义,总任务是实现社会主义现代化和中华民族伟大复兴”②。我国正处于建设社会主义现代化强国和实现中华民族伟大复兴的关键时期,青少年是国家的未来、民族的希望,是实现社会主义现代化和建设社会主义现代化强国的主力军。是否能够如期实现这一任务,关键还要看广大青少年能否担当起历史重任。培养和教育好青少年“是事关党和国家前途命运的重大战略任务”③。

实现中华民族伟大复兴的总任务决定了新时代必须加强学校思政课建设。习近平总书记指出,我们要“坚持把服务中华民族伟大复兴作为教育的重要使命”④。思政课可以通过系统地进行中国特色社会主义教育,引领学生自觉把国家梦、民族梦和个人梦结合起来,自觉担当历史使命和时代重任。思政课能够发挥凝聚民心、聚合民力的作用,为社会主义现代化建设和民族复兴

① 《用新时代中国特色社会主义思想铸魂育人　贯彻党的教育方针落实立德树人根本任务》,《人民日报》2019 年 3 月 19 日。

② 习近平:《决胜全面建成小康社会　夺取新时代中国特色社会主义伟大胜利——在中国共产党第十九次全国代表大会上的报告》,人民出版社 2017 年版,第 19 页。

③ 习近平:《在纪念五四运动 100 周年大会上的讲话》,《人民日报》2019 年 5 月 1 日。

④ 《坚持中国特色社会主义教育发展道路　培养德智体美劳全面发展的社会主义建设者和接班人》,《人民日报》2018 年 9 月 11 日。

提供精神动力。思政课可以引导广大青少年形成对中国特色社会主义的坚定信仰,成为实现中华民族伟大复兴中国梦的建设者。思政课可以培育青少年树立起社会主义核心价值观,弘扬以爱国主义为核心的民族精神和以改革创新为核心的时代精神,厚植理想信念,使学生自觉融入到建设社会主义现代化强国、实现中华民族伟大复兴的伟大事业当中。思政课还可以融入更多的中华优秀传统文化的元素,引导青少年传承中华优秀传统文化基因,树立家国情怀,把民族复兴和现代化强国的建设统一起来,勇担历史使命,成为社会主义的合格建设者和可靠接班人。新时代青少年必须增强使命感,以民族复兴为己任,用习近平新时代中国特色社会主义思想武装头脑,把个人发展和国家兴亡、民族振兴联系起来,以崇高的历史使命感学好思政课。

二、新时代学校思想政治理论课建设的一体化

习近平总书记在学校思政课教师座谈会上指出:“在大中小学循序渐进、螺旋上升地开设思想政治理论课非常必要,是培养一代又一代社会主义建设者和接班人的重要保障。”①思政课作为大中小学各学段均开设的课程,如何进行有效衔接,最大限度地实现思政课的课程目标?统筹规划各学段思政课建设,构建大中小学一体化教学体系势在必行。

(一)大中小学思政课教材体系的一体化

教材是教师教学和学生学习的主要文本依据。大中小学思政课教材的有效衔接是实现一体化的基础。

一是要有统一的组织保障。《意见》明确提出:“国家教材委员会统筹大

① 《用新时代中国特色社会主义思想铸魂育人　贯彻党的教育方针落实立德树人根本任务》,《人民日报》2019 年 3 月 19 日。

中小学思政课教材建设，科学制定教材建设规划”，并规定“国家统一开设的大中小学思政课教材全部由国家教材委员会组织统编审统用”①。明确负责统筹规划思政课教材的责任单位和“三统”的工作职责，为大中小学思政课教材一体化建设的有效实施和顺利推进提供了可靠的组织保障。

二是要实现教材内容的有效衔接。新时代大中小学思政课教材编写的总体要求是：“坚持用习近平新时代中国特色社会主义思想铸魂育人，以政治认同、家国情怀、道德修养、法治意识、文化素养为重点，以爱党、爱国、爱社会主义、爱人民、爱集体为主线，坚持爱国和爱党爱社会主义相统一，系统开展马克思主义理论教育，系统进行中国特色社会主义和中国梦教育、社会主义核心价值观教育、法治教育、劳动教育、心理健康教育、中华优秀传统文化教育”②。将这一总体要求贯彻落实到不同学段思政课教材的内容之中，在教学编写时需要整体把握不同学段教材的内在逻辑、内容重点、叙述风格，形成内容连贯而又层次鲜明的教学体系。小学阶段的教材应以学生的生活发展为主线，以引导学生形成良好品德和行为习惯、促进学生的社会性发展为重点来设置内容；初中阶段的教材应以初中学生逐步扩展的生活为基础，以学生成长过程中需要处理的关系为线索，有机整合道德、心理健康、法律、国情等方面内容，进行科学设计；高中阶段的教材应以培育思想政治学科核心素养为主导目标，以发展中国特色社会主义为主线，讲述好为何开创和发展中国特色社会主义以及如何坚持和发展中国特色社会主义；大学阶段的教材应以习近平新时代中国特色社会主义思想为核心，不断提高理论思维能力，增强坚持和发展中国特色社会主义的自觉和自信。各学段教材要充分结合学生身心发展实际和思想政治教育规律，进行内容设计，形成一体化的思政课教材体系。

三是要合理配置教材编写团队。为实现大中小学思政课教材的一体化，

---

① 中共中央办公厅、国务院办公厅：《关于深化新时代学校思想政治理论课改革创新的若干意见》，人民出版社 2019 年版，第 7 页。

② 中共中央办公厅、国务院办公厅：《关于深化新时代学校思想政治理论课改革创新的若干意见》，人民出版社 2019 年版，第 6—7 页。

需要充分吸收具有丰富教学经验的大中小学一线思政课教师、不同学段政治学科的教学研究专家等加入教材编写课题组。来自不同学段的一线教师和教学研究人员对于各自阶段的学生特点和教学实际有着更为直接和深入的了解,对于教材使用中存在的问题体会也更加深刻。吸收这些人员加入教材编写队伍,对于更加合理地进行内容设置、结构编排、版式设计,让教材更加贴近学生实际和教学实际,避免交叉重复,将会起到重要的作用。

(二)大中小学思政课教学体系的一体化

将一体化的思政课教材体系有机转化为一体化的教学体系,是统筹大中小学思政课一体化建设的核心。构建一体化的教学体系,需要在课程教学目标、教学内容以及教学方式等方面进行整体规划。

一是整体把握各学段思政课课程目标。不同学段思政课课程的名称以及教材内容的侧重点各有不同,但思政课总体的课程目标是一致的。对此,《意见》明确指出:"在大中小学循序渐进、螺旋上升地开设思政课,引导学生立德成人、立志成才,树立正确世界观、人生观、价值观,坚定对马克思主义的信仰,坚定对社会主义和共产主义的信念,增强中国特色社会主义道路自信、理论自信、制度自信、文化自信,厚植爱国主义情怀,把爱国情、强国志、报国行自觉融入坚持和发展中国特色社会主义事业、建设社会主义现代化强国、实现中华民族伟大复兴的奋斗之中。"①这是对思政课提出的总的目标要求,不同学段开展的教学活动都要以这一总目标为指导。但是如何将总体目标分解落实到各不同学段中去呢?这就需要充分认识和把握各学段的具体目标。《意见》指出:"大学阶段重在增强使命担当,引导学生矢志不渝听党话跟党走,争做社会主义合格建设者和可靠接班人。高中阶段重在提升政治素养,引导学生衷心拥护党的领导和我国社会主义制度,形成做社会主义建设者和接班人的政

① 中共中央办公厅、国务院办公厅:《关于深化新时代学校思想政治理论课改革创新的若干意见》,人民出版社2019年版,第4—5页。

治认同。初中阶段重在打牢思想基础，引导学生把党、祖国、人民装在心中，强化做社会主义建设者和接班人的思想意识。小学阶段重在启蒙道德情感，引导学生形成爱党、爱国、爱社会主义、爱人民、爱集体的情感，具有做社会主义建设者和接班人的美好愿望。”①也就是说，不同学段的思政课教师都要以“培养社会主义建设者和接班人”为中心，分别以启蒙道德情感、打牢思想基础、提升政治素养、增强使命担当为重点，引导学生从具备美好愿望到强化思想意识进而形成政治认同并最终成长为社会主义合格建设者和可靠接班人，接续完成党的教育方针所规定的人才培养的根本任务。

二是统筹定位各学段思政课的教学内容。各学段教学内容在设置上，要贯彻整体构建、有序衔接、依次递进的思路。在统筹规划的思政课程整体框架中，定位不同学段教学的内容。小学阶段教学内容重点是从学生的生活体验出发，进行品德和社会认知的教育，从多角度、多层面引导学生认识自我、他人和社会，并以此为基础形成基本的道德品质；初中阶段教学内容重点是从学生的家庭生活、学校生活和社会生活中，教会学生正确处理与自我、与他人和集体、与国家和社会的关系；高中阶段教学内容重点是紧密结合社会实践，讲授马克思主义基本原理，特别是马克思主义中国化最新理论成果，培育学生政治认同、科学精神、法治意识和公共参与等核心素养。大学阶段教学内容重点是通过讲授马克思主义的基本原理以及马克思主义中国化的理论成果，引导学生学会运用马克思主义的立场、观点、方法分析问题和解决问题，树立科学的世界观、人生观和价值观，坚定理想信念。总之，教学内容要从充分尊重学生身心发展规律和认知规律，体现出螺旋式上升的过程，实现“步步高”。

三是合理呈现各学段思政课的教学形式。有效提升思政课的教学实效，需要教师依据不同学段学生的实际，采取不同阶段学生喜闻乐见的方式，合理组织开展教学活动。对此，《意见》也明确指出：“遵循学生认知规律设计课程

① 中共中央办公厅、国务院办公厅：《关于深化新时代学校思想政治理论课改革创新的若干意见》，人民出版社 2019 年版，第 5 页。

内容，体现不同学段特点，研究生阶段重在开展探究性学习，本专科阶段重在开展理论性学习，高中阶段重在开展常识性学习，初中阶段重在开展体验性学习，小学阶段重在开展启蒙性学习。”①小学阶段主要通过引导学生主动参与各类活动，来获得对自然和社会的体验和感受，进而获取知识与经验。教师应根据学生已有的经验设计教学，采用学生乐于和适于接受的生动活泼的方式，开展多样性的教学活动。初中阶段，教师要善于利用和创设丰富的教育情境，选取学生关注的话题组织教学，尤其是通过引导、帮助学生通过亲身经历与感悟，在获得情感体验的同时强化思想认识。高中阶段，主要通过议题的引入、引导和讨论，增强师生互动，在开放民主的氛围中获取思想知识。通过问题情境的创设和社会实践活动的参与，鼓励学生合作学习和探究学习。大学阶段，主要通过对马克思主义原著解读、理论阐释、案例教学、社会实践等方式，开展专题式研究性学习活动，提高理论思维能力，提高运用科学理论分析解决实际问题的能力。总之，各学段思政课教学过程中，要因地制宜、因时制宜、因材施教，不断探索适宜的教学方式和教学手段，最大限度提升课堂教学效果。

（三）大中小学思政课教师培训的一体化

习近平总书记指出：“办好思想政治理论课关键在教师，关键在发挥教师的积极性、主动性、创造性。”②统筹大中小学思政课一体化建设，还应着眼于整体筹划大中小学思政课教师培训，建立起优势互补的交流平台。从目前思政课教师的培训来看，基本上是“铁路警察，各管一段”的状态。大学思政课教师的培训很少邀请中小学思政课教师参加，中小学思政课教师的培训除了邀请高校相关专家进行讲座报告外，也很少邀请大学一线思政课教师研讨交

① 中共中央办公厅、国务院办公厅：《关于深化新时代学校思想政治理论课改革创新的若干意见》，人民出版社2019年版，第7页。

② 《用新时代中国特色社会主义思想铸魂育人　贯彻党的教育方针落实立德树人根本任务》，《人民日报》2019年3月19日。

流。久而久之,形成了互不关心、鲜有了解的局面。2019 年 9 月,教育部等五部门下发的《关于加强新时代中小学思想政治理论课教师队伍建设的意见》中,明确提出了推进大中小学思政课教师专业发展一体化建设的要求。

一是高校要充分发挥辐射作用,提供资源平台,助力中小学思政课教师队伍建设。高校要加强马克思主义理论专业和思想政治教育专业的建设,培养大批合格的本科生和研究生,为大中小学思政课教师队伍储备人才。为提升中小学思政课骨干教师的理论水平和研究能力,清华大学 2019 年首次开设思政课骨干教师提升计划教育博士项目,面向中小学思政课一线优秀教师招收攻读教育博士专业学位研究生。这是贯彻落实大中小学思政课一体化建设的重要举措。

二是推动大中小学思政课教师专业发展一体化团队建设。通过定期遴选涵盖各学段思政课教师的优秀教学团队,形成示范效应,推动开展大中小学思政课一体化建设的教学研究活动。积极将一体化建设的研究成果应用到教学实践中,拓展大中小学思政课一体化建设的广度和深度。

三是鼓励大中小学思政课教师集体备课。为充分了解不同学段学生的思想状况和思政课开展的教学情况,高校思政课各门课程研究会以及高校马克思主义学院各课程教研室在组织开展集体备课时,应充分吸纳中小学思政课骨干教师参与其中。针对不同学段教学目标、教学内容、教学手段进行集体研讨,了解各学段思政课教学中存在的问题,避免教学内容的机械重复,真正让学生在不同学段均获得知识的收获和能力素养的提升,提高思政课的效果和整体水平。

三、新时代学校思想政治理论课建设的关键在教师

邓小平同志指出:“一个学校能不能为社会主义建设培养合格的人才,培

养德智体全面发展、有社会主义觉悟的有文化的劳动者,关键在教师。"①思政课建设是一个系统工程,涉及教师、教材、学科、管理等许多因素,提高思政课的教学效果,关键还是教师。习近平总书记在学校思政课教师座谈会上提出思政课教师应该具备的"六个要求",即"政治要强、情怀要深、思维要新、视野要广、自律要严、人格要正"②。这六个方面是一个有机整体,规定了思政课教师应该具有的基本素养。这六个方面又可归属于政治、理论和道德素养三个方面,即坚定的政治立场、扎实的理论功底、高尚的道德品质。对于思政课教师来讲,唯有坚定信仰,不断加强学习,提高自身修养,才能提高思政课的教学效果,培养社会主义合格建设者和可靠接班人。

(一)思政课教师要有坚定的政治立场

要做到"六个要求"当中的"政治要强、情怀要深",必须要有坚定的政治立场。思政课教师必须坚定理想信念,提高政治站位,把提高自身思想政治素质放在首位。这是由思政课的课程属性决定的。思政课要解决的根本问题是理想信念的问题,也就是教育学生树立坚定的马克思主义信仰,树立共产主义远大理想和中国特色社会主义共同理想,忠诚于中国共产党。思政课教师首先要有信仰,对于共产主义和社会主义要有坚定的信仰,坚定中国特色社会主义道路自信、理论自信、制度自信和文化自信,要加深对中国特色社会主义的理论认同、情感认同。

思政课教师的政治立场还体现在对党忠诚上,这是因为中国共产党代表广大人民群众的根本利益,是带领中国走向独立富强、民族复兴的先进政党,全国各族人民都要团结在中国共产党的周围。作为思政课教师,一定要对党忠诚,时刻与党中央保持一致,要有政治敏锐性和政治鉴别力,对反党和反社会主义言论要坚决予以斗争。

---

① 《邓小平文选》第二卷,人民出版社 1994 年版,第 108 页。

② 《用新时代中国特色社会主义思想铸魂育人　贯彻党的教育方针落实立德树人根本任务》,《人民日报》2019 年 3 月 19 日。

思政课教师要自觉用习近平新时代中国特色社会主义思想武装头脑。中国特色社会主义进入新时代,新时代最重要的政治立场就是要坚持和发展习近平新时代中国特色社会主义思想,要用这一思想来统一思想,规范言行,指导实践。特别是思政课教师,承担着传授这一思想的重任,自身要自觉学习,自觉把这一思想融入到课堂教学当中。

情怀建立在信仰的基础之上,正是对党和人民教育事业的忠诚,才能有献身教育、热爱思政课教学、为国家立德树人的情怀。有坚定的信仰才能内化为情怀,外化为行动,以情感人、以情化人。情怀要深,即对自己从事的事业要有深深的热爱,愿意为之奉献自己的一切,而不能仅仅作为谋生的饭碗。思政课教师要对思想政治教育有深深的情怀,把它作为自己的毕生追求,立志引导学生做社会主义的建设者和接班人;要用自己的情怀在学生和真理之间架设一道桥梁,引导学生走向真理的彼岸,树立起正确的世界观、人生观、价值观。

思政课教师还要有家国情怀。家国情怀是指对国家和民族有高度的认同感、归属感和责任感,强调"天下兴亡,匹夫有责"。习近平总书记指出:"我国知识分子历来有浓厚的家国情怀,有强烈的社会责任感。"①思政课教师的家国情怀跟马克思主义的政治立场是统一的,在当今中国,国家的兴旺和社会主义事业的发展紧密联系在一起。思政课教师要自觉把家国情怀和中国特色社会主义统一起来,厚植爱国情怀,引导学生自觉认同中国特色社会主义,引导学生把"爱国情、强国志、报国行自觉融入坚持和发展中国特色社会主义事业、建设社会主义现代化强国、实现中华民族伟大复兴的奋斗之中。"②

加强思政课教师队伍的建设,最基本的一条原则是教师的政治立场必须坚定。为此,相关学校必须严把选聘关,对于政治立场不坚定的教师坚决不聘

① 习近平:《在知识分子、劳动模范、青年代表座谈会上的讲话》,《人民日报》2016 年 4 月 30 日。

② 《用新时代中国特色社会主义思想铸魂育人 贯彻党的教育方针落实立德树人根本任务》,《人民日报》2019 年 3 月 19 日。

任。要让理想信念坚定的教师去讲理想,让有马克思主义信仰的教师去讲信仰。教育行政部门要对在教育教学活动中损害党中央权威、违背党的路线方针政策的教师进行从严处理,不得使其再从事思政课教学工作。

(二)思政课教师要有扎实的理论功底

思政课教师“思维要新、视野要广”的要求具体体现在扎实的理论功底方面。唯有不断锤炼大中小学思政课教师的马克思主义理论功底和思政课专业素养,才能促进其教育教学能力的大幅提高。思想政治理论是一门科学,是由马克思主义理论作为基础的科学体系。要想讲好思政课,需要思政课教师具备多方面的综合素质。

首先,要有扎实的马克思主义理论基础,熟练掌握马克思主义基本原理和马克思主义中国化最新理论成果。马克思主义理论博大精深,需要从事思政课教学的教师终生进行学习,要读原著、悟原理,把马克思主义基本原理同中国的发展实际相结合,同世界发展的大势相结合。要对中国特色社会主义理论有深入的领悟,认识到其重要的实践指导意义。

其次,要有广博的知识视野、国际视野、历史视野。思政课教师不仅要掌握自己的专业知识,而且要广泛涉猎政治学、经济学、历史学、社会学、法学、国际关系等人文社会科学领域。宽广的国际视野要求思政课教师不仅要知晓国内形势,而且要了解国际形势,树立国际意识,要在国际和国内的对比过程中发现马克思主义和中国特色社会主义的科学性。要敢于比较,在对比中进行互鉴,在比较中增强自信,这是一名思政课教师应有的胸怀。历史视野是要求思政课教师能够把中国特色社会主义放到改革开放 40 多年伟大实践当中去认识,放到新中国成立以来的持续探索中去认识,放到近代以来中华民族由衰到盛的历史进程中去认识,放到中华民族 5000 多年的传承发展中去认识。这就要求思政课教师不仅要熟悉当代中国发展的历史,要熟悉近代以来中国发展的历史,而且要从几千年中华民族的发展历史中汲取知识和营养,从中教育引导学生理解走中国特色社会主义道路的历史必然性。

此外，思政课教师要通过创新思维来夯实自己的理论基础，提升自己的教学效果。马克思主义理论具有开放性的特点，需要不断吸收人民群众在实践当中取得的成果。这就要求思政课教师的思维不能僵化，要紧跟时代脚步，将最新的马克思主义中国化的理论成果传递给学生。创新思维还体现在思政课教师要不断创新教学方法，活跃课堂气氛，以学生为主体，提升学生的学习兴趣，把教材体系创造性转换为教学体系，以生动的语言、鲜活的案例、深入浅出的讲解来传递教学内容，从而解决课堂中学生抬头率不高的问题。思政课教师还需要具有辩证思维，建立辩证唯物主义和历史唯物主义哲学观。要向学生传授分析问题、解决问题的方法，就是要将辩证唯物主义和历史唯物主义的基本原理传授给学生，做到学以致用。

要通过各种形式提高思政课教师的马克思主义理论功底。可以举办各种思政课教师研修班，实施思政课教师培养计划，建设思政课教师研修基地等，全面提升每一位思政课教师的理论功底和知识素养。可以组织思政课教师在国内外考察调研，拓宽视野。思政课教师自身要加强学术研究，以科研促进教学。理论基础、科学研究和课堂教学三者是相互促进的关系。提高课堂教学效果，一定吃透教材、理解教材。做好科研，可以解教师之惑，通晓马克思主义的真理性，这样才能真正通俗易懂地讲解教学内容。在课堂讲授中会碰到各种问题，特别是学生会更加关注社会生活中的热点、难点问题，对这些问题的回答需要教师必须有扎实的理论功底和较强的科研能力作为支撑。

（三）思政课教师要有高尚的道德修养

要达到“自律要严、人格要正”的要求，思政课教师必须加强自身道德修养。习近平总书记指出：“评价教师队伍素质的第一标准应该是师德师风。”① 学校的根本任务是立德树人，教师是立德树人的主体，要以德立身、以德立学、以德施教。要注重提高大中小学思政课教师师德修养和道德水平，以高尚的

① 习近平：《在北京大学师生座谈会上的讲话》，《人民日报》2018 年 5 月 3 日。

人格引领学生健康成长。思政课教师是塑造灵魂的职业，自身充满“正能量”，才能吸引和教育学生。正如习近平总书记所指出的：“老师对学生的影响，离不开老师的学识和能力，更离不开老师为人处世、于国于民、于公于私所持的价值观。一个老师如果在是非、曲直、善恶、义利、得失等方面老出问题，怎么能担起立德树人的责任？”①合格的思政课教师应该不断提高自身道德修养，提升人格品质。所以，思政课教师要坚持教书和育人相统一，坚持言传和身教相统一，做到学为人师，行为世范。

思政课教师良好的道德修养首先体现在完善的人格上。要做学生的引路人，其自身必须要有完善的人格。习近平总书记强调：“教师要成为学生做人的镜子，以身作则、率先垂范，以高尚的人格魅力赢得学生敬仰，以模范的言行举止为学生树立榜样，把真善美的种子不断播撒到学生心中。”②人格是一个人精神修养的集中体现，能够反映一个人的品质修养。人格要正是指为人正派，能够正确处理好公与私、义与利、是与非、正与邪、苦与乐的关系。思政课是净化人心灵的课程，是传播价值观的场所，要求我们的教师能够以身作则，用高尚的人格吸引、感染学生。人格正才能形成人格魅力。良好的人格魅力可以通过言传身教的方式自觉感召学生，才能增强思政课课堂的亲和力和吸引力，才能弘扬主旋律和传递正能量。思政课教师人格正不仅指道德品质高洁，而且也指教师应具有良好的职业素养，能够把思政课教学作为自己的光荣职责，扎扎实实提高教学能力，为培养好下一代作出应有的贡献。

良好的道德修养要求思政课教师自律要严。自律要严，指师德的养成建立在自律的基础上，没有严格的自律，难以形成高尚的品格。作为思政课教师要严于修身，严于律己，要用“吾日三省吾身”的自律精神去严格要求自己。思政课教师要做到言行一致，不仅在课堂上教育学生，而且在生活当中能够用这样的标准要求自己，绝不能成为课上一套、课后一套的两面人。思政课教师

① 《做党和人民满意的好老师》，《人民日报》2014 年 9 月 10 日。

② 《习近平首次点评“95 后”大学生》，《人民日报》2017 年 1 月 3 日。

不仅是社会主义核心价值观、优秀道德品质的传播者，也应该是积极的践行者，不仅在课堂上讲授马克思主义和中国特色社会主义，而且在工作生活当中要自觉贯彻落实中国特色社会主义的路线、方针、政策。这样才能用自己的言行感染学生，真正成为学生的引路人。

新时代高校马克思主义学院教师队伍建设的目标*

新时代高校马克思主义学院是马克思主义理论教学、研究、宣传和人才培养的坚强阵地。要建好建强高校马克思主义学院，发挥其战斗堡垒作用，关键是加强教师队伍建设。2019 年 3 月 18 日，在学校思想政治理论课教师座谈会上，习近平总书记强调指出："办好思想政治理论课关键在教师，关键在发挥教师的积极性、主动性、创造性。"①习近平总书记"3 · 18"讲话以来，高校马克思主义学院教师队伍建设呈现新的气象。2019 年 8 月，中办、国办印发《关于深化新时代学校思想政治理论课改革创新的若干意见》(以下简称《意见》)，从教师队伍配备、教师队伍素质、教师队伍评价等五个方面对教师队伍建设提出了总体要求。2020 年 1 月，教育部又公布了《新时代高等学校思想政治理论课教师队伍建设规定》。高校教师队伍建设有多个层面的目标，包括教师队伍数量、教师队伍结构等，而把高校马克思主义学院教师培养成为新时代高校马克思主义信仰的坚守者、马克思主义理论的研究者、传播者，是教师队伍建设的本质要求，对高校马克思主义学院教师队伍建设起着关键作用。

---

* 原载《马克思主义理论学科研究》2020 年第 2 期。

① 《用新时代中国特色社会主义思想铸魂育人 贯彻党的教育方针落实立德树人根本任务》，《人民日报》2019 年 3 月 19 日。

一、新时代高校马克思主义信仰的坚守者

习近平总书记指出,正确理想信念是教书育人、播种未来的指路明灯。有坚定的理想信念是对思政课教师素质的基本要求。绝不能奢望一个没有正确坚定信仰的人成为一个优秀的思政课教师。

(一)高校马克思主义学院教师必须具有坚定的信仰

高校马克思主义学院教师承担的立德树人的重要任务决定其教师必须要有坚定的马克思主义信仰,真学真信真懂真用马克思主义,只有这样才能以更彻底的理论说服学生,以更大的情怀和格局感染学生,在复杂形势下能够保持战略定力,认清是非,坚持原则。习近平总书记曾强调,思政课教师首先政治要强,从根本上要求“让有信仰的人讲信仰”。①

坚定信仰是对马克思主义学院教师的必然要求。2014 年习近平总书记在考察北京师范大学时,对广大师生提出了做“四有”好老师的要求,其中就把“有理想信念”放在了第一位。2019 年中办、国办印发的《意见》根据习近平总书记在学校思想政治理论课教师座谈会上的讲话精神,把“政治强”放在了对思想政治理论课教师要求的第一位,明确要建设一支“政治强、情怀深、思维新、视野广、自律严、人格正的”思政课教师队伍。② 马克思主义学院教师承担着马克思主义理论教学、研究、宣传和人才培养的重要任务,尤其是要引导新时代青年大学生树立科学的理想信念,教育引导其成长成才,最终要落实立德树人的根本任务。要让学生树立马克思主义信仰,前提是教师必须

---

① 《用新时代中国特色社会主义思想铸魂育人　贯彻党的教育方针落实立德树人根本任务》,《人民日报》2019 年 3 月 19 日。

② 《中办国办印发〈意见〉深化新时代学校思想政治理论课改革创新》,《人民日报》2019 年 8 月 15 日。

要有坚定的马克思主义信仰。只有这样才能够把准政治方向、站稳政治立场、严守政治纪律，才能明大德、守公德、严私德，才能从政治高度看问题，讲清大是大非，不负"灵魂的工程师""文明传承者"的天职，进而担负起传播知识、传递思想、追寻真理，塑造灵魂、净化生命、培育新人的时代重任。

坚定信仰是对高校思想政治理论课的根本要求。高校思想政治理论课是立德树人的关键课程，它以传授马克思主义理论为主要内容，旨在教育和引导学生形成科学的世界观、人生观和价值观，培育社会主义的合格建设者和可靠接班人。《意见》对思想政治理论课的课程目标作了全面规定，其中就专门强调要引导学生"坚定对社会主义和共产主义的信念"。① 从根本上来说，思想政治理论课就是信仰教育课程，马克思主义学院教师没有坚定的信仰，就不可能上好思想政治理论课，更不可能很好地落实立德树人的根本任务。

坚定信仰是教育青年学生成长成才的内在要求。邓小平指出："一个学校能不能为社会主义建设培养合格的人才，培养德智体全面发展、有社会主义觉悟的有文化的劳动者，关键在教师。"②办好思想政治理论课，最根本的就是要全面贯彻党的教育方针，解决好培养什么人、怎样培养人、为谁培养人这个根本问题。树立马克思主义信仰在青年学生成长成才中起着重要作用，它构成青年学生的思想灵魂，决定着青年学生的成长成才。习近平总书记也强调："广大青年一定要坚定理想信念……没有理想信念，就会导致精神上'缺钙'。"③新时代高校马克思主义学院教师就是要帮助和引领青年学生树立科学的理想信念，具体来说，就是要牢固树立中国特色社会主义共同理想和共产主义远大理想，在青年学生心中播下梦想的种子，使新时代大学生肩负起时代赋予的重任，坚定中华民族伟大复兴的信心。

---

① 《中办国办印发〈意见〉深化新时代学校思想政治理论课改革创新》，《人民日报》2019年8月15日。

② 《邓小平文选》第二卷，人民出版社1994年版，第108页。

③ 《十八大以来重要文献选编》上，中央文献出版社2014年版，第278页。

(二)在学习、培训和教育中坚守马克思主义信仰

推动高校马克思主义学院教师做新时代高校马克思主义信仰的坚守者必须持续不断加强其对马克思主义理论的学习,同时,要不断强化对其进行教育和培训,使其在系统性、常态化的教育培训中学习"看家本领",牢牢坚守马克思主义信仰。

强化对马克思主义理论的系统学习。马克思指出:"教育者本人一定是受教育的。"①习近平总书记也多次强调教师学习的优先地位,比如"教师思想政治状况具有很强的示范性,传道者自己首先要明道信道""坚持教育者先受教育"等。坚定马克思主义理想信念有众多途径,其中学习是最为基本的途径。信仰之,必理解之。坚定的马克思主义信仰必然建立在对马克思主义特别是对人类社会发展规律的深刻理解和把握之上。不认真学习和研究马克思主义,马克思主义信仰就无从谈起。因此,要创新学习内容,不仅要学习马克思主义及其中国化的理论成果,还要广泛学习中华优秀传统文化、中国革命文化等。同时,要适应新时代发展和人才培养要求,不断提高思想觉悟、更新知识结构,不断提高马克思主义理论水平,对共产主义理想信念始终保持清醒认知和执着追求。同时,改革创新教师学习制度,推进理论学习制度常态化,并作为马克思主义学院教师教育培训的重要内容,促使其学习规范化、制度化。

加强马克思主义理论研修和培训。研修和培训是学习的一种重要方式,也是新时代增强高校马克思主义学院教师信仰的重要途径。《意见》中以培育一大批优秀马克思主义理论教育家为目标,对高校马克思主义学院教师的培训和研修做出了顶层设计和总体部署。一是举办研修班。要面向思政课教师举办专题研修班,依托各级党校(行政学院)、重点马克思主义学院等办好"周末理论大讲堂"、骨干教师研修班、青年教师教育教学论坛等。二是加强

① 《马克思恩格斯选集》第一卷,人民出版社2012年版,第134页。

研修基地建设。一方面要发挥全国重点马克思主义学院的引领示范作用,依托其所在高校开展理论研修活动,依托高水平师范类院校,发挥其教师培养的专长,大力开展思政课教师教学研修活动,提升思政课教师的理论功底、知识素养;另一方面要结合新时代发展实际建立一批"思政课教师研学基地",以便组织思政课教师考察调研,强化实践学习,在实践中深化认识。三是拓宽国际视野。加大政策和经费支持,组织思政课骨干教师赴国外调研,在国际比较中深化对中国的发展的认识,坚定"四个自信"。同时,要不断完善教育培训体系,实现对全国思政课教师培训全覆盖。

加强党对马克思主义学院教师队伍建设的领导。习近平总书记指出:"加强党对教育工作的全面领导,是办好教育的根本保证。"①加强党对高校马克思主义学院教师队伍建设的领导体现了党管高校、党管人才的政治原则。一方面,发挥学校各级党委党总支的主体功能。学校党委要建立健全思想政治理论课教师马克思主义教育制度,将教师的马克思主义教育列入党委常委会议事日程,学院党委或党总支要积极开展教师马克思主义教育学习活动,通过各种创新形式定期组织教师开展学习。另一方面,要把加强高校思想政治理论课教师教育放到学院建设、学科发展、人才培养的整体谋划之中,从整体上把握高校思想政治理论课教师队伍建设方向。要加强对教师的意识形态教育和管理,坚决清除政治信仰不坚定、有师德师风问题的思想政治理论课教师。

(三)坚守马克思主义信仰重在转化为具体实际行动

坚守信仰是具体的,而不是抽象的。高校马克思主义学院教师不仅要真学真懂真信马克思主义,而且要真用马克思主义,做到知行合一,从而成为学生成长成才的引路人。

---

① 《坚持中国特色社会主义教育发展道路　培养德智体美劳全面发展的社会主义建设者和接班人》,《人民日报》2018 年 9 月 11 日。

理直气壮地讲好思想政治理论课。习近平总书记在学校思想政治理论课教师座谈会上强调:“我们办中国特色社会主义教育,就是要理直气壮开好思政课”①。要坚持政治性和学理性的统一、价值性和知识性的统一,一方面,要引导学生掌握理论知识,以理论的彻底性说服学生,以理论的解释力引导学生,以真理的强大魅力感染学生,做到“说得清”“难不住”“驳得倒”,彰显马克思主义的真理力量,防止和杜绝追求热热闹闹,搞形式主义,对问题讲不清楚讲不透彻。另一方面,要强化思想政治理论课的思想性、理论性,引导学生“扣好人生第一粒扣子”,帮助学生克服理想淡化、信仰缺失等问题,引导学生树立正确的理想信念,增强“四个自信”,弘扬和践行社会主义核心价值观。同时,遵循教育教学规律,创新教学方式方法,善于将教材内容转化为教学内容,将抽象的理论转化为学生喜闻乐见的形式和通俗易懂的鲜活语言,提升思政课的亲和力、吸引力、针对性,促进思政课教学质量和效果的不断提升。

对各种错误思潮进行驳斥和批判。毛泽东指出:“掌握思想领导是掌握一切领导的第一位”②,“我们应当批评各种各样的错误思想。不加批评,看着错误思想到处泛滥,任凭它们去占领市场,当然不行。有错误就得批判”③。改革开放以来,一些错误思潮趁机而入,比如,历史虚无主义、新自由主义、民主社会主义、“普世价值”论等,严重干扰人们的思想,影响人们的价值判断,尤其是青年学生,正处在世界观、人生观、价值观形成的“拔节孕穗期”,最容易受到社会上各种错误思想观点的侵袭。习近平总书记明确指出,思政课“要坚持建设性和批判性相统一……直面各种错误观点和思潮。”④要在正面宣传马克思主义理论,弘扬社会主义核心价值观的基础上,敢于亮剑,理直气壮地对一些错误思潮进行严厉驳斥和精准批判,坚决反对一切削弱、歪曲、否

---

① 《用新时代中国特色社会主义思想铸魂育人 贯彻党的教育方针落实立德树人根本任务》,《人民日报》2019 年 3 月 19 日。

② 《毛泽东文集》第二卷,人民出版社 1993 年版,第 435 页。

③ 《毛泽东文集》第七卷,人民出版社 1999 年版,第 232—233 页。

④ 《用新时代中国特色社会主义思想铸魂育人 贯彻党的教育方针落实立德树人根本任务》,《人民日报》2019 年 3 月 19 日。

定党的领导和中国特色社会主义制度的言行。同时,要运用马克思主义基本立场、观点、方法对这些错误思潮进行分析,向青年学生讲清楚这些错误思潮产生的根源、实质和危害,在比较中引导学生树立正确的理想信念和价值观念。

树立良好的师德师风。良好的师德师风既是坚守马克思主义信仰的具体体现,也是高校马克思主义学院教师的底线。习近平总书记高度重视师德师风建设,强调“评价教师队伍素质的第一标准应该是师德师风”①,指出广大教师要以德立身、以德立学、以德施教,做到教书和育人相统一、言传和身教相统一、潜心问道和关注社会相统一、学术自由和学术规范相统一。2018 年 1 月,中共中央、国务院印发《关于全面深化新时代教师队伍建设改革的意见》,要求把提高教师的思想政治素质和职业道德水平摆在首要位置,突出全员、全方位、全过程的师德养成。

二、新时代高校马克思主义理论的研究者

高校马克思主义学院的教师,第一身份是老师、第一工作是教书、首要岗位职责是讲好思想政治理论课。思政课教师作为思想政治工作者,归根结底是做人的工作,始终承担着培养人的根本任务。因此,思政课教师就必然要在引导学生立德、立志,成人、成才,树立正确世界观、人生观、价值观,坚定“四个自信”的过程中作出积极贡献。这就需要思想政治理论课教师深入研究马克思主义理论,及时将研究成果运用于教学之中。

(一)高校马克思主义学院教师要致力于马克思主义理论研究

习近平总书记指出:“马克思主义理论体系和知识体系博大精深……不

① 习近平:《在北京大学师生座谈会上的讲话》,《人民日报》2018 年 5 月 3 日。

下大气力、不下苦功夫是难以掌握真谛、融会贯通的。”[①]能够掌握、熟悉、精通和运用马克思主义理论是高校思政课教师尽职履责的基本要求，而要完成这项要求唯有对马克思主义理论进行深入研究。

马克思主义学院教师是新时代中国研究马克思主义理论的主要力量。新中国成立后，毛泽东就提出为了建成社会主义，我们“必须有自己的教授、教员、科学家、新闻记者、文学家、艺术家和马克思主义理论家的队伍。”[②]党的十八大以来，党中央高度重视马克思主义学院和马克思主义理论学科建设。目前，高校马克思主义学院新进教师的入职条件要求必须是中共党员，并且具有马克思主义理论或相关专业的博士学位。这一要求使得教师队伍专业化水平得到提升，结构也进一步优化。大多马克思主义学院教师经过严格的科研训练，具有扎实的理论功底，高水平、高质量的科研成果不断增多，已然成为马克思主义理论研究的一支不可或缺的重要力量。

开展马克思主义理论研究工作是讲好思政课的必然要求。思政课以马克思主义理论课程体系为主，但绝不仅限于此，而是由一系列引导和教育学生成长成才的课程组成的庞大课程体系，可将其分为专业思政和课程思政。讲好思政课不仅需要系统掌握、深刻理解马克思主义及其中国化理论成果，而且要强化问题导向，科学回答重大的理论和现实问题，做到解疑释惑。对于我们需要什么样的理论家，毛泽东曾指出，要“能够依据马克思列宁主义的立场、观点和方法，正确地解释历史中和革命中所发生的实际问题，能够在中国的经济、政治、军事、文化种种问题上给予科学的解释，给予理论的说明”[③]。而这样的理论家，就要真正掌握并运用马克思主义立场、观点和方法，去认识分析中国的实际问题，致力于找出它的发展规律。思想政治理论课教师同样需要这样的素质和能力，否则，就不能回答重大的理论和现实问题，就不能胜任思想政治理论课教学工作。

---

① 习近平：《在哲学社会科学工作座谈会上的讲话》，《人民日报》2016 年 5 月 19 日。

② 《建国以来重要文献选编》第十册，中央文献出版社 2011 年版，第 435 页。

③ 《毛泽东选集》第三卷，人民出版社 1991 年版，第 814 页。

研究马克思主义理论是推进马克思主义理论创新的客观要求。改革开放以来,我国经济社会发展进程波澜壮阔、成就举世瞩目,蕴藏着理论创造的巨大动力、活力、潜力。高校马克思主义学院教师作为马克思主义理论研究的重要力量,及时用马克思主义立场、观点、方法分析和研究新时代中国经济社会发展中面临的新情况新问题,又从理论上提出解决这些问题的新思路和新方法,为马克思主义理论创新发展贡献自己的智慧,是责无旁贷的责任。习近平总书记指出:“坚持和发展中国特色社会主义,全面深化改革,有效应对前进道路上可以预见和难以预见的各种困难与风险,都会提出新的课题,迫切需要我们从理论上作出新的科学回答。我们要及时总结党领导人民创造的新鲜经验,不断开辟马克思主义中国化新境界,让当代中国马克思主义放射出更加灿烂的真理光芒。”①

(二)高校马克思主义学院教师要从多方面研究马克思主义

学术研究应坚持鲜明的问题导向,致力于解决理论问题或现实问题。那么,高校马克思主义学院教师既要将马克思主义经典原著作为研究内容,也要致力于研究思政课教材和思想政治教育教学规律。

研究马克思主义经典原著。思政课以马克思主义理论为基本内容,教育引导学生学习、掌握马克思主义的基本立场、观点、方法,并在运用其分析解决问题的过程中形成正确的世界观、人生观、价值观。而这些基本立场、观点、方法蕴含于马克思主义的经典原著之中。思政课教师要做到理直气壮地讲好思政课,就绝不能满足于对经典作家个别论断的一知半解,而要原原本本地学习、研究马克思主义经典原著。为此,一要研究马克思主义发展史,从历史发展中理解马克思主义基本立场、观点、方法的深刻内涵。二要研究马克思主义经典篇目,以整体性视角深入理解马克思主义基本原理。三要研究马克思主

① 习近平:《在纪念毛泽东同志诞辰 120 周年座谈会上的讲话》,《人民日报》2013 年 12 月 27 日。

义中国化的理论成果，结合中国实际理解马克思主义基本原理在中国的运用和发展。四要重点研究习近平新时代中国特色社会主义思想，从理论层面分析和研究实现中华民族伟大复兴的伟大征程中的现实问题。唯有深入研究马克思主义经典原著，做到理论上的彻底，才能“为增强思政课的思想性、理论性提供多角度学术支持”①。

研究思想政治理论课教材。思想政治理论课教材是由“马克思主义理论研究和建设工程”专家组领衔编撰的专门针对青年大学生实施思想政治教育的教学用书，是新时代高校开好思想政治理论课的基本遵循。高校思想政治理论课教师要开好思想政治理论课首先就要研究教材、吃透教材。教材编写遵循着教材编写的逻辑，其篇章安排、行文风格都有教材的特点，这就要求思想政治理论课教师首先要对教材进行研究。要明白各门思想政治理论课教材都以马克思主义为指导，从不同侧面回答了中国共产党为什么“能”、马克思主义为什么“行”、中国特色社会主义为什么“好”等问题。要通过研究，实现教材体系向教学体系转化，提升思政课的教学效果。

研究思想政治教育教学规律。马克思主义理论教育是思想政治理论课教学的本质内容，其既有一般教育的特点，也有自身的教育规律。因此，思政课教师也需要研究马克思主义理论教育教学规律，在此基础上对思想政治理论课进行大胆的改革创新。一是研究青年学生，掌握青年学生的具体实际情况和认知规律，清楚青年学生的需求和面临的思想问题等，把握学生特点，从而精准施教。二是研究教学方式，结合互联网和现代传播技术，创新教学方法手段，大胆进行教学改革，提升学生学习的主动性和积极性。三是研究重大现实问题，以重大现实问题为切入点，阐明问题、澄清理论，引导学生认识问题、分析问题、解决问题，提升学生的获得感。

---

① 《中办国办印发〈意见〉深化新时代学校思想政治理论课改革创新》，《人民日报》2019年8月15日。

（三）积极推动高校马克思主义学院教师开展理论研究

高校马克思主义学院教师进行马克思主义理论研究既是自身“安身立命”的基本途径，也是提升思政课教学效果的必然要求，相关部门和教师都应该在强化马克思主义理论研究方面下大气力。

教育主管部门和高校应加大对思政课教师科学研究的支持力度。主要通过项目支持、平台建设、制度保障等多方面支持思政课教师进行科学研究。一是项目支持。《意见》提出，要给思政课教师以专项支持，在课题申报、经费支持方面给予大力支持，在各级各类科研项目立项中针对思政课教学重点难点问题和教学方法改革创新等方面的问题设立思政课教师专项计划。2019 年开始，国家社科基金规划项目已经开始设立思政专项。二是平台建设。要建好建强全国重点马克思主义学院和示范性马克思主义学院，进一步加强学术阵地建设。三是强化保障。以建立健全重点学院、重点学科、重点课程建设的制度为依托，加强马克思主义学院、马克思主义理论学科、思想政治理论课建设，优先保障其发展所需的人才、资源等。

制定相应的科学研究激励机制，推动马克思主义理论研究。一要增强思政课教师的职业认同感、荣誉感、责任感，将思政课教师中的优秀分子纳入“万人计划”“长江学者奖励计划”等各类高层次人才项目，做到适当倾斜，加大支持力度。二要结合当时当地实际设立思政课教师岗位津贴。三要注重设立相应的荣誉称号，表彰优秀思政课教师，如推选思政课教师年度影响力人物等。加大力度宣传思政课教师中的优秀代表，重点表彰宣传其坚定立场、丰厚学养和育人成效等，发挥其示范引领作用。

思政课教师要着力提高自身马克思主义理论研究能力和水平。思政课教师要提高认识，充分认识到马克思主义理论研究是自身工作职责，推动自身持续开展马克思主义理论研究，争做政治立场坚定、理论功底深厚的新时代思想政治理论课教师。要把对马克思主义理论的研究作为提高思政课教学水平的重要支撑，以科研促进教学，实现教学和科研的相互促进。

三、新时代高校马克思主义理论的传播者

2020 年 1 月，习近平总书记在云南考察时指出，我们要传播好马克思主义，不能照本宣科、寻章摘句，要大众化、通俗化。新时代，高校马克思主义学院教师身担重任，不仅要坚守好马克思主义信仰、研究好马克思主义理论，还要讲好中国故事，传播好马克思主义理论，做马克思主义理论的传播者。

（一）重视马克思主义理论以及党的路线方针政策的宣讲传播

积极开展理论宣讲是马克思主义学院教师服务于社会公众的主要渠道。马克思主义学院教师要在讲好思想政治理论课的同时，积极开展各种形式的理论宣讲。

宣讲、传播马克思主义及其中国化理论成果。一方面，要做好理论阐释，宣讲传播马克思主义基本理论，阐释马克思主义立场、观点和方法；另一方面，围绕党的创新理论成果和重大热点问题进行宣讲、传播。党的路线方针政策其实质就是马克思主义基本原理在新时代中国发展中的实际运用，体现了马克思主义的基本立场、观点和方法。因此，2018 年 5 月，习近平总书记在北京大学考察时强调："我们对马克思和《共产党宣言》的最好纪念，就是把党的十九大精神和新时代中国特色社会主义思想这一当代中国马克思主义研究好、宣传好、贯彻好。"①当前，要以习近平新时代中国特色社会主义思想为主要内容进行理论宣讲，力求让宣讲对象内心认同、情感接受、行动遵循。

适应新时代要求和传播对象实际不断创新理论宣讲传播形式。毛泽东曾指出："真想做宣传，就要看对象，就要想一想自己的文章、演说、谈话、写字是

① 《抓住培养社会主义建设者和接班人根本任务　努力建设中国特色世界一流大学》，《人民日报》2018 年 5 月 3 日。

给什么人看、给什么人听的……射箭要看靶子,弹琴要看听众”①。做马克思主义理论的传播者就要按照宣讲传播的本质要求和内在规律,适应新时代互联网、大数据等发展要求,根据宣讲传播对象的思维习惯和接受方式,创新宣讲传播形式,提升宣讲传播效果。一方面,要充分发挥以互联网为主体的新兴媒体的作用,运用各种平台载体和传播手段,形成传统与现代媒介相结合的,有声的和无声的、有形的和无形的,人民群众欢迎的、生动活泼的传播方式方法;另一方面,要转化话语表达形式,善于和惯于运用更接地气、更贴近群众的语言,使主流话语和思想得以有效传播、理解和接受。

宣讲传播马克思主义理论过程中要反对教条主义和主观主义。做马克思主义理论的传播者就要紧密联系现实,坚持以问题为导向,紧扣人民群众的关切,从更深层面回答好为什么、做什么、怎么做等问题,而不是囫囵吞枣、照搬照抄、照本宣科,也不是从个人意志、个人经验、主观感情出发,使主观脱离于客观、认识脱离于实践。为此,习近平总书记强调“坚持理论联系实际的马克思主义学风,坚持问题导向……反对主观主义、教条主义、形式主义,防止空对空、两张皮。”②

(二)加强中国特色社会主义道路、理论、制度和文化的对外传播

新时代马克思主义学院教师的对外学术交流、出国访学研修、参加国际会议等日益增多,这对开拓教师的学术研究视野,提升学科国际影响等具有重要作用。同时,马克思主义学院教师作为马克思主义理论的传播者,要展现和彰显中国特色社会主义研究成果,讲好中国故事、传播好中国声音,消除国际社会对中国特色社会主义的各种误解和质疑,提升中国特色社会主义的国际影响力。

① 《毛泽东选集》第三卷,人民出版社 1991 年版,第 836 页。

② 习近平:《在全国党校工作会议上的讲话》,人民出版社 2016 年版,第 16 页。

运用好各种载体和平台传播中国特色社会主义。高校马克思主义学院教师要充分利用好各种载体和平台，将中国特色社会主义道路、理论、制度和文化等的核心要义，有效传播给国际社会。比如，通过国际性学术会议及其他学术交流活动等载体，通过演讲、报告、谈话、对话、讲课等形式，讲好新中国 70 多年中国共产党领导中国人民进行革命、建设和改革开放的生动故事，尤其是这些故事背后的深刻原因和发展逻辑，讲清楚中国共产党的坚强领导、中国特色社会主义制度的可靠保障、中国人民的勤劳智慧是书写中国故事、创造中国奇迹、贡献中国方案的不竭动力。

（三）马克思主义理论传播需要处理好的几个关系

高校马克思主义学院教师在传播马克思主义理论过程中要正确处理好真理和真情、守正和创新以及“传道”“授业”“解惑”之间的关系。

处理好真理与真情的关系。习近平总书记曾指出：“要坚持不懈传播马克思主义科学理论，抓好马克思主义理论教育，为学生一生成长奠定科学的思想基础。”①这就要求思政课教师把追求真理作为内在需要。同时，要有真情、激情和热情。感人心者，莫先乎情。要在教学中流露真情，使学生亲其师而信其道，信其道而受其教。

处理好守正与创新的关系。守正方能创新。既要科学总结以往实践中形成的宝贵经验，又要不断推进改革创新。新中国成立 70 多年来，思想政治理论课教师传播马克思主义理论形成了一系列规律性认识和成功经验，为守正创新提供了重要基础。传播马克思主义理论根本上就是用理论掌握群众，本质上也是思想政治教育，是做人的工作，为此，就应该遵循思想政治工作规律、教书育人规律、学生成长规律，既要强化思想引领，在理论内容上跟上时代，又要在形式上作有益探索，在形式上跟上时代。

处理好“传道”“授业”“解惑”的关系。新时代马克思主义理论的传播

① 《习近平谈治国理政》第二卷，外文出版社 2017 年版，第 377 页。

者,要做到“传道”有责、“授业”有术、“解惑”有力。“传道”有责,就是要旗帜鲜明地讲政治,善于从政治上看问题,在大是大非面前保持政治清醒;要清晰透彻地讲学理,善于准确阐释马克思主义的立场、观点、方法;要善于弘扬社会主义核心价值观,引导学生努力做社会主义核心价值观的践行者。“授业”有术,就是要学会运用创新的宣讲理念、翔实的宣讲资料,严密的宣讲逻辑、通俗的宣讲语言、多样的宣讲形式等打造精彩讲堂,使宣讲对象受启发,有收获。“解惑”有力,自觉运用马克思主义立场观点方法认识、分析问题,认清中国发展所处的阶段及面临的问题,深刻把握世界发展大势,科学回答社会发展中的重大理论和现实问题,力争及时回应解答时代课题。

论新时代思想政治理论课的制度化建设*

思想政治理论课是落实立德树人根本任务的关键课程。中国特色社会主义进入新时代,各地各级学校都把思政课建设放在首位,加强和改进思政课教学工作,充分发挥思政课的主阵地、主渠道作用,进行了大量的教学改革和制度创新,使课程的亲和力、说服力、感染力不断增强。特别是习近平总书记在学校思想政治理论课教师座谈会上的讲话发表以来,各级各类学校思政课建设进入了快车道。但是,总体来说,新时代思政课建设取得显著成就的同时,也仍然存在一些问题,特别是思政课制度化建设不足制约了思政课立德树人功能的发挥。新时代思政课建设需要在制度化建设方面集中发力,也就是通过不断完善制度规范加强思政课建设,保障思政课建设的持续推进,以切实提高思政课立德树人、铸魂育人的成效。

一、新时代思政课制度化建设的重大意义

思政课是学生接受思想政治教育的主渠道和基本途径。加强思政课建设是适应新时代社会主义现代化建设,培养时代新人的必然选择。为了进一步

* 原载《思想理论教育导刊》2021 年第 4 期。中国人民大学复印报刊资料《高校思想政治理论课教学研究》2021 年第 4 期全文转载。

加强新时代思政课建设，需要在继续进行思政课改革创新的同时，不断强化制度建设，形成规范的思政课建设制度体系，为推进思政课建设提供制度保障。

（一）推进思政课高质量发展的客观要求

加强思政课建设是新时代落实立德树人根本任务的迫切要求。党的十八大以来，党中央先后召开全国高校思想政治工作会议、全国教育大会，对思政课建设提出了许多新的要求，思政课建设驶入了发展的快车道。2019 年 3 月 18 日，习近平总书记主持召开学校思想政治理论课教师座谈会并发表重要讲话，提出“办好思政课，要放在世界百年未有之大变局、党和国家事业发展全局中来看待，要从坚持和发展中国特色社会主义、建设社会主义现代化强国、实现中华民族伟大复兴的高度来对待”①，并对思政课建设提出了新的要求。2019 年 4 月，教育部印发《普通高等学校思想政治理论课教师队伍培养规划（2019—2023 年）》，2019 年 8 月，中共中央办公厅、国务院办公厅印发《关于深化新时代学校思想政治理论课改革创新的若干意见》，2020 年 1 月教育部制定了《新时代高等学校思想政治理论课教师队伍建设规定》等，对思政课建设提出了系列规划和制度设计。从具体实践看，为贯彻落实习近平总书记关于思政课建设重要论述和相关文件精神，各地在思政课建设方面取得了显著成效，尤其是制度化建设方面也取得了重要进展，比如制定了集体备课制度、思政课教师兼职制度、领导干部上思政课制度、思政课教师培训和研修制度等。但是，思政课建设还存在一些薄弱环节，影响思政课建设质量，包括课堂教学效果还需提升，教材内容还需丰富，教师队伍建设存在短板，评价和支持体系有待健全，大中小学思政课一体化建设需要深化等。这些问题的解决，迫切要求思政课建设进一步深入制度化层面，通过系统科学的制度设计和安排，推进思政课建设体系化、制度化、规范化，从而为提高思政课建设质量，落实立德树人根本任务提供制度保障。

---

① 习近平：《思政课是落实立德树人根本任务的关键课程》，《求是》2020 年第 17 期。

（二）梳理总结思政课建设经验的迫切需要

发挥思政课立德树人重要作用是党和国家建设事业长远发展的根本需要。为了加快思政课建设，各级教育行政部门以及各类大中小学校都对思政课建设投入了大量精力，积极推进思政课改革创新，形成了许多具有实效性的做法和经验。这些成功经验凝聚了许多教育行政主管部门和思政课教师的智慧，因此迫切需要把这些成功经验进行系统总结，上升为制度规范，在全国范围内进行推广，从而以点带面全面提升思政课建设质量。同时，近年来为了加快思政课建设，各级各类教育行政部门出台了一些规范性文件，各类学校又根据自身的特点制定了许多思政课改革文件，但是文件之间往往差异较大，不够协调统一，甚至存在相互抵触的地方；许多文件更多是关于思政课建设的指导性意见，没有形成统一、具体的制度性规范；一些地方制定的规范性文件已经滞后于思政课发展，没有及时进行清理和修订。思政课教学单位在遵照执行时有时出现疏漏，有时又显得无所适从。这样极易导致一些好的建设经验得不到普及，一些错误的做法得不到纠正。加强思政课制度化建设，就是要统筹整理和规范这些制度性文件，使各项制度形成合力，共同促进思政课建设。

（三）推进大中小学思政课一体化建设的内在要求

习近平总书记强调指出："要把统筹推进大中小学思政课一体化建设作为一项重要工程，推动思政课建设内涵式发展。"①要根据思想政治理论教育规律和不同学段学生成长规律科学作出总体部署，在大中小学各学段统一开设思政课课程，使各学段的思政课课程定位、课程目标、教学内容、育人过程做到衔接贯通。目前，大中小学都开设了不同层次的思政课程，但缺乏整体性的规划和一体化的部署，如各学段之间的教材衔接缺乏统一规划，出现内容之间的简单重复、脱节问题，不能较好地实现循序渐进、螺旋式上升，使学生对思政

① 习近平：《思政课是落实立德树人根本任务的关键课程》，《求是》2020年第17期。

课的兴趣受到影响;不能较好地发挥高校马克思主义学院辐射作用,主动对接中小学思政课教师队伍建设,开展专门培训项目,高校思政课教师走进中小学校开展教学实践的积极性受到影响;高校马克思主义学院与中小学定期开展教学研讨、课程研究、教师实践教育等活动缺乏具体制度支撑等。推进大中小学思政课一体化建设,必须从制度建设入手,统筹各学段的思政课课程建设,增强一体化意识和整体观念。要尽快制定大中小学一体化建设的整体性制度安排,对各学段的教材建设、教学研讨和教师队伍建设进行统一规划,促进各学段教师之间的合作交流,使学生在每一个学段都能受到符合年龄特点的思想政治教育。

(四)适应思政课守正创新的必然要求

新时代思政课建设面临许多新的困难和挑战,需要及时更新教学理念、改进教学方法,尤其是坚持守正和创新相统一,不断进行教学改革创新,提高思政课的亲和力和感染力、针对性和实效性,实现知、情、意、行的统一,使思政课真正能够深入人心,加强思政课的制度化建设以保障改革创新的正确方向。

应当看到,新时代思政课改革创新成绩斐然,教学效果明显得到提升。但是在改革创新的过程中也存在一些问题。有的思政课教学改革只注意形式,忽略内容,哗众取宠,把思政课堂变成了个人秀场,实际上背离了思政课的教学规律,学生的获得感并不强。新时代思政课改革创新应该是守正创新的统一,守正才能创新,其中守正是要守马克思主义的根本,守中国特色社会主义的根本,守思政课立德树人的根本。思政课教书育人的性质不能改,传递理论知识、理想信念的功能不能变。思政课的创新是在守正基础上的创新,要有正确方向,不能舍本逐末。加强制度化建设,对思政课建设的整体进行规范,科学界定思政课改革创新的手段、方式和范围,给思政课的改革创新正本清源,使思政课改革既能坚守活水源头,又能避免刻舟求剑、故步自封,有效防范改革创新过程中的无序和浮躁,保证思政课的严肃性和思想性,从而取得更好的育人实效。

二、新时代思政课制度化建设的基本途径

思政课建设是一个体系,涉及教材、教学、教师队伍建设等多个环节。推动思政课制度化建设,必须把握思政课的基本环节,形成完备的制度体系。要以高水准教材为遵循,以高标准教学质量为支撑,以高素质的思政课教师队伍为关键,形成科学合理有效的思政课建设制度体系,全面提升思政课的质量和水平。

(一)思政课教材制度化建设

思政课教材是教学内容的主要载体,是传递知识、锤炼品格、树立信念的主要依据。教材是教学的依据,思政课教材制度建设关乎思想政治教育的规范和建设方向,直接影响到思政课的建设水平。

首先,完善思政课教材编写、审定管理制度。规范思政课教材的编写工作,形成科学的思政课教材体系,这是教材制度的根本。教材的编写要注意根据教学的要求、教学对象的特点把理论体系转化为教材体系。按照 2019 年印发的《关于深化新时代学校思想政治理论课改革创新的若干意见》(以下简称《意见》)的规定,由国家教材委员会统筹大中小学思政课教材建设,明确了思政课教材的建设主体。高校思政课教材由马克思主义理论研究和建设工程专家编写,“形势与政策”课定期研制教学要点,保障思政课教材的权威性。除此之外,思政课教材体系建设还要涵盖专题教学指南、教学参考书、案例解析、优秀讲义、网络教学资源库等教学辅助材料,改变目前教学辅导用书较少、更新缓慢、内容陈旧等问题。思政课的教材编写要反映新时代发展的要求,要将马克思主义中国化的最新理论成果以及学科建设的最新研究成果及时体现到教材当中,推进党的理论创新成果进教材。要适时推动教材的修订工作,合理确定修订周期,注重不同版次之间教材体系结构的统一性。现在要重点建设

以习近平新时代中国特色社会主义思想为核心的思政课程群，把“四史”内容、中华优秀传统文化等内容融入教材内容当中，必要时可以编写系列选修课程教材，形成必修课加选修课的课程体系。

其次，重点建设大中小学一体化思政课教材编写制度。目前，思政课教学一体化建设存在许多亟待解决的问题，具体表现为各学段课程标准修订步调不一，各学段课程标准的修订缺乏统一设计，难以形成有效衔接；课程目标设置的整体性和科学性还有待加强，课程目标在衔接递进上表现不明显，直接或间接影响了思政课教材编写的质量；各学段教材内容重复的现象较为突出，不仅初中、高中和大学的部分教材内容存在简单重复问题，而且大学四门思政必修课教材之间也存在不同程度的内容重复。为此，应该一体化制定各学段的课程标准，解决课程标准修订步调不一和衔接不畅的问题。应该统一构建课程目标体系，根据各学段的学生的身心发展和认知特征科学合理设定课程目标，目标体系要有总目标和分学段目标，大学阶段重在增强使命担当，高中阶段重在提升政治素养，初中阶段重在打牢思想基础，小学阶段重在启蒙道德情感。要由大中小学思政课教材编写专家共同参与教材编写和审定工作，加强编写专家之间的交流与沟通，避免各学段的教材内容重复、脱节、倒挂等问题。

第三，逐步研究探索如何把思政课教材体系有效转化为教学体系，纳入思政课教材编写制度当中。目前在教学实践中存在着对教材使用不规范的情况。一些思政课教师在教学过程中，不遵照教材体系和内容，随心所欲根据自己的兴趣和爱好进行讲授，讲授内容和教材内容关联不大甚或毫无关联，削弱了思政课教材的权威性，减弱了思政课的育人效果；有些教师标新立异，在没有吃透教材的情况下随意改动讲授的内容，可能在无形中向学生渗透了错误的思想，容易造成严重的后果；一些老师探索“专题化”教学，为思政课的教学改革走出了一条新路，但是有些“专题化”教学内容设置随意，存在着脱离思政课教材体系和教学内容的问题，教学专题的内容必须以现有的教材内容为根本，否则将会造成喧宾夺主，脱离思政课的教学实际，达不到思政课的教学效果。应该通过制度建设对教材使用不规范的情况进行限制，明确教材的权威性和严肃性，不能偏离教材内容，更不能另起炉灶随意讲授。

（二）思政课教学制度化建设

教学是课程建设的根本。提升思政课的教学质量和水平，需要一系列有效的制度作为保障。思政课教学制度应该是以教学质量提升为目标，包括集体备课制度、教学督导制度、实践教学制度等。

集体备课是教师集体进行的教学研究活动。在集体备课过程中，教师之间通过交流、研讨、展示等方式进行思想碰撞，实现资源共享，进而提高教学能力。集体备课具有系统性，是学习共同体、教学共同体与学术共同体的同构过程，意味着一整套制度、平台、机制、环节、方法和资源配置的有机结合。《意见》提出，要普遍实行思政课教师集体备课制度，全面提升教研水平。每一个思政课教师的兴趣专长、学科背景不尽相同，在教学方法的设计、教学内容的理解等方面都有可取之处。通过集体备课制度，可以充分发挥每一位思政课教师的智慧。思政课程涉及知识面比较广，有些课程涉及多个学科专业，对教师的能力素质要求很高。思政课教材内容更新也较快，与飞速变化的现实生活联系非常紧密，而且教学对象都是青少年，这些年龄段的学生思维活跃、个性突出，特别是现在互联网时代，学生获取各种知识的途径极为便捷，给思政课教学增加了新的难度。为了提高思政课的教学效果，适应思政课发展的时代要求，应该开展集体备课活动，形成集体备课制度，为课程教学质量的提升提供保障。集体备课制度应该发挥每一个教师的专长，充分利用每一个教师的智慧，组织教师对教学中的难点、重点问题进行集中研讨，做到取长补短、共同进步。集体备课制度应该确定集体备课牵头人，遴选高水平思政课专家，建立相对固定的集体备课机制，整体提升思政课教师的业务能力和育人水平。现代信息技术发展很快，5G 信息技术已经普及，组织网络云端集体备课更加便捷高效，要注意用好互联网平台，充分发挥网络集体备课的专家引领作用，完善思政课集体备课制度，使网络集体备课常态化。

教学督导制度是教学制度体系的重要组成部分。教学督导是教学质量监控体系的重要环节，是指由专家组对教师在课堂教学中所反映出的教学能力、专业水平、教学效果等进行检查指导，以督促教师不断改进教学方法手段、提升教学艺术与职业素养。教学督导制度是促进教学质量提升的有效方法，是教学治理的重要内容。因此，应该建设符合思政课课程特点的教学督导制度。通过这一督导制度，可以有效对教学过程进行全员、全过程、全方位的教学质量指导，督促思政课教师不断更新教学理念、改进教学方法、提高教学质量。教学督导制度还可以对思政课的改革创新发挥有效的监控作用。目前思政课教学改革创新层出不穷，但对于思政课教学质量的提升到底效果如何，需要借助教学督导制度进行集体把脉，有效避免教学改革过程中各种随意性问题的出现。

目前大多学校都建立有自己的教学督导制度，但统一的符合思政课教育教学规律的教学督导制度还没有形成。由于各地教学督导制度的设立往往结合本地情况进行，缺乏统一的规范与指导，导致实际运行中存在机构不健全、方法不科学、过程较为随意等问题。有的制度失之过于松散，有的制度失之过于严苛，有的制度设计缺乏科学论证，严重制约了教学督导功能的发挥。实际上，教学督导制度具有价值理性和工具理性，其制定要符合教育教学规律，以提高思政课教学质量为目标，重在对思政课教学进行评价和改进。要组建各级教学督导组，教学督导组负责对各级各类的思政课教学活动进行听课督导，以发现教学过程中存在的问题，促进教学质量提升。教学督导组成员应聘请优秀的从事过思政课教学的教师或专家担任，避免外行指导内行情况的发生。

建立思政课实践教学制度。实践教学可以为思政课的理论教学提供补充，在思政课的建设中具有十分重要的地位。教育部 2005 年已经明确指出，高等学校思政课所有课程都要加强实践环节，要建立和完善实践教学保障机制，探索实践育人的长效机制。教育部 2008 年对于思政课实践学分的占比也进行了规定，明确了具体的学时数。培育学生良好的道德情操、坚定的理想信念，需要借助于课内外各种形式的实践活动，使学生在社会实践的大舞台上了解中国社会主义建设取得的伟大成就，接受红色文化的洗礼，领略祖国的壮美河山、体验道德实践的崇高感，这样才能实现思政课的教学目的，使学生成为社会主义建设者和接班人。虽然思政课实践教学极为重要，但实际上实践教学的开展仍然存在许多不足。一些学校没有真正理解实践教学的内涵和作用，虽然都将实践教学纳入教学计划当中，但是并没有形成统一规范的要求，实践教学的学分、课时、经费落实不到位，缺乏严格的管理制度和考评机制，导致实践教学流于形式，效果不佳。应该将思政课实践教学纳入人才培养计划之中，对实践教学活动进行统一设计和规划，明确具体课时、学分占比和实践经费，建立科学合理的考核评价办法，细化实践教学形式，加强教师对实践过程的指导。另外，思政课教师的社会实践活动也应该包括在实践教学制度当中。思政课教师通过社会实践了解国情、世情，不仅可以为学生的实践提供帮助，也可以提高思政课教师的实践教学能力。

（三）思政课教师队伍制度化建设

强国必先强师。办好思政课，关键在于有一支高素质专业化思政课教师队伍。近几年，国家针对思政课教师队伍建设出台了一系列的文件。2020 年 4 月，教育部发布了《新时代高等学校思想政治理论课教师队伍建设规定》，对思政课教师的职责与要求、配备与选聘、培养与培训、考核与评价、保障与管理等进行了全面规定，是新时代加强高校思政课教师队伍建设的纲领性文件。要加快思政课教师队伍建设，必须建立和完善教师的任职资格准入制度、考核评价制度和培训制度。

思政课教师任职资格准入制度是指思政课教师必须符合一定的任职标准，如政治素质标准、道德标准、教学科研素质标准等。建立任职资格准入制度，是加强思政课教师队伍建设的一项重要举措。教育部 2008 年已经正式提出要施行思政课教师任职资格准入制度。教育部 2020 年发布的《新时代高等学校思想政治理论课教师队伍建设规定》也明确指出，高等学校应当制定任职资格标准和选聘办法。

近些年，由于思政课教师任职资格准入制度不完善，再加上思政课教师缺口比较大，一些学校放松了思政课教师的任职标准，一些没有马克思主义理论学科背景或者专业关联度较低的教师进入思政课教师队伍，一些马克思主义信仰淡漠、思想道德水准低下的教师也出现在教师队伍当中，导致思政课教师素质参差不齐，严重影响教学效果。甚至有观点认为思政课专业性较差，什么人都可以教，甚至把其他专业课教不好的教师转岗到思政课岗位上。实际上，思政课的专业性、思想性丝毫不差于其他学科，其对思政课教师的要求也要高于其他专业课教师。应该建立起严格的思政课教师任职资格准入制度，规范遴选条件和程序，严把入口关，将政治立场坚定、思想品德优良、业务素质过硬的教师选拔到思政课教师队伍当中。有的高校已经在建立任职资格准入制度方面进行了探索，为构建统一的思政课教师任职资格准入制度提供了实践经验。任职资格准入制度的核心在于明确思政课教师任职资格的具体标准，要从学历条件、学科背景、政治素质、道德素质、教学能力、科研能力等方面进行明确设定。

思政课教师的考核评价制度。思政课教师承担着对学生进行思想政治教育的重任，关系着国家和民族的未来。考虑到思政课教师的重要性和思政课的特殊性，应该建立专门的思政课教师考核评价制度。考核评价制度的核心是专业技术职务（职称）制度。职称晋升制度是对思政课教师进行评价激励的基本制度设计，也事关每一个思政课教师的个人发展。思政课教师职称晋升比较困难是一种普遍现象。有研究表明，各高校马克思主义学院的教师教授职称比例都要远低于相关参照学科的教授职称比例。这表明思政课教师的职称晋升难度较大，特别是晋升教授职称难度更大。思政课教师为了能够晋升职称，完成绩效考核任务，把大部分的精力放在写论文、申请课题上，投入课堂教学的精力较为有限，没有兴趣和动力去进行教学改革，思政课的教学效果难以得到保障。所以应该改革思政课考核评价制度，建立符合思政课教师职业特点的职称评聘制度，将教学效果作为思政课教师职称评审的根本标准，把思政课教师的教学改革成果、教学质量评价结果纳入考核评价体系当中，让思政课教师把主要精力放在教学工作上。重视教学效果并不等于不需要科研，实际上马克思主义理论学科的科研相对于其他学科来讲较为滞后,并不能适应思政课专业化发展的要求。没有对理论的深入研究,思政课的教学效果也难以得到保障。教育部已经在思政课教师的考核评价制度方面进行了多项制度突破。如将思政课教师在中央和地方主要媒体发表的理论文章纳入学术成果范围等。

思政课教师培训制度的设立也十分必要。建设一支政治强、情怀深、思维新、视野广、自律严、人格正的思政课教师队伍要求加强对思政课教师的培训指导。思政课教师培训是提高教师素质的有效途径,也是思政课教师自我提升和发展的内在要求。思政课程本身的特点也决定了培训制度化的必要性,因为中国特色社会主义实践的不断推进,使越来越多的实践经验上升到理论层面,进而需要纳入思政课的课程体系当中。思政课教师如果不接受专业的培训就难以适应教材的更新和实践的发展。思政课教师的培训是一个系统工作,必须进行科学的设计和规划,考虑好多方面的因素。一些地方的培训工作缺乏规划,出现了重复和不必要的培训,不仅不能取得良好的效果,反而给思政课教师增加了许多额外负担。要从科学合理的角度确定培训周期、培训时数、培训内容,既能够有效提升思政课教师的马克思主义理论水平和课堂教学能力,也不影响思政课教学活动的正常运行。

目前,全国范围和地方的培训已经积累了较为丰富的经验,可以总结各地的成功经验,形成完善统一的、可以全国推广的培训制度。应该建立国家、省(区、市)、学校三级思政课教师培训体系,国家层面重在示范培训、省级层面进行重点培训、学校层面进行全员培训。建立国家级思政课教师研修基地,发挥国家培训的引领作用。重点对思政课教师进行岗前培训,严把入口关,对于岗前培训不合格的不允许进入思政课教师队伍。对于最新的思政课教学内容要集中统一进行培训,对习近平新时代中国特色社会主义思想进行专题轮训。要结合互联网技术大力开展网络培训,网络培训具有覆盖面广、组织简便、内容能回放等优点,应该成为今后培训的一个重要方式。总之要通过严格高效的培训制度,提高思政课教师的教学水平,使其真正担负起新时代思政课教学的重任。

三、新时代推动思政课制度化建设的着力点

思政课制度化建设是一项系统工程。制度化建设必须遵循思想政治教育教学规律，加强组织领导保障，注意制度间的协调配合。

（一）加强思想政治教育教学规律研究

思政课制度化建设必须遵循思想政治教育教学规律。制度化建设不是空中楼阁，而是建立在遵循思想政治教育教学规律的基础上。在思政课制度化建设过程中，一定不能忽视对思政课教育教学规律的研究和遵循。“思想政治理论课教学的科学规律在本质上是社会科学与政治哲学相融合的育人规律。”①既要遵循一般社会科学学科的教育教学规律，也要遵循马克思主义理论学科特有的教育教学规律。思政课具有鲜明的意识形态属性，其要发挥好相较于其他学科更强的立德树人功能，必须在教学过程中做到传递知识和价值塑造的统一。所以，对思政课教学效果的评价、对思政课教师的要求与其他课程有着明显的区别，既不能违背一般的教育教学规律，也要注意到思政课的特殊性。另一方面，一些思政课教师过分强调思政课的特殊性，忽视或背离了一般的教育教学规律，过分强调形式的创新，没有进行深入浅出的理论讲解，学生难以产生理论上的认同，导致思政课立德树人的功能得不到发挥，教学效果大打折扣。所以，思政课制度建设的前提是加强对思政课教育教学规律的研究和遵循。不能制定脱离教育教学实际、不符合教学规律的制度规范，影响或干扰思政课正常的教学活动，造成思政课建设的虚假繁荣，削弱思政课的育

① 宇文利：《努力掌握并用好思想政治理论课教学的科学规律》，《思想理论教育导刊》2017 年第 9 期。

人效果。要认真贯彻习近平总书记提出的思政课改革创新应坚持的“八个相统一”原则，遵循思政课的教育教学规律，实现理论研究和教学活动的统一，实现制度规范和改革创新的统一，不断提高思政课的育人实效。

（二）加强思政课建设组织领导保障

统一高效的领导机制是思政课制度化建设的有力保障。要建立不同层次的领导机制，整体规划和部署大中小学思政课建设。国家层面要做好制度建设的总体规划，统筹协调大中小学思政课教材体系、教学体系、教师培养一体化制度建设，①对思政课制度建设的根本原则、目标和制度体系进行明确规定。教育主管部门要统筹好制度的制定、实施和监督，要照顾到学校的办学类型、办学目标、办学层次、和教育教学资源的差异性。中央教育工作领导小组要把思政课制度化建设作为重点工作来进行推进，教育部大中小学思政课一体化建设指导委员会负责主要的制度建设工作，各地教育行政部门和学校要结合实际情况制定实施细则。各级主管领导机构在进行制度设计时，要遵循自上而下的顶层设计和自下而上的试点探索相结合的原则，对于基层成功的实践探索经验要及时进行总结归纳，上升为制度规范，对于顶层设计的制度规范，要尽量先进行试点，不要盲目进行全面推行。

要强化制度的执行，严格执行有关文件精神和制度规定。各学校的党委书记和校长要发挥第一责任人的作用，负起落实制度执行的主体责任，积极采取有效措施，推动有关制度的执行落地。可以成立全国性的思政课建设督导机构，负责全国思政课制度建设的督导执行。各地应该设立相应的机构加大对制度执行的督导力度，对于不符合思政课任职资格准入制度的教师要及时进行清退。要定期对制度的执行情况进行调研，了解制度实际执行情况和思政课建设效果，建立常态化的思政课建设成效反馈机制，对于制度执行过程中

① 肖贵清:《新时代学校思想政治理论课建设的基本思路》,《吉首大学学报(社会科学版)》2020 年第 2 期。

出现的问题及时进行交流反馈，不断完善各项制度。

（三）做好思政课各项制度间的衔接配套

改革开放以来，我国教育的制度化建设成就斐然，出台了多部有关教育发展的法律法规，教育部下发的有关思政课建设的部门规章、指导意见也不少。思政课制度化建设必须与上述教育法律法规和文件保持一致。如《教师法》《教师资格条例》等法律法规对教师的任职资格有相应规定，思政课教师任职资格准入制度不能同这些法律相抵触。各级地方教育主管部门、高校可以根据实际情况确立符合本地、本高校的思政课建设制度，但不能违背国家和教育部印发的指导性意见。新时代思政课制度化建设是一项系统工程，要注意思政课具体制度间的衔接与配合，使制度的设置更加科学合理，避免制度之间的冲突或不适应现象。比如，教材制度、教学制度、教师队伍建设制度之间往往存在一定的交叉，三个方面的制度内部的具体制度之间也存在密切的联系，要使教材制度、教学制度、教师队伍建设制度之间形成合力，以保障新时代思政课的育人效果。

把握思想政治理论课教材、教师与教学的有机统一*

2015 年 12 月 11 日，教育部召开全国高校思想政治理论课建设工作会议。时任教育部部长袁贵仁在会上强调，要扎实推进高校思想政治理论课综合改革创新，在建设立体化教材体系、加强教师队伍建设、改进教学方式方法等方面下大功夫，不断提高思想政治理论课教育教学质量。教材是搞好思想政治理论课教学的基础。高校思想政治理论课统编教材自 2007 年出版以来，根据形势的发展、一线思想政治理论课教师的意见反馈和教学实际先后进行过多次修订，已日臻完善。教师要善于在科学使用教材的基础上，采取各种行之有效的教学方法，创造性地进行思想政治理论课教学，以实现教材、教师与教学的有机统一，努力把思想政治理论课建设成为大学生真心喜爱、毕生难忘、终身受益的课程。

一、教材是基础

根据《中共中央国务院关于进一步加强和改进高等学校思想政治理论课的意见》，2005 年，中共中央宣传部和教育部相继出台了关于进一步加强和改

* 原载《北京教育(德育)》2016 年第 3 期。

进高校思想政治理论课的意见和实施方案（以下简称“05 方案”）。“05 方案”实施以来，思想政治理论课教材经过多次修订。纵观历次修订，都是紧扣时代脉搏，围绕党的理论创新成果及时进行的，2015 年教材的全面修订也不例外。为深入学习党的十八大和十八届三中、四中、五中全会精神，深入学习贯彻习近平总书记系列重要讲话精神，推动马克思主义中国化最新成果进教材、进课堂、进学生头脑，在思想政治理论课教材中充分体现了党的最新理论成果。以“毛泽东思想和中国特色社会主义理论体系概论”课教材为例，新教材以“四个全面”战略布局为统领，结合中央最新精神，把习近平总书记系列重要讲话精神充实到相关章节。一方面，新增加“中国特色社会主义理论体系的最新成果”一个目，总述“四个全面”战略布局提出的背景、意义、定位，以及“四个全面”之间的内在逻辑关系。另一方面，将“四个全面”战略布局的内容，分布在具体章节进行分述，深入阐述“全面建成小康社会”“全面深化改革”“全面依法治国”和“全面从严治党”。思想政治理论课教师要正确理解和科学把握十八大以来党的理论创新成果在教材中的体现，了解教材修改的核心内容，抓住修改的重点。

教师应当积极看待教材的及时修订，弄清教材修订的时代背景，把握教材修订背后的意图，了解教材修订的来龙去脉，理清党的理论创新成果及时进教材的思路，帮助自己搞好教学。为了帮助教师用好教材，帮助学生学好教材，教育部社会科学以统编教材为基础，组织全国力量使用鲜活的材料和生动的语言编写《教师参考用书》《疑难问题解析》《学生辅学读本》等配套用书，努力建设思想政治理论课立体化教材体系，为师生提供好教和好看的教学系列用书。2015 年 8 月，思想政治理论课 2015 年修订版教材已经出版发行。

教材是教学的源头和依据，从理论上把握思想政治理论课教材的结构和基本内容，是搞好教学的前提和基础。强调教材的重要作用，主要在于教材是教师进行教学的主要依据，教师上课不能随心所欲，因为教材规定了教师进行教学的主要内容、重点和难点。在教学过程中，一方面，教师不能脱离教材，抛开教学重点难点问题漫无边际、随心所欲地“漫谈”；另一方面，课堂教学又要高于教材，不能完全照本宣科，教师不但不应拘泥于教材中的内容，更应该紧密联系党的最新理论成果去充实教材的内容。思想政治理论课教材阐述的主要是马克思主义和中国化马克思主义的立场、观点和方法。教学过程中，教师既要把握教学的重点和难点，又要紧扣时代脉搏，还要了解和联系学生的思想实际，既解疑释惑，又正本清源。

二、教师是关键

全面落实《普通高校思想政治理论课建设体系创新计划》，提高思想政治理论课教育教学质量，全国 6 万多名高校思想政治理论课教师是关键。高校应通过加强思想政治理论课教师理想信念教育，坚持高标准选用思想政治理论课教师，严把政治关、业务关，按照教育部下发的《普通高等学校思想政治理论课教师队伍培养规划（2013—2017 年）》通知要求，建设一支高素质的思想政治理论课教师队伍。一个没有坚定的马克思主义信仰、没有中国特色社会主义理想信念的思想政治理论课教师是难以真正讲好思想政治理论课的，即使语言再生动、内容再丰富、方法再多样，也难免会“跑调”。

教师在教学中要正确使用教材，实现教材体系向教学体系的有机转换。在思想政治理论课教学中，教材是教学的基础，教师乃是教学的关键。教材是理论的凝练概括，虽然表面上看是抽象的，但每一个抽象的理论实际上都来自于对一定时期鲜活社会实践的规律性把握。因此，高校思想政治理论课教师应该有自信，把教材上的理论用鲜活的语言、生动的案例进行解读，并进一步用来指导正在进行的生动的社会实践，特别是用来解决当代大学生现实生活中面临的各种思想困惑。高校思想政治理论课教师不是复读教材的机器，而是活用教材的“魔术师”，不应抱怨教材的抽象和单调，而要强化问题意识，以问题为切入点，根据自己的深入研究，用鲜活的素材和生动的案例，来阐析教材中所表述的立场、观点及主要精神和基本结论。

“台上一分钟,台下十年功。”优秀的思想政治理论课教师一定要有过硬的本领,这包括扎实的马克思主义理论功底、较强的科研能力、语言表达艺术等。毋庸置疑,教材的作用非常重要,是上好思想政治理论课的基础,目前全国高校通用的思想政治理论课教材经过多次修订,吸收了方方面面的意见和建议,无论从结构体例还是基本原理的表达方面来看,应当说既体现了马克思主义和中国化马克思主义的基本原理,也体现了主流意识形态,符合教学实际,已日趋完善和成熟。当然,教材编得再好,也只是为教学奠定了一个好的基础,也不能代替教师的课堂讲授。真正要讲好思想政治理论课,还需要教师在备课环节再下苦功夫,一是认真研究教材,吃透教材、掌握教材的体系结构,尤其是重点难点;二是研究理论,对于基本原理的来龙去脉和形成的背景材料能够烂熟于心,不能只知道是什么,还应该说清楚为什么;三是研究实际,研究经济全球化和世界多极化背景下,建设和发展中国特色社会主义的实践,以及社会主义市场经济条件下学生的思想实际。只有这样,才能做到举一反三、有的放矢,也才能吸引学生,使思想政治理论课的内容真正入脑入心。

三、教学要丰富多彩、解疑释惑

上好思想政治理论课,教师的教学方法还要行之有效。当代大学生思维比较活跃,参与意识较强,传统的灌输式教学方法早已不能适应当前的思想政治理论课教育教学体系,在立足丰富的教学内容的基础上,不断探索新的教学方法成为提升思想政治理论课教育教学效果的一个重要方面。高校思想政治理论课最重要的意义在于通过解疑释惑,解决大学生在思想意识方面面临的种种困扰,使其树立起正确的世界观、人生观和价值观。要解疑释惑,首先教师要了解学生的困惑所在,这就要求教师在课堂上开展互动式教学,鼓励学生积极参与,提出自己的问题,再通过师生之间的交流互动,解决大学生面临的思想问题。只有这样,才能体现大学生的课堂主体地位,也才能真正体现思想政治理论课的价值和意义，使思想政治理论课成为大学生真心喜爱、毕生难忘、终身受益的课程。

实践教学也是当前思想政治理论课教学的重要组成部分。中共中央、国务院《关于进一步加强和改进大学生思想政治教育的意见》要求，高等学校“利用好寒暑假，开展形式多样的社会实践活动。积极组织大学生参加社会调查、生产劳动、志愿服务、公益活动、科技发明和勤工助学等社会实践活动。重视社会实践基地建设，不断丰富社会实践的内容和形式，提高社会实践的质量和效果，使大学生在社会实践活动中受教育、长才干、作贡献，增强社会责任感”。中共中央、国务院《关于进一步加强和改进新形势下高校宣传思想工作的意见》进一步强调，高校要“广泛开展各类社会实践和公益活动，加强实践育人基地建设”。思想政治理论课教师要贯彻教育与社会实践相结合的方针，理论联系实际，加大思想政治理论课实践教学的力度，形成理论联系实际的教学新模式。大学生课堂上产生的疑问在思想政治理论课社会实践中去寻找答案，社会实践中所产生的思想困惑在思想政治理论课课堂上去寻找理论的解读。

实践发展永无止境，理论创新永无止境，认识真理永无止境。尽管思想政治理论课教材进行过多次修改，但是，仍然不能把党的全部最新理论成果及时体现在教材之中，因为教材的修订需要一个过程和时间。这就需要思想政治理论课教师充分发挥主观能动性，通过教师的科学研究以及认真备课，在课堂上拓展教材内容，弥补这个不足。教学中，应通过《人民日报》《光明日报》《求是》和新华网、人民网等主流媒体，第一时间掌握信息，让党和国家的最新精神进课堂、进大学生头脑。以党的十八届五中全会为例，2015 年 8 月教材刚刚修订完成，10 月 26 日至 29 日中国共产党第十八届中央委员会第五次全体会议就在北京召开。党的十八届五中全会精神写进教材，还需要一个过程，这就要求思想政治理论课教师在教学中，紧密结合全会通过的《中共中央关于制定国民经济和社会发展第十三个五年规划的建议》，将党的十八届五中全会精神作为教学的重要内容贯穿在课堂教学中。

· 理论联系实际

高校思想政治理论课教学如何联系实际*

高校思想政治理论课承担着对大学生进行系统的马克思主义理论教育的任务，是对大学生进行思想政治教育的主渠道。提高高校思想政治理论课教学的实效性和针对性，就应当使教学内容贴近实际、贴近生活、贴近学生，努力做到理论联系实际。高校思想政治理论课教学应当联系哪些实际，怎样联系实际，在联系实际过程中应当注意什么问题，这是高校思想政治理论课教学改革中需要着力解决好的一个重要问题。能否很好地做到理论联系实际，既是检验思想政治理论课教学效果的重要依据，也是对教师教学水平和教学能力的考量。

一、联系什么实际

毛泽东反复强调，学习马克思主义理论，一定要与中国实际相结合，不应当把马克思主义的理论当成死的教条。“政治课要联系实际，生动有趣，不要教条式的”①。高校思想政治理论课教学要做到理论联系实际，这是确定无疑

---

* 原载《思想教育研究》2007 年第 11 期。本文第二作者刘爱武，法学博士，温州大学马克思主义学院教授。

① 《毛泽东文集》第七卷，人民出版社 1999 年版，第 247 页。

的。只有紧密联系实际,才能使课堂教学生动丰富而具有感染力,才能使理论鲜活而不至于变成空洞教条。所谓理论联系实际,既不是用理论去简单地诠释现实,也不是说什么实际都要联系,更不是简单地就事论事。联系实际,首先应该明确联系哪些实际。对于思想政治理论课教学来说,既要联系改革开放以来国际国内形势的巨大变化,又要联系大学生关心的改革开放和社会主义现代化建设的一些重大理论问题,还要联系大学生自身的思想实际。

首先,要联系改革开放以来国际国内形势的发展变化。胡锦涛指出:“学习理论要紧密联系国际国内形势,要以理论为指导分析形势,善于从复杂纷繁的现象中把握各种矛盾的内在联系,抓住事物的主流和本质,了解事物发展的总趋势。”①经济全球化和世界多极化的发展趋势,是当今世界发展的最主要特征。在经济全球化和世界多极化的发展过程中,各种思想文化相互交织碰撞。国外敌对势力以宣扬资产阶级的政治观点、价值观念进行意识形态渗透为手段,加紧对我实施“西化”“分化”的政治图谋,企图动摇和改变我国青年一代尤其是大学生的理想信念和价值观念。从国内来看,我国社会经济成分、组织形式、就业方式、利益关系和分配方式日益多样化,大学生思想活动的独立性和自主性明显增强,思想观念和价值取向发生了深刻变化。

新的形势对高校思想政治理论课教学改革提出了新的任务和要求,高校思想政治理论课教学必须联系新的形势、新的变化。通过对国际形势发展变化的分析,探索当今世界经济政治文化发展的内在规律,引导大学生正确认识当今世界错综复杂的形势,把握国际局势的发展变化和人类社会的发展趋势,自觉抵制各种不良思想的影响,坚定自己的理想信念,树立科学的世界观、人生观和价值观。围绕社会主义市场经济的发展和中国特色社会主义建设面临的新情况、新问题,引导大学生正确认识我国社会主义初级阶段的基本国情和中国特色社会主义建设的客观规律,增强在党的领导下全面建设小康社会、加快推进社会主义现代化建设的自觉性和坚定性,使大学生正确认识肩负的历

① 胡锦涛:《联系实际学习理论　运用理论指导实践》,《人民日报》1998 年 3 月 3 日。

史使命,成为德智体美劳全面发展的中国特色社会主义事业的建设者和接班人。

其次,要联系大学生普遍关心的改革开放和社会主义现代化建设的重大理论问题。理论的说服力来自于对客观现实的解释力。江泽民指出:“要带着现实问题学理论,用理论指导解决现实问题”①。思想政治理论课教学只有正确把握时代特征,联系我国改革开放和社会主义现代化建设的重大理论问题,进行深入的分析和解答,才能对学生产生影响力。

这里所说的重大理论问题,是指关于建设中国特色社会主义、人民群众普遍关注、与人民群众切身利益相关的理论问题。比如,树立和落实科学发展观、构建社会主义和谐社会、建设社会主义新农村,积极扩大就业等,既是关系人民群众切身利益的问题,也是大学生关心的热点问题。这些重大理论问题是在建设中国特色社会主义进程中出现的一些新情况、新问题,要运用马克思主义的立场、观点和方法,进行深入分析和正确引导。在教学中,还应联系理论界和学术界的热点问题和前沿问题,提倡研究型教学,教师要始终站在理论研究的前沿。

在思想政治理论课教学过程中,要联系当代大学生关心的重大理论问题。只有关注大学生关注的问题,剖析大学生关心的热点,才能使思想政治理论课教学充满活力,使大学生产生共鸣。也只有对这些大学生关心的热点问题进行深入的分析和解答,才能使其理解新形势下党的路线方针政策,澄清模糊认识、统一思想,增强他们在党的领导下建设中国特色社会主义的信心和决心。

第三,要联系当代大学生的思想实际。胡锦涛指出:“学习理论要紧密联系思想实际,要运用理论武器在改造客观世界的同时,改造主观世界,牢固树立正确的世界观、人生观、价值观。”②思想政治理论课教学应当联系当代大学生在新形势下不断变化的思想实际,扣紧大学生的思想脉搏,有的放矢地去组

---

① 江泽民:《深入学习理论 正确把握大局 加强党的建设》,《人民日报》1994 年 6 月 1 日。

② 胡锦涛:《联系实际学习理论 运用理论指导实践》,《人民日报》1998 年 3 月 3 日。

织好课堂教学。

随着我国对外开放的发展和经济全球化进程的日益加快,我们面临着大量西方文化思潮和价值观念的冲击,有的学生政治信仰迷茫、理想信念模糊;随着社会主义市场经济体制的建立和改革开放的发展深入,大学生的价值取向呈现多元化;高等教育大众化导致大学生就业压力不断上升,而当代大学生又都是改革开放以后出生的,多是独生子女,抗挫折能力较弱;现代信息技术的普及使高校课堂不再是学生获取信息的唯一途径,大学生在纷繁复杂的各种大量信息面前,难以辨别是非。

思想政治理论课教学必须要时刻关注大学生自身思想实际的变化,引导他们用马克思主义的立场、观点和方法,去分析和认识现实社会生活中纷繁复杂的政治、经济、文化现象,去比较和评价各种社会思潮和价值观念,并在分析、比较和鉴别中,选择和确立为中国特色社会主义而奋斗的政治方向和科学的世界观、人生观、价值观,切实帮助大学生解决思想上的问题,使思想政治理论课真正能够做到入脑入心,成为当代大学生真心喜欢、终生受益的课程。

二、怎样联系实际

思想政治理论课教师要"坚持理论联系实际的原则,努力提高对理论深刻理解和正确把握的能力,提高对实践经验进行理论思考、对现实问题作出正确回答和解决的能力"①。教师在教学过程中,联系的实际要有典型性和针对性,做到有的放矢;联系的实际要全面,覆盖面要宽,避免以偏概全;联系实际要以正面为主,以免产生消极负面影响。

首先,联系的实际要有典型性、针对性,做到有的放矢。在思想政治理论课教学过程中,联系一些具体形象、浅显生动的案例来阐述和理解理论,对于

① 胡锦涛:《联系实际学习理论　运用理论指导实践》,《人民日报》1998年3月3日。

上好思想政治理论课十分重要。但是,理论联系实际不是理论和实际的简单相加,理论联系实际要有针对性,要分析和厘清理论和实际之间的内在联系。因此,在联系实际的过程中,选用的案例一定要有典型性、针对性。现实社会中的事物是具体的、个别的、千姿百态的,各有其特点。要用个别的、具体的案例去说明一般的、普遍的、抽象的理论确非易事,所以,在教学过程中,联系实际不能随心所欲,随意联系,而应精心筛选有代表性、针对性、时代性并且能揭示矛盾、反映问题的真实案例,做到"有的放矢"。

在联系实际的过程中,必须努力避免联系那些片面的、犄角旮旯的奇闻轶事。尽管这些实际是客观存在的,并且能够激起学生的某种兴趣,但在某些特殊情况下出现的偶然现象,并不能完整而准确地代表和反映客观实际。我们要联系的实际,是要通过这个实际,做到"窥一斑而知全豹,望半爪而感巨龙"。要运用真理的力量、逻辑的力量来教育和引导当代大学生,使其充分领略马克思主义的理论魅力。

其次,联系的实际要全面,避免以偏概全。在思想政治理论课教学过程中,要全面地联系实际。高校思想政治理论课教学内容涉及古今中外,关涉经济、政治、文化和社会生活的方方面面。在教学过程中,联系的实际既要有国内的,也要有国外的;既要有今天正在发生的,也要有历史的;既要有经济的,也要有政治的,还要有文化和社会生活各个方面的。只有联系方方面面的实际,才能深入地说明问题和阐明理论。针对一些具体而典型的案例,在教学过程中,既要详述事件的前因后果,又要注意从理论上去分析和把握,通过对案例的深入分析把握事物的本质。

从片面的实际出发,不能把握事物的本质,也就不能联系客观的实际,另一方面,联系片面的实际,也不能全面准确地认识理论,不能从根本上去把握理论。联系实际,不能以偏概全,只见树木不见森林。对于客观实际,不仅要有感性的认识,更要有理性的把握。不能一叶障目不见泰山,只从片面的实际出发,就会犯盲人摸象的错误。

第三,联系实际要以正面案例为主,避免产生消极负面影响。思想政治理论课教学联系实际，是使学生从理论与实际的结合上去认识和分析问题。思想政治理论课不单纯是知识的传授，更重要的是，要使学生通过对系统的马克思主义理论的学习，达到对学生进行思想政治教育的目的。由于在校大学生尚未踏入社会，尽管他们知识丰富，但是缺乏分析和辨别是非的能力。因此，思想政治理论课教学必须要坚持正确的政治方向，在教学过程中多联系正面实际，着重从正面剖析问题入手，讲清道理，切中要害，帮助学生提高科学认识和分析复杂社会现象的能力。要教会学生认清哪些是主流，哪些是支流。要看到改革开放以来，我国经济社会发展的巨大成就，认识和把握中国特色社会主义发展的规律。例如，在“概论”课教学中，应多联系反映中国特色社会主义事业所取得的进步和成就。通过联系这些实际，一方面，使大学生深刻理解马克思主义理论对于中国特色社会主义建设实践的指导作用；另一方面，还要通过联系这些正面的实际，坚定大学生对马克思主义的信仰，坚定其走中国特色社会主义道路的信心。

思想政治理论课要多联系正面实际，但也要联系那些影响比较大、大学生比较关注的反面案例。在教学过程中，对于反面的案例不能回避，也不要回避。简单地回避，只能说明理论的脆弱。我们可以通过联系反面案例，通过对反面案例的具体而一针见血的深入分析，总结教训，引导学生思考应如何看待纷繁复杂的社会现象，如何看待前进道路上的困难和种种问题。还应该使学生明白，理论来自实践，但是并不能简单地用基本理论去解释千变万化的社会实际。有时出现理论与实践的相悖，并不是理论的错误，而是因为我们在实践中，没有坚持正确的理论指导而在行动上出现了问题。需要指出的是，不能单纯为了吸引学生而使课堂教学变成案例的叠加和拼凑，也不能只是叙述案例而忽略理论上的深刻分析，更不能用低级趣味去迎合一些学生不健康的兴趣。联系实际的目的，在于引导学生加深对理论的认识和理解，而不是机械地用理论去诠释实际。

思想政治理论课是对大学生进行马克思主义理论教育的主渠道，不是教师个人发牢骚的场所。思想政治理论课教师要有坚定的马克思主义信仰，要认识到自己肩负的重任。尤其是在课堂教学过程中,教师的言行往往会对学生产生直接影响。对于一些重大理论问题,教师可以有自己的见解和不同观点,但是不能随意发挥,信口开河,更不能哗众取宠。

三、注意解决好几个问题

邓小平指出:“我们说的做的究竟能不能解决问题,问题解决得是不是正确,关键在于我们是否能够理论联系实际,是否善于总结经验,针对客观现实”①。理论联系实际,对于思想政治理论课教师来说,是一个需要进行认真研究和加以解决的重要问题,在教学过程中,还应注意解决好这样几个具体问题。

首先,应避免联系实际成为简单的就事论事,使课堂教学缺乏理论深度。联系实际不是就事论事。联系实际的目的是要通过具体的实际,以事论理,事理交融,通过现象看到事物的本质,找出事物表面背后的内在联系。如果就事论事,满足于对片面的事实、表面现象的阐述,不去分析和总结,就抓不住问题实质,就不能找到事物的内在联系。所以,就事论事不是真正的联系实际。

联系实际的目的是使学生通过对实际的分析去理解和把握理论,通过理论联系实际找到解决问题的方法。所以,思想政治理论课如果只讲实际,就不能从理论的高度去分析问题,不能透过现象看本质,更不能提高大学生的思想政治觉悟以及分析问题、解决问题的能力。就事论事,背离了理论联系实际的初衷,思想政治理论课也就失去了应有的意义。

其次,教师必须首先吃透基本理论和观点、提高驾驭理论和实际的能力。准确地理解和把握理论是理论联系实际的前提和基础。在思想政治理论课教学过程中要联系实际,首先要吃透教材,领会理论实质。如果对教材中基本理

① 《邓小平文选》第二卷,人民出版社 1994 年版,第 113—114 页。

论的立场、观点和方法认识不清，就忙于联系实际去分析和解答现实问题，那么，这种联系是盲目的，缺乏说服力的。

联系实际，必须要能够全面把握和驾驭实际，对于实际，要有深入、透彻的认识和了解，不能粗枝大叶、不求甚解；对于实际，要有科学的分析、准确的判断，发现事物表面现象背后所隐含的事物的本质。

有的教师由于备课不充分，教材未能吃透和领会，实际材料处理不当，而盲目联系实际，牵强附会、断章取义，使理论和实际分离，导致学生在运用学到的知识去分析纷繁复杂的实际问题时，感到迷惘。甚至由于教师的随意性、片面性的影响，往往使学生怀疑理论知识的科学性，影响思想政治理论课的教学效果。

再次，注意思想政治理论课的严肃性，避免联系实际的庸俗化。在思想政治理论课教学联系实际的问题上，有的教师认为每讲一个原理搭配上一个案例就是理论联系实际；有的教师把理论联系实际理解为是“包医百病”，试图通过联系实际直接解决具体的现实问题；还有的教师一讲联系实际就把社会传闻、街谈巷议搬上课堂，社会上热什么、炒什么就联系什么。诸如此类的做法，不是理论联系实际，而是对理论联系实际的曲解和偏离，是对理论联系实际的庸俗化。思想政治理论课教学联系实际，是要通过对社会现实的分析，帮助大学生提高解决问题、分析问题的能力，而不是通过联系实际，去解决所有的现实问题。

教师在联系实际的过程中，不要简单地否定、肯定，简单地下结论，而是要通过客观的、严密的分析，丝丝入扣，一步一步揭示事物的本质。

最后，教学过程中所选用的案例，要有时代感，具有鲜活的时代气息。当今世界已进入信息时代，信息由传统的纵向传递转向全方位传递。在某些方面，大学生的信息量甚至超过了教师。这就要求教师在备课时，不仅要“备理论”，还要“备事实”。事实是不断发展变化的，联系的案例也要随着时代的变化而不断更新，不能多少年一贯制，所选用的案例尽是些“陈谷子、烂芝麻”的故事。案例不仅要生动形象，还要有较强的时代感，这样才能吸引学生的注意力，也才能拉近教师与学生之间的距离。对于发生在学生身边的、能够耳熟能详的案例，要考虑提出问题的新角度，在分析问题上下功夫，讲出深度来。对于一些鲜为人知的案例，要分析前因后果、来龙去脉。这不仅是一个理论联系实际的问题，也体现了思想政治理论课的独特魅力和教学艺术。

总之，在思想政治理论课教学过程中，坚持理论联系实际的原则，使学生能够运用马克思主义的立场、观点和方法，深入分析具体实际，既是思想政治理论课教学的目的，也是反映教学水平、检验教学效果的重要手段。只要我们深入领会思想政治理论课改革的精神，吃透教材，在联系实际方面精心备课，就一定能够使思想政治理论课成为学生“真心喜欢、终身受益”的课程。

高校思想政治理论课要讲好新时代中国的“五个必由之路”*

方向决定道路，道路决定命运。2022 年 3 月 5 日，习近平总书记在参加十三届全国人大五次会议内蒙古代表团审议时，首次提出新时代党和人民奋进历程中形成的“五个必由之路”的重大论断，即坚持党的全面领导是坚持和发展中国特色社会主义的必由之路，中国特色社会主义是实现中华民族伟大复兴的必由之路，团结奋斗是中国人民创造历史伟业的必由之路，贯彻新发展理念是新时代我国发展壮大的必由之路，全面从严治党是党永葆生机活力、走好新的赶考之路的必由之路。① “五个必由之路”深刻揭示了新时代中国为什么能够成功，也科学指明了未来我们怎样才能继续成功。基于第二个百年新征程的时代方位，讲好新时代中国“五个必由之路”，是高校思想政治理论课（以下简称“思政课”）落实立德树人根本任务的必然要求，也是新时代党和人民凝聚奋斗力量、创造新的历史伟业的应有之义。

---

* 原载《吉首大学学报（社会科学版）》2022 年第 4 期，中国人民大学复印报刊资料《高校思想政治理论课教学研究》2022 年第 6 期全文转载。

① 《不断巩固中华民族共同体思想基础　共同建设伟大祖国　共同创造美好生活》，《人民日报》2022 年 3 月 6 日。

一、高校思政课需要讲好新时代中国的成功密码

讲好时代故事、传递时代声音，是高校思政课的重要使命。站在实现第二个百年奋斗目标的新征程上，回顾新时代党和人民的奋进历程，高校思政课讲好新时代中国的成功密码，是培养造就堪当中华民族伟大复兴时代重任的社会主义合格建设者和可靠接班人的现实需要。

（一）“五个必由之路”是对新时代面临的挑战和需要解决问题的回应

当前，百年变局交织世纪疫情，国际形势持续发生深刻复杂变化，人类社会面临的挑战愈加严峻，世界进入新的动荡变革期。大变局的本质是国际力量对比变化，无论是世界经济重心的位移、产业革命的调整，抑或是国际力量对比的革命性变化、全球治理体系的重构，世界百年未有之大变局正加速演变。新冠肺炎疫情的暴发，则进一步催化了西方保护主义、民粹主义、民族主义思潮，西方国家发起的“金融战”“疫苗战”进一步加剧了国际格局的动荡，给新时代中国发展带来了巨大挑战。面对世情变化带来的巨大考验，以习近平同志为核心的党中央清醒洞察到国际格局和国际体系的巨大变化，结合实现中华民族伟大复兴的历史任务，提出了深刻把握中华民族伟大复兴战略全局和世界百年未有之大变局的要求。习近平总书记强调：“大变局带来大挑战，也带来大机遇，我们必须因势而谋、应势而动、顺势而为。”①

经过改革开放以来，尤其是党的十八大以来我国取得的历史性成就和发生的历史性变革，实现中华民族伟大复兴进入不可逆转的历史进程。实现中华民族伟大复兴的战略全局，是基于新时代中国特色社会主义伟大实践和实

① 《十八大以来重要文献选编》下，中央文献出版社2018年版，第10页。

现中华民族伟大复兴历史主题所形成的战略格局。中华民族伟大复兴是造成世界百年未有之大变局的重要原因，同样，世界百年未有之大变局，给中华民族伟大复兴带来诸多挑战的同时，也带来了重大机遇。“五个必由之路”正是对新时代面临的挑战和需要解决问题的回应。在新的赶考之路上，要坚持以“五个必由之路”为引领，科学把握世界百年未有之大变局与中华民族伟大复兴战略全局的辩证关系，既要站在人类进步的一边，坚定不移推动经济全球化，积极参与全球治理体系建设，也要坚定不移做好自己的事情，继续以新理念新思想新战略引领新变革。始终保持战略定力，统筹战略全局，把握战略主动，以实现中华民族伟大复兴引领世界大变局朝着文明进步的方向发展。高校思政课教师要深刻理解“两个大局”的时代背景，科学把握新时代面临的挑战和需要解决问题，在课堂上给学生把其中的深层次问题讲清楚、说明白。

（二）“五个必由之路”引领新时代中国取得重大成就

实践是认识的来源，也是检验认识之是否正确的标准。2021 年 11 月，党的十九届六中全会审议通过的《中共中央关于党的百年奋斗重大成就和历史经验的决议》，系统回顾了党的百年奋斗历程的重大成就，并重点总结了新时代中国特色社会主义取得的全方位、开创性的历史性成就，以及党和国家事业发生的深层次、根本性的历史性变革，依次在党的全面领导、全面从严治党、经济建设、全面深化改革开放、政治建设、全面依法治国、文化建设、社会建设、生态文明建设、国防和军队建设、维护国家安全、坚持“一国两制”和推进祖国统一、外交工作等十三个方面予以呈现。上述重大成就的取得，推动了中华民族伟大复兴的历史进程，彰显了新时代党和人民自信自强、守正创新的奋斗底色，是新时代中国成功的“五个必由之路”的实践标识。

新时代中国取得的重大成就涉及党和国家事业的各个领域，集中体现在实现国家富强、民族复兴和人民幸福，充分彰显了“五个必由之路”的科学性和实践成效。“五个必由之路”贯通党和人民的奋斗历程，既经受了新时代的实践检验，也会在新时代的继续探索中得到进一步丰富和发展。从“五个必由之路”的实践价值来看，揭示了新时代党和人民事业不断成功的根本保证，揭示了党在新时代立于不败之地的力量源泉，也揭示了党掌握新时代历史主动的根本原因，揭示了党永葆先进性和纯洁性、始终走在时代前列的根本途径。“五个必由之路”作为新时代中国成功的五个关键环节，任何一个环节都不可或缺。展望实现第二个百年奋斗目标的新征程，要继续坚持“五个必由之路”，在新时代已经取得的历史性成就和历史性变革的基础上，继续创造新的历史伟业。新时代高校思政课要顺势而为，给学生讲清楚新时代大学生所肩负的重要历史使命。

（三）“五个必由之路”是党对中国特色社会主义建设规律认识的深化

马克思主义作为人们认识世界、改造世界的科学真理，是中国共产党的灵魂和旗帜。只有将马克思主义基本原理同中国具体实际相结合，才能够充分彰显其强大的生命力。党的十八大以来，党在继续推进马克思主义中国化的过程中，形成了关于党的全面领导、中国特色社会主义、团结奋斗、新发展理念、全面从严治党的一系列战略思想和创新理念，是党对中国特色社会主义建设规律认识深化和理论创新的重大成果。“五个必由之路”作为新时代马克思主义中国化的理论创新成果，从五个方面集中展现了新时代中国共产党人对中国特色社会主义建设规律的科学把握，为推动新时代马克思主义中国化、丰富和发展习近平新时代中国特色社会主义思想奠定了坚实基础。

中国特色社会主义是科学社会主义理论同中国具体实际相结合的理论成果，是改革开放以来党和人民历经艰辛探索取得的根本成就。新时代中国特色社会主义的实践充分证明了马克思主义的真理性，使马克思主义以崭新形象展现在世界上。马克思主义具有与时俱进的理论品格，遵循社会主义建设规律在新的实践中不断作出新的理论创造，正是马克思主义的强大生命力所在，也是党能够科学把握中国特色社会主义建设规律的关键所在。在回答“新时代坚持和发展什么样的中国特色社会主义、怎样坚持和发展中国特色社会主义，建设什么样的社会主义现代化强国、怎样建设社会主义现代化强国，建设什么样的长期执政的马克思主义政党、怎样建设长期执政的马克思主义政党等重大时代课题”①的过程中，党始终坚持将中国特色社会主义建设的理论逻辑与实践逻辑统一起来，探索出了“五个必由之路”的答案，为新时代坚持和发展中国特色社会主义提供了根本保证，同时也丰富了高校思政课的理论话语。“五个必由之路”以新时代中国的奋斗成就为实践遵循，在历史逻辑和实践逻辑的辩证统一中突出了新时代中国共产党人对中国特色社会主义建设规律的深刻把握，从而不断赋予中国特色社会主义以新的时代意蕴。只有从理论上深层次讲清楚“五个必由之路”，才能使学生弄清新时代中国发展所蕴含的规律，真正使学生听党话，跟党走。

二、高校思政课讲好新时代中国“五个必由之路”的几个重要问题

讲好新时代中国的“五个必由之路”，是高校思政课的一项重要任务。只有深度阐述“五个必由之路”的理论内涵，深刻把握“五个必由之路”的内在联系，深入理解“五个必由之路”的重大意义，高校思政课才能真正讲好新时代中国的“成功密码”，增强思政课鲜活性和实效性，提高其吸引力和引领力。

（一）深度阐述“五个必由之路”的理论内涵

理论源于实践，又用以指导实践。新时代中国的“五个必由之路”源于新时代的历史性成就和历史性变革，赋予其理论内容以鲜活的实践性特点。高

① 《中国共产党第十九届中央委员会第六次全体会议文件汇编》，人民出版社2021年版，第48页。

校思政课讲好新时代中国的“五个必由之路”，关键要阐述清楚“五个必由之路”的理论内涵。

办好中国的事情，关键在党，党的领导是中国特色社会主义最本质的特征，也是中国特色社会主义制度的最大优势。党的十九大报告将“坚持党对一切工作的领导”纳入十四个基本方略，强调“党政军民学，东西南北中，党是领导一切的。”①党的十九届四中全会明确提出健全党的全面领导制度。党的十九届六中全会进一步指出：“党的领导是全面的、系统的、整体的，保证党的团结统一是党的生命”②。维护党中央权威和集中统一领导是党的领导的最高原则和每一个共产党人的重要政治责任，也是加强党的全面领导的理论要求，确保党充分发挥总揽全局、协调各方的领导核心作用的基本前提。只有党中央权威和集中统一领导得到有力保证，党的政治领导力、思想引领力、群众组织力、社会号召力才能够得到切实体现。

一个国家或民族实行什么样的主义，关键要看这个主义能否解决特定条件下的历史性课题。习近平总书记指出：“中国特色社会主义，是科学社会主义理论逻辑和中国社会发展历史逻辑的辩证统一，是根植于中国大地、反映中国人民意愿、适应中国和时代发展进步要求的科学社会主义，是全面建成小康社会、加快推进社会主义现代化、实现中华民族伟大复兴的必由之路。”③新时代以来的奋斗成就再次证明，只有社会主义才能救中国，只有中国特色社会主义才能发展中国。新时代坚持和发展中国特色社会主义，必须坚定理论自信，以持续的理论创新不断丰富马克思主义理论宝库。

党的十九届四中全会审议通过的《中共中央关于坚持和完善中国特色社会主义制度、推进国家治理体系和治理能力现代化若干重大问题的决定》指出，我国国家制度和国家治理体系具有多方面显著优势，其中一项重要优势便

① 《习近平谈治国理政》第三卷，外文出版社 2020 年版，第 16 页。

② 《中国共产党第十九届中央委员会第六次全体会议文件汇编》，人民出版社 2021 年版，第 50 页。

③ 《习近平谈治国理政》第一卷，外文出版社 2018 年版，第 21 页。

是"坚持全国一盘棋,调动各方面积极性,集中力量办大事的显著优势"①。团结奋斗,是中国共产党人和广大人民的鲜明精神品格,也是中华民族赓续发展的精神基因。党的十八大以来,面对前所未有的改革发展稳定的任务,中国共产党始终坚持大团结大联合,广泛凝聚共识,最大限度凝聚起共同奋斗的力量,带领广大人民攻坚克难,历史性地解决了绝对贫困难题,创造了世所罕见的经济快速发展奇迹和社会长期稳定奇迹。每一项历史伟业的取得,都是党和全体人民团结奋斗的结果。

发展是解决一切社会问题的"总钥匙",发展理念是发展行动的先导。创新、协调、绿色、开放、共享的新发展理念,"不是凭空得来的,是我们在深刻总结国内外发展经验教训的基础上形成的,也是在深刻分析国内外发展大势的基础上形成的,集中反映了我们党对经济社会发展规律认识的深化,也是针对我国发展中的突出矛盾和问题提出来的。"②贯彻新发展理念,要始终贯穿和突出以人民为中心的发展思想,通过发展满足人民对美好生活的向往。要始终坚持问题导向和忧患意识,精准解决发展过程中的不平衡不充分问题,逐步推动全体人民共同富裕取得实实在在的新进展。

全面从严治党是党的一场伟大的自我革命,也是党历经百年而能够永葆先进性和纯洁性的关键。党的十八大以来,以习近平同志为核心的党中央将全面从严治党纳入"四个全面"战略布局,不断以勇于自我革命的精神革新自我,管党治党宽松软状况得到根本扭转,解决了许多长期没有解决的管党不力、治党不严问题,使党的面貌焕然一新,党的革命性品质更加凸显,在为党和国家事业发生历史性变革提供政治保证的同时,成功探索出了一条依靠党的自我革命跳出历史周期率的必由之路,自我革命也是党回答跳出历史周期率的"第二个答案"。站在新的历史起点上,我们更要居安思危,勇于自我革命,才能够确保党始终走在时代前列。

---

① 《十九大以来重要文献选编》中,中央文献出版社 2021 年版,第 270 页。

② 《习近平谈治国理政》第二卷,外文出版社 2017 年版,第 197 页。

（二）深刻把握“五个必由之路”的内在联系

“五个必由之路”以实现中华民族伟大复兴为出发点和落脚点，分别从党的领导、中国道路、中国精神、发展理念、党的建设等五个方面系统概括了党在新时代持续奋斗的新鲜经验，给出了新时代中国为什么能够不断取得成功的答案，这也是高校思政课讲好“五个必由之路”的几个关键点。“五个必由之路”的立足点和着眼点不同，但其各个要素环环相扣，互为条件和支撑，从而确保党和人民能够以行百里者半九十的清醒，广泛凝聚全社会共识，汇聚推动党和国家事业稳步前进的磅礴伟力。

“五个必由之路”将“坚持党的全面领导是坚持和发展中国特色社会主义的必由之路”置于首位，揭示了党的领导与中国特色社会主义的紧密关系，强调了党的全面领导之于“五个必由之路”的统领意义。党是中国特色社会主义事业的坚强领导核心，党的全面领导的实现直接关乎中国特色社会主义事业发展的命运。坚持党的全面领导，最根本的是坚决维护党中央权威和集中统一领导，确保党始终总揽全局、协调各方，一旦任何一个环节或细节出现弱化甚至缺失，都必将影响整个中国特色社会主义事业的“大棋局”。同时，“五个必由之路”将“全面从严治党是党永葆生机活力、走好新的赶考之路的必由之路”放在最后，同“党的全面领导”形成首尾呼应，进一步突出了新时代党的自我革命和加强党的建设的重要意义。新的征程上，面对更多更大的风险挑战，如果没有自我革命的勇气与从严治党的决心，党的长期执政能力将会受到削弱，也就无法继续承担起走好新的赶考之路的历史使命。

以“第一个必由之路”为逻辑前提，党为什么始终强调坚持和发展中国特色社会主义，而不是其他模式或道路呢？关键在于其既坚持了科学社会主义基本原则，又根据时代条件赋予其鲜明的中国特色。“第二个必由之路”指明了中国特色社会主义之于中华民族伟大复兴的价值及其意义，即中国特色社会主义是实现中华民族伟大复兴的必由之路。党领导人民探索中国特色社会主义建设道路的实践证明，“中国特色社会主义是党和人民历经千辛万苦、付出巨大代价取得的根本成就，是实现中华民族伟大复兴的正确道路。”①实现中华民族伟大复兴的正确道路同时也是中国人民创造历史伟业、新时代我国发展壮大的必由之路，以此为“第三个必由之路”和“第四个必由之路”的逻辑起点，建构起了“五个必由之路”之间的内在联系，团结奋斗和贯彻新发展理念则是通往实现中华民族伟大复兴必由之路的两个重要着力点。团结奋斗是中华民族精神谱系的重要标识，新时代党和人民取得的一切成就与成绩都是团结奋斗的结果。习近平总书记强调：“我们靠团结奋斗创造了辉煌历史，还要靠团结奋斗开辟美好未来。”②只要党和人民继续坚持紧密团结、艰苦奋斗，就一定能够继续把中华民族伟大复兴的历史伟业推向前进。作为党在新时代实践探索中的重大理论创新成果，新发展理念深刻体现了党对中国特色社会主义发展规律认识的深化，科学回答了新时代实现什么样的发展、怎样实现发展的问题。进入新时代新的发展阶段，贯彻新发展理念，是构建新发展格局、加快现代化建设、推动我国发展壮大的必由之路。

（三）深入理解“五个必由之路”的重要意义

踏上实现第二个百年奋斗目标新征程之际，我们比历史上任何时期都更接近、更有信心和能力实现中华民族伟大复兴的目标。高校思政课需要深刻把握“五个必由之路”的现实意义，习近平总书记提出新时代中国的“五个必由之路”的重大论断，体现了以习近平同志为核心的党中央对新时代中国发展规律的深刻把握，体现了习近平总书记深刻的理论思维、深邃的历史眼光，是对习近平新时代中国特色社会主义思想的进一步丰富和发展，为实现第二个百年奋斗目标、实现中华民族伟大复兴的中国梦擘画了蓝图、指明了方向。

习近平总书记指出：“当今世界，要说哪个政党、哪个国家、哪个民族能够

① 习近平：《在庆祝中国共产党成立 100 周年大会上的讲话》，人民出版社 2021 年版，第 13 页。

② 习近平：《在二〇二二年春节团拜会上的讲话》，《人民日报》2022 年 1 月 31 日。

自信的话，那中国共产党、中华人民共和国、中华民族是最有理由自信的。”① 中国共产党的自信，源于百年来特别是新时代以来党带领人民走过的光辉历程，以及取得的重大历史性成就。正是在开辟中国特色社会主义道路、形成中国特色社会主义理论体系、确立中国特色社会主义制度、发展中国特色社会主义文化的过程中，中国特色社会主义进入了新时代，党和人民拥有了前所未有的道路自信、理论自信、制度自信、文化自信。“四个自信”的提出，凝结了广大人民群众对党领导下的中国特色社会主义道路、理论、制度、文化的发展共识。在坚定“四个自信”的基础上，“五个必由之路”重大论断的提出，为党在新时代新征程上书写新的历史篇章注入了强大力量和信心。

“五个必由之路”进一步丰富了习近平新时代中国特色社会主义思想。时代是历史的阶段性定位，不同的时代有着不同的时代课题。面对“新时代坚持和发展什么样的中国特色社会主义、怎样坚持和发展中国特色社会主义”这一重大时代课题，习近平总书记以“中国特色社会主义是实现中华民族伟大复兴的必由之路”予以回答，并强调坚持党的全面领导是坚持和发展中国特色社会主义的必由之路。面对“建设什么样的社会主义现代化强国、怎样建设社会主义现代化强国”的重大时代课题，“五个必由之路”给出的答案是团结奋斗和贯彻新发展理念，两者能够为社会主义现代化强国建设提供持续动力。面对“建设什么样的长期执政的马克思主义政党、怎样建设长期执政的马克思主义政党”的重大时代课题，“五个必由之路”要求全面从严治党，以保证党永葆生机活力、走好新的赶考之路。同时也要看到，上述三个重大时代课题是习近平新时代中国特色社会主义思想持续探索和回答的问题。

“五个必由之路”指明了推进中华民族伟大复兴道路的正确方向。中国共产党自成立以来，将团结带领人民实现中华民族伟大复兴确立为自己的历史使命。在一代代中国共产党人的接力奋斗下，中华民族伟大复兴展现出前

① 习近平：《在庆祝中国共产党成立 95 周年大会上的讲话》，人民出版社 2016 年版，第 12 页。

所未有的光明前景。中国特色社会主义进入新时代,我们继续坚持和加强党的全面领导,毫不动摇坚持和发展中国特色社会主义,深入贯彻新发展理念,在党和人民的共同团结奋斗中,“党和国家事业取得历史性成就、发生历史性变革,为实现中华民族伟大复兴提供了更为完善的制度保证、更为坚实的物质基础、更为主动的精神力量”①,实现中华民族伟大复兴进入了不可逆转的历史进程。“五个必由之路”作为党领导人民实现中华民族伟大复兴进程中形成的理论成果,同时也为中华民族伟大复兴道路在新时代的进一步推进提供了科学指引和基本路径。

三、高校思政课讲好新时代中国“五个必由之路”的路径

高校思政课讲好新时代中国的“五个必由之路”,是持续推进新时代思政课改革创新的必然要求,是打通“主渠道”、巩固“主阵地”的必然要求。为此,需要推进“五个必由之路”的相关内容进教材、进课堂、进学生头脑,既要结合新时代的丰富实践以讲好“五个必由之路”的中国故事,也要在讲好“五个必由之路”的内在逻辑中解疑释惑。

(一)联系思政课教材讲好“五个必由之路”

完善思政课教材与课程体系是新时代高校思政课建设的重要任务。讲好新时代中国的“五个必由之路”,首先要紧密结合各门思政课教材,实现“五个必由之路”的相关内容进教材、进课堂、进头脑。

教材是教师开展教学活动的基础。推动“五个必由之路”内容进教材,是

① 习近平:《在庆祝中国共产党成立 100 周年大会上的讲话》,人民出版社 2021 年版,第 7 页。

高校思政课讲好“五个必由之路”的关键一环。根据中共中央办公厅、国务院办公厅印发的《关于深化新时代学校思想政治理论课改革创新的若干意见》，国家统一开设的大中小学思政课教材全部由国家教材委员会组织统编统审统用，其中高校思政课教材由马克思主义理论研究和建设工程专家编写，以充分保障教材的科学性与权威性。根据新时代高校思政课教材体系完善的相关要求，要“在教材中及时融入马克思主义中国化最新成果、坚持和发展中国特色社会主义最新经验、马克思主义理论学科最新研究进展”①，以切实提升高校思政课教材的政治性、时代性、科学性及可读性。因此，基于高校思政课教材建设与党的创新理论武装同步推进的原则，需及时将“五个必由之路”这一党的重要理论创新成果融入教材，满足广大师生对高校思政课教材的现实需求。

高校思政课是由多门课程组成的课程体系，具体包含“思想道德修养与法治”“中国近现代史纲要”“马克思主义基本原理”“毛泽东思想和中国特色社会主义理论体系概论”“习近平新时代中国特色社会主义思想概论”“形势与政策”等课程。随着近年来以习近平新时代中国特色社会主义思想概论课为核心的高校思政课程建设的发展，以及思政课程协同课程思政的加速推进，高校思政课课程体系日臻完善。高校在推进“五个必由之路”融入思政课的过程中，既要因“课”制宜，根据课程的特点差异多维阐释“五个必由之路”，如“习近平新时代中国特色社会主义思想概论”着重讲以习近平同志为核心的党中央是如何作出“五个必由之路”的重大判断的，“马克思主义基本原理”侧重于以马克思主义立场、观点和方法阐释“五个必由之路”，“毛泽东思想和中国特色社会主义理论体系概论”则重点突出“五个必由之路”之于马克思主义中国化的意义与价值，等等。还要充分利用社会大讲堂与学校小课堂的课程平台，注重文本阐释、理论宣讲与实践体验相结合，配套以课程建设相关的组织和制度保障，以切实提升高校思政课的建设质量。

---

① 《关于深化新时代学校思想政治理论课改革创新的若干意见》，人民出版社 2019 年版，第 7 页。

（二）结合新时代丰富实践讲好“五个必由之路”

“五个必由之路”的历史叙事不是抽象的意识凝练，而是一个由明确的历史主题主线和伟大历史成就共同建构起的叙事体系，串联着新时代发展的“中国故事”，为高校思政课知识宝库建设提供支持。在现实联系中深入挖掘“五个必由之路”的中国故事，并将其有效融入高校思政课教学的各个环节，是提升思政课吸引力、感召力和说服力的重要途径。

依托新时代中国的重大成就和经验，积极挖掘“五个必由之路”的中国故事。习近平总书记在《关于〈中共中央关于党的百年奋斗重大成就和历史经验的决议〉的说明》中指出：“全面总结党的百年奋斗重大成就和历史经验，对推动全党进一步统一思想、统一意志、统一行动，团结带领全国各族人民夺取新时代中国特色社会主义新的伟大胜利，具有重大现实意义和深远历史意义。”①总结党的百年奋斗特别是新时代以来的重大成就及历史经验，从中汲取智慧和力量，是历史和人民的共同选择。新时代的奋斗历程光辉璀璨，取得的成就硕果累累，为高校思政课提供了丰富的教学资源。以“五个必由之路”的重大论断为主题和线索，高校思政课在讲述“五个必由之路”的中国故事时，应避免老生常谈式、新瓶装旧酒式的故事，代之以更符合时代潮流、更具内容生动性和课堂吸引力的鲜活故事，以切实提升“五个必由之路”的理论影响力。

联系实际，讲好讲活“五个必由之路”的中国故事。联系实际，运用生活话语讲述理论，是增强高校思政课话语亲和力的重要手段。在“五个必由之路”的理论话语融入课堂的过程中，要深入浅出，将宏观的、抽象的话语叙事转化为生活化话语，才能够使“五个必由之路”更好地入脑、入心。从理论的生活化价值取向来看，“五个必由之路”深深植根于人民的现实生活之中，以

---

① 《中国共产党第十九届中央委员会第六次全体会议文件汇编》，人民出版社 2021 年版，第 109 页。

新时代广大人民群众的获得感、幸福感和安全感为精神依托。高校思政课要多选取贴近教师或学生身边的改革故事、小康故事、抗疫故事，使学生能够感同身受，也要善于用生活化话语讲活“五个必由之路”的现实生活故事，以激发师生的情感共鸣和价值共识。如在讲授“思想道德修养与法治”课程时，可围绕“团结奋斗”的精神价值设置相关议题，引导学生从生活中寻找“团结奋斗”的先进典型和案例，在议题式讨论中帮助学生树立正确的奋斗观。

（三）讲好“五个必由之路”的内在逻辑以解疑释惑

常讲常新是高校思政课的重要特点，也是高校思政课的魅力所在。在推动“五个必由之路”融入高校思政课教学的过程中，要重点从学理和价值两个维度把握好“五个必由之路”，在解疑释惑中讲好“五个必由之路”。

要在学理逻辑上讲好“五个必由之路”，以透彻的学理分析和科学的知识理路说服学生。“理论只要说服人，就能掌握群众；而理论只要彻底，就能说服人。所谓彻底，就是抓住事物的根本。”①“五个必由之路”有着清晰的历史发展脉络和丰富的理论内涵。高校思政课教师要善于从纵向的历史与现实发展中，从横向的国内外对比中等多重视野对“五个必由之路”进行生动、深入、具体的剖析，将“五个必由之路”所蕴含的马克思主义基本原理、观点和方法讲明白，将“五个必由之路”的理论逻辑讲清楚。

要在价值逻辑层面讲好“五个必由之路”，以真理的价值力量感召学生，引导学生坚定“五个必由之路”自信。新时代党和人民的奋斗历程也是一段发扬历史主动精神和创造精神，持续创造历史伟业的历程。“五个必由之路”充分展示了党的历史自信，这种自信“既是对奋斗成就的自信，也是对奋斗精神的自信。”②高校思政课要把“五个必由之路”同中国特色社会主义道路探索历程结合起来，讲好中国道路同“传统的”“外来的”“西化的”道路的区别，

① 《马克思恩格斯文集》第一卷，人民出版社 2009 年版，第 11 页。

② 习近平：《以史为鉴、开创未来，埋头苦干、勇毅前行》，《求是》2022 年第 1 期。

以坚定道路自信；把“五个必由之路”同中国特色社会主义理论创新历程结合起来，讲好马克思主义中国化的最新理论成果，以坚定理论自信；把“五个必由之路”同中国特色社会主义制度建设历程结合起来，讲好中国特色社会主义制度的显著优势，以坚定制度自信；把“五个必由之路”同中国特色社会主义文化发展历程结合起来，讲好社会主义先进文化，以坚定文化自信。

解疑释惑，培养学生问题意识，引导学生在发现、分析、思考和解答问题过程中自觉肩负实现中华民族伟大复兴的历史使命。习近平总书记在学校思想政治理论课教师座谈会上强调：“思政课教学离不开教师的主导，同时要坚持以学生为中心，加大对学生的认知规律和接受特点的研究，发挥学生主体性作用。”①高校思政课教师要讲透“五个必由之路”的中国故事，就必须深入学生群体之中，知道学生所思所想，了解学生对“五个必由之路”的基本认识和接受情况，找准“五个必由之路”的理论内容与学生的思维意识的契合点，及时为学生解疑释惑，只有这样才能够使“五个必由之路”的意义和价值真正获得学生的认同。针对学生常提问的中国共产党为什么“能”、马克思主义为什么“行”、中国特色社会主义为什么“好”等问题，可建立专门的问题库或线上互动平台，组织专业教师队伍进行问题解答与互动辅导。高校思政课教师要充分借助各类思政课教学平台与资源，科学运用灌输与启发、显性与隐性相结合的教学方法，对学生提出的问题予以及时回应，使学生真正理解“五个必由之路”为什么是新时代中国的“成功密码”以及新时代怎样继续走好“五个必由之路”，继而引导学生成为堪当中华民族伟大复兴重任的时代新人。

---

① 习近平：《思政课是落实立德树人根本任务的关键课程》，人民出版社 2020 年版，第 21 页。

新时代思想政治理论课如何讲好全面建成小康社会故事*

习近平总书记指出："会讲故事、讲好故事十分重要，思政课就要讲好中华民族的故事、中国共产党的故事、中华人民共和国的故事、中国特色社会主义的故事、改革开放的故事，特别是要讲好新时代的故事。"①党的十九届五中全会指出："'十三五'规划目标任务即将完成，全面建成小康社会胜利在望，中华民族伟大复兴向前迈出了新的一大步，社会主义中国以更加雄伟的身姿屹立于世界东方。"②这是一个具有全局性、历史性意义的时刻，标志着中华民族几千年来的小康社会理想即将变成现实，全面建设社会主义现代化国家新征程也即将开启。新时代的思想政治理论课（以下简称"思政课"）要承担起立德树人的根本任务，面向青年一代讲好全面建成小康社会的故事。

---

* 原载《思想理论教育导刊》2020 年第 11 期。本文第二作者车宗凯，清华大学习近平新时代中国特色社会主义思想研究院青年学者，清华大学马克思主义学院博士研究生。中国人民大学复印报刊资料《高校思想政治理论课教学研究》2021 年第 2 期全文转载。

① 习近平：《思政课是落实立德树人根本任务的关键课程》，《求是》2020 年第 17 期。

② 《中共中央关于制定国民经济和社会发展第十四个五年规划和二〇三五年远景目标的建议》，《人民日报》2020 年 11 月 4 日。

一、“为何讲”:新时代思政课讲好全面建成小康社会故事意义重大

思政课是落实立德树人根本任务的关键课程。中国共产党领导中国人民全面建成小康社会的生动实践,是新时代思政课生动的素材。新时代思政课讲好全面建成小康社会故事,有利于增强青年“四个自信”。

(一)有利于坚定中国特色社会主义道路自信

近代以来,国家羸弱、列强横行,中华民族面临两大历史任务:一个是求得民族独立和人民解放;一个是实现国家繁荣富强和人民共同富裕。① 这两大历史任务都有一个共同的指向,便是如何指引中国人民过上更好的生活。在旧式农民战争、自强运动和改良主义相继失败,资产阶级改良派、革命派以及其他西方资本主义的方案都行不通的情况下,历史和人民选择了马克思主义,选择了中国共产党。中国共产党成立后,就将为中国人民谋幸福、为中华民族谋复兴作为自己的使命,从而在实践中开辟了符合中国国情特点的新民主主义革命道路、社会主义改造和建设道路,并成功开辟了中国特色社会主义道路。从历史视角看,全面建成小康社会,也是中国共产党开辟的中国道路的胜利,是中国特色社会主义的伟大胜利。但是,全面建成小康社会并不意味着社会主义现代化已经实现,要基本实现社会主义现代化,进而把我国建设成为社会主义现代化强国还有很长的一段路要走。因此,新时代思政课讲好小康社会故事,有利于向青年一代讲清楚“举什么旗”“走什么路”的关键性问题,有利于坚定青年道路自信。

---

① 《十五大以来重要文献选编》上,中央文献出版社 2000 年版,第 2 页。

（二）有利于阐释好马克思主义中国化的理论成果

小康社会体现了人们对于美好幸福生活的寄托与向往，而马克思主义就是指导无产阶级寻求解放和幸福生活的科学理论。十月革命一声炮响，给中国送来了马克思列宁主义，为中国人民实现现代化指明了方向。习近平总书记指出："中国共产党之所以能够完成近代以来各种政治力量不可能完成的艰巨任务，就在于始终把马克思主义这一科学理论作为自己的行动指南，并坚持在实践中不断丰富和发展马克思主义。"①为了实现社会主义现代化，中国共产党人曾在将马克思主义基本原理同中国的具体实际相结合的过程中进行了不懈探索，小康社会理论就是中国共产党人在探索现代化方案的过程中形成的科学理论，既体现了马克思主义关于社会主义现代化的理想，又符合中国的改革发展实际，是不同于西方的"中国式的现代化方案"，也是马克思主义中国化的理论成果，是中国特色社会主义理论体系的重要组成部分。小康社会理论为改革开放新时期的中国共产党人指明了"向哪走""怎么走"的方向性问题。因此，讲好小康社会故事，有利于讲好马克思主义特别是马克思主义中国化的理论问题，坚定青年理论自信。

（三）有利于阐释好中国特色社会主义制度和国家治理体系的优势

中国特色社会主义制度是中国共产党带领中国人民在实践中探索出的重要成果。党的十八大以来，以习近平同志为核心的党中央把制度建设摆在更加突出的位置，并就全面建成小康社会这个目标，提出："全面建成小康社会，必须以更大的政治勇气和智慧，不失时机深化重要领域改革，坚决破除一切妨碍科学发展的思想观念和体制机制弊端，构建系统完备、科学规范、运行有效

① 《十八大以来重要文献选编》下，中央文献出版社 2018 年版，第 345—346 页。

的制度体系,使各方面制度更加成熟更加定型。"[①]小康社会之所以能够全面建成,离不开中国特色社会主义制度的保障,离不开国家治理体系的支撑。"制度优势是一个国家的最大优势"[②],经过长期的发展和完善,中国特色社会主义制度和国家治理体系在实践中显示出了巨大优势。但是,如何阐释好这些优势,是摆在新时代思政课面前的重要课题。小康社会这一中华民族千年梦想的实现,则是中国特色社会主义制度优势的最好证明。新时代思政课讲好小康社会故事,有利于让青年一代更直观地感受到中国特色社会主义制度和国家治理体系的实践效果,进而通过不同制度之间的比较,更加深刻地理解中国特色社会主义制度的显著优势。

(四)有利于阐释好中华优秀传统文化的滋养传承

溯源"小康"一词,最早可见《诗经·大雅·民劳》中"民亦劳止,汔可小康"的诗句。[③] 儒家经典《礼记·礼运》亦有关于理想中"小康"的描述,[④]康有为在其所著《春秋董氏学》中载:"升平者,渐有文教,小康也",[⑤]这与《礼记·礼运》中的思想一脉相承。小康是中国传统文化中对理想社会的一种描述,体现了古代中国人民对美好生活的朴素理想与向往,具有深厚的传统文化积淀。在社会主义现代化建设实践中,中国共产党人从中华优秀传统文化中,提取了"小康"的文化元素,结合中国共产党的现代化理念,形成小康社会理论,是中国共产党对优秀传统思想文化的继承与发展。习近平总书记指出:"使用'小康'这个概念来确立中国的发展目标,既符合中国发展实际,也容易得

---

① 《十八大以来重要文献选编》上,中央文献出版社 2014 年版,第 14 页。

② 习近平:《坚持和完善中国特色社会主义制度推进国家治理体系和治理能力现代化》,《求是》2020 年第 1 期。

③ 《诗经》,上海古籍出版社 2009 年版,第 322 页。

④ 陈澔:《礼记集说》,上海古籍出版社 1987 年版,第 121 页。

⑤ 康有为:《春秋董氏学》,中华书局 1990 年版,第 29 页。

到最广大人民理解和支持。"①因此,新时代思政课讲好小康社会故事,就是在讲述中国传统文化的发展理念,以及传统文化理念在新的历史条件下的创造性转化和创新性发展。这有利于阐释中华优秀传统文化的滋养传承问题,使青年一代感受中华传统思想文化的独特魅力,坚定文化自信。

二、"讲什么":新时代思政课讲好全面建成小康社会故事要突出重点

新时代思政课讲好全面建成小康社会故事需重点把握以下几个方面。

(一)讲清楚百年道路探索与全面建成小康社会的关系

全面建成小康社会对于中华民族伟大复兴而言意义重大,但是全面建成小康社会不是一蹴而就的。讲好小康社会故事,既要重点关注全面建成小康社会是中国现代化进程中阶段性伟大胜利,也要重点讲好小康社会各个阶段的艰辛探索,特别是中国特色社会主义在新时代的艰辛探索与突出成果。

中国共产党对中国道路的百年探索是新时代决胜全面建成小康社会的基础和前提。中国共产党自成立以来,就开始探索一条实现国家富强、人民幸福的现代化道路。经过 28 年的艰苦斗争,中国共产党带领人民取得了新民主主义革命的胜利。但中国共产党人的目标远不止于此,在 1949 年中共七届二中全会的报告中,毛泽东告诫党内同志:"如果这一步也值得骄傲,那是比较渺小的,更值得骄傲的还在后头。在过了几十年之后来看中国人民民主革命的胜利,就会使人们感觉那好像只是一出长剧的一个短小的序幕。"②新民主主义革命的胜利宣告了半殖民地半封建时代的结束,也开启了一个崭新的历史

---

① 习近平:《在纪念孔子诞辰 2565 周年国际学术研讨会暨国际儒学联合会第五届会员大会开幕会上的讲话》,人民出版社 2014 年版,第 13 页。

② 《毛泽东选集》第四卷,人民出版社 1991 年版,第 1438 页。

时期。

历史发展正如毛泽东所说:“序幕还不是高潮。”①新中国成立后,中国共产党从1953年提出的过渡时期总路线,到1954年周恩来在一届全国人大一次会议上所作政府工作报告提出“四个现代化”概念,再到1964年周恩来重新表述“四个现代化”概念,党对新中国的现代化构想逐步形成。小康社会的概念是在“四个现代化”基础上的进一步深化,20世纪70年代末邓小平提出:“我们要实现的四个现代化,是中国式的四个现代化。我们的四个现代化的概念,不是像你们那样的现代化的概念,而是‘小康之家’。”②但是,邓小平也很清醒地认识到中国现代化的基础薄弱,他认为即使到了20世纪末达到了某种目标,中国的现代化水平还是比较落后的,“所以,我只能说,中国到那时也还是一个小康的状态”。③ 按照邓小平的构想,1987年召开的党的十三大提出了“三步走”战略,并顺利在20世纪80年代末和90年代末实现了“第一步”“第二步”目标。但是,完成了“三步走”战略中前两步目标时所达到“小康”,还只是一个低水平的、不全面的、发展很不平衡的小康,因此,党的十六大提出:“我们要在本世纪头二十年,集中力量,全面建设惠及十几亿人口的更高水平的小康社会”④。党的十八大站在新的历史起点上总结:“我们取得一系列新的历史性成就,为全面建成小康社会打下了坚实基础”,并进而提出:“确保到二〇二〇年实现全面建成小康社会宏伟目标。”⑤党的十八大以来,以习近平同志为核心的党中央以巨大的政治勇气和强烈的责任担当“解决了许多长期想解决而没有解决的难题,办成了许多过去想办而没有办成的大事”,取得了改革开放和社会主义现代化建设的历史性成就。⑥

由此可见,全面建成小康社会与中国共产党探索中国道路的百年实践具

① 《毛泽东选集》第四卷,人民出版社1991年版,第1438页。
② 《邓小平文选》第二卷,人民出版社1994年版,第237页。
③ 《邓小平文选》第二卷,人民出版社1994年版,第237页。
④ 《十六大以来重要文献选编》上,中央文献出版社2005年版,第14页。
⑤ 《十八大以来重要文献选编》上,中央文献出版社2014年版,第5、13页。
⑥ 《十九大以来重要文献选编》上,中央文献出版社2019年版,第6页。

有内在联系:如果没有中国共产党的百年道路探索,也就没有新时代实现全面建成小康社会的伟大成就。因此,新时代思政课需要重点把握二者的关系问题,讲清楚全面建成小康社会的实践基础,讲清楚新时代决胜全面建成小康社会也是中国共产党人为实现社会主义现代化目标的一次接力探索。

(二)讲清楚新时代全面建成小康社会的伟大意义

习近平总书记指出:“全面建成小康社会,是我们奋斗目标的第一步,也是关键一步。”①新时代思政课要讲清楚全面建成小康社会的伟大意义,应该胸怀“两个大局”,从纵向与横向两个维度把握。

一方面,要从中华民族伟大复兴的战略全局出发,纵向把握新时代全面建成小康社会的伟大意义。习近平总书记指出,实现全面建成小康社会、全面建成社会主义现代化国家的奋斗目标以及实现中华民族伟大复兴的中国梦,“既深深体现了今天中国人的理想,也深深反映了我们先人们不懈追求进步的光荣传统”。② 实现国家富强、民族振兴和人民幸福,是近代以来先进中国人在半殖民地半封建社会的苦痛中不懈追求的理想和目标。从新民主主义革命时期,到社会主义改造和建设时期,再到改革开放新时期,中国共产党始终将这一理想贯穿在带领人民进行革命、建设和改革的伟大实践当中。改革开放后,在全党全国各族人民的共同努力下,20 世纪 80 年代提出的“三步走”战略中解决人民温饱问题和人民生活总体上达到小康水平这两个目标已经提前实现。而全面建成小康社会,是实现“三步走”战略最后一步的关键阶段性节点,小康社会的全面建成,对实现中华民族伟大复兴而言,具有极其重要的意义与价值。但是,决不能把全面建成小康社会看成是中华民族伟大复兴进程的“完成”,也不能将其看成是中国共产党关于社会主义现代化建设理论的“终点”。党的十九大站在中国特色社会主义进入新时代的历史方位进一步

① 《十八大以来重要文献选编》中,中央文献出版社 2016 年版,第 251 页。
② 《十八大以来重要文献选编》上,中央文献出版社 2014 年版,第 234 页。

作出从十九大到二十大是“两个一百年”奋斗目标的历史交汇期的判断：“我们既要全面建成小康社会、实现第一个百年奋斗目标，又要乘势而上开启全面建设社会主义现代化国家新征程，向第二个百年奋斗目标进军。”指明了决胜全面建成小康社会在实现“两个一百年”奋斗目标和实现中华民族伟大复兴历史进程中的历史地位，并面向未来提出“两个阶段”的战略安排：到2035年，基本实现社会主义现代化；到本世纪中叶，把我国建成富强民主文明和谐美丽的社会主义现代化强国。① 这体现出中国共产党对实现中华民族伟大复兴目标的深刻思考，也是中国共产党小康社会理论的延续与升华。党的十九届五中全会站在新的历史起点上指出：“决胜全面建成小康社会取得决定性成就”，“全党全国各族人民要再接再厉、一鼓作气，确保如期打赢脱贫攻坚战，确保如期全面建成小康社会、实现第一个百年奋斗目标，为开启全面建设社会主义现代化国家新征程奠定坚实基础。”②正如习近平总书记所说：“全面建成小康社会是我们现阶段战略目标，也是实现中华民族伟大复兴中国梦关键一步。”③

另一方面，要从世界百年未有之大变局出发，横向把握新时代全面建成小康社会的伟大意义。当今世界正经历百年未有之大变局，世界多极化、经济全球化、社会信息化、文化多样化深入发展，世界各国也从未像今天这样紧密联系在一起。新中国成立70多年来，特别是改革开放40多年来，中国共产党带领中国人民闯出了一条具有中国特色的社会主义建设道路，带领中国大踏步地赶上了世界。中国的发展进步让世界关注到了中国独特的制度模式，全面建成小康社会再次彰显了中国特色社会主义制度的显著优势。这是世界百年未有之大变局下，中国共产党领导中国人民克服重重艰难险阻后取得的伟大成就，是中国特色社会主义制度和国家治理体

① 《十九大以来重要文献选编》上，中央文献出版社2019年版，第20页。

② 《中共中央关于制定国民经济和社会发展第十四个五年规划和二〇三五年远景目标的建议》，《人民日报》2020年11月4日。

③ 《十八大以来重要文献选编》中，中央文献出版社2016年版，第250页。

系优势的生动体现。回望中国共产党探索中国道路的百年历程，回望新中国70多年、改革开放40多年的伟大历程，中国共产党带领中国人民探索出的现代化发展模式是符合中国国情的，同时也是一条不同于西方资本主义、不同于传统社会主义的现代化发展模式。从世界百年未有之大变局来看，全面建成小康社会证明了中国现代化发展模式的成功，证明了中国特色社会主义的成功，也为世界广大发展中国家提供了一条不同于西方现代化的中国方案。

（三）讲清楚坚持中国共产党的领导与全面建成小康社会的内在关联

习近平总书记指出："党坚强有力，党同人民保持血肉联系，国家就繁荣稳定，人民就幸福安康。"①中国共产党的领导是中国特色社会主义制度的最大优势，也是小康社会得以全面建成的根本保证。中国共产党担负着团结带领人民全面建成小康社会、推进社会主义现代化、实现中华民族伟大复兴的重任。② 新时代思政课在讲述中国共产党的领导与全面建成小康社会内在关联时，可以着重阐释以下两个方面。

一是中国共产党的领导是社会主义现代化建设始终沿着正确方向前进的根本保证。实现社会主义现代化是一场长跑，需要一代又一代人接续奋斗。习近平总书记在2013年召开的中共十八届二中全会上曾说："要真正做到一张好的蓝图一干到底，切实干出成效来。我们要有钉钉子的精神，钉钉子往往不是一锤子就能钉好的，而是要一锤一锤接着敲，直到把钉子钉实钉牢，钉牢一颗再钉下一颗，不断钉下去，必然大有成效。如果东一榔头西一棒子，结果很可能是一颗钉子都钉不上、钉不牢。"③因此，全面建成小康社会进而全面建设社会主义现代化强国，实现"两个一百年"奋斗目标，需要几代人久久为功，

① 《十八大以来重要文献选编》上，中央文献出版社2014年版，第79页。
② 《十八大以来重要文献选编》上，中央文献出版社2014年版，第79页。
③ 《习近平谈治国理政》第一卷，外文出版社2018年版，第400页。

坚持一张蓝图绘到底。但是,要真正将“既定的科学目标、好的工作蓝图变为现实”绝不是一件容易的事情,既需要有确定的发展目标,也需要有始终发挥先锋模范作用的领导力量。在实现社会主义现代化的进程中,这个领导力量就是中国共产党。中国共产党是一个具有远大理想的政党。早在党的二大时,中国共产党就明确提出自己的目的是要“渐次达到一个共产主义的社会”①。新中国成立前夕,毛泽东宣告:“我们不但善于破坏一个旧世界,我们还将善于建设一个新世界。中国人民不但可以不要向帝国主义者讨乞也能活下去,而且还将活得比帝国主义国家要好些。”②建设小康社会是改革开放之初邓小平在新中国成立之初中国共产党所提出的“四个现代化”目标基础上的进一步深化与发展。20 世纪 80 年代初,邓小平提出:“我们摆在第一位的任务是在本世纪末实现现代化的一个初步目标,这就是达到小康的水平。如果能实现这个目标,我们的情况就比较好了。更重要的是我们取得了一个新起点,再花三十年到五十年时间,接近发达国家的水平。”③新中国成立 70 多年来,正是一代又一代中国共产党带领中国人民始终以“功成不必在我”的精气神,一茬接着一茬干,一棒接着一棒跑,才取得了令世界刮目相看的伟大成就,创造了世所罕见的经济快速发展奇迹和社会长期稳定奇迹。这些伟大的成就离不开中国共产党的坚强领导,离不开中国共产党所指引的正确航向。

二是中国共产党的领导确保了小康社会建设的“全面”问题。中国共产党是全心全意为人民服务的马克思主义政党,没有自身的特殊利益。这也决定了中国共产党领导建设的小康社会不是某一个特定阶级、特定群体的小康社会,而是全体人民共同的小康。在党的十八届五中全会上,习近平总书记就指出:“全面建成小康社会,强调的不仅是‘小康’,而且更重要的也是更难做到的是‘全面’。”他指出,“小康”指的是发展水平,而“全面”则

① 《建党以来重要文献选编(1921—1949)》第一册,中央文献出版社 2011 年版,第 133 页。
② 《毛泽东选集》第四卷,人民出版社 1991 年版,第 1439 页。
③ 《邓小平文选》第二卷,人民出版社 1994 年版,第 416—417 页。

讲的是发展的平衡性、协调性、可持续性。[①] 中国共产党在 20 世纪 80 年代所构想的“三步走”战略,“总体小康”的目标早在 20 世纪末就已经实现,但是那时所达到的“小康”还并不是“全面”的小康,在发展水平、全面性、平衡性方面都还有所欠缺。为了实现“全面小康”的目标,中国共产党开始了从“全面建设小康社会”到“全面建成小康社会”的接续探索。习近平总书记说:“如果到二〇二〇年我们在总量和速度上完成了目标,但发展不平衡、不协调、不可持续问题更加严重,短板更加突出,就算不上真正实现了目标,即使最后宣布实现了,也无法得到人民群众和国际社会认可。”[②]由此可见,中国共产党决胜全面建成小康社会的是态度是坚决的,生动体现了中国共产党人的初心与使命。习近平总书记强调:“我国发展航船要抵达全面小康社会的彼岸,既需要中国共产党为这艘巨轮掌好舵,也需要中国共产党和广大统一战线成员一起划好桨。”[③]正是中国共产党所具有的强大凝聚力、号召力,正是中国共产党能够始终坐镇中央、号令四方,才能够在决胜全面建成小康社会的进程中团结集中社会各方面的精锐力量,为小康社会的全面建成凝聚起强大合力。

三、“怎么讲”:新时代思政课讲好全面建成小康社会故事要注重方法

新时代思政课讲好全面建成小康社会故事的关键还在于“怎么讲”。

---

① 《十八大以来重要文献选编》中,中央文献出版社 2016 年版,第 830 页。

② 《十八大以来重要文献选编》中,中央文献出版社 2016 年版,第 830—831 页。

③ 《习近平关于全面建成小康社会论述摘编》,中央文献出版社 2016 年版,第 206—207 页。

（一）回到文本，原汁原味讲好中国共产党的小康社会理论

中国共产党的小康社会理论是马克思主义中国化的理论成果，是几代中国共产党人思考、探索的智慧结晶，几代中国共产党人在领导中国人民建设社会主义现代化的实践中，留下了许多宝贵的文献。这些著作是我们学习领会中国共产党小康社会理论的重要基础，是我们探析中国共产党小康社会理论发展脉络、逻辑体系的重要参考。因此，思政课要讲好小康社会故事就要求思政课教师回到文本，从纵向横向两个维度原汁原味讲好理论问题。

第一，要从纵向维度讲清楚中国共产党小康社会理论的发展脉络。中国共产党小康社会理论在马克思主义中国化的历史进程中不断深化、不断发展和完善。首先，要讲清楚"渊源"问题。从理论渊源上看，小康社会理论是马克思主义关于社会主义社会建设思想的深化与发展，是马克思主义与中国社会主义建设实际相结合的理论产物。从文化渊源上看，小康社会理论汲取了中华优秀传统文化中的一些有益元素，是中国传统美好社会理想与社会主义现代化建设目标的紧密结合。因此，讲述中国共产党小康社会理论需要讲清理论渊源和文化渊源。中国共产党的小康社会理论也源于中国共产党在新民主主义革命时期、社会主义改造与社会主义建设时期的现代化建设探索，特别是中华人民共和国成立以来，中国共产党开始了社会主义现代化建设道路的探索与追求，形成了"中国式"的现代化理论。"四个现代化"是以毛泽东同志为主要代表的中国共产党人在探索社会主义现代化建设道路上所提出的一个重要概念，它体现了"改革开放前三十年"中国共产党人对于现代化的初步认识，也反映出中国共产党人对于社会主义社会发展方向的初步思考。党的十一届三中全会作出了"把全党工作的着重点和全国人民的注意力转移到社会主义现代化建设上来"的历史性决策，①使党和国家的各项工作得到了拨乱反正，同时这一次会议也提出要"为在本世纪内把我国建设成为社会主义的现

① 《三中全会以来重要文献选编》上，中央文献出版社2011年版，第3—4页。

代化强国而进行新的长征”。[①] 党的十一届三中全会所提出的“社会主义的现代化强国”与党的十五大提出的“社会主义现代化强国”是一脉相承的。“三步走”是20世纪80年代中国共产党提出的一个极为重要的方案，这一方案跨越世纪，为中国的社会主义现代化、特别是21世纪的社会主义现代化谋划了发展的方向与步骤。同时，在推进改革开放的过程中，中国共产党也在广泛而深刻的社会建设进程中加深对小康社会的理解与认识，从“总体小康”到“全面小康”的认识发展就是一个鲜明的案例。中国特色社会主义进入新时代，以习近平同志为核心的党中央更是提出了“四个全面”战略布局、“三大攻坚战”、“新发展理念”等一系列具有重大意义的理论概念，丰富和发展了中国共产党的小康社会理论。结合文本讲清楚“渊源”与“概念”问题，就能够更好地梳理和呈现中国共产党小康社会理论的发展脉络与演进逻辑，回答小康社会理论“从哪来”“到哪去”的时代课题。

第二，要从横向维度讲清楚中国共产党小康社会理论的逻辑体系。中国共产党的小康社会理论不是孤立的，而是一个系统完备的理论体系，具有深厚的理论基础。从理论的相互关系上看，中国共产党的小康社会理论与马克思列宁主义、毛泽东思想一脉相承，贯穿于邓小平理论、“三个代表”重要思想、科学发展观中，是中国特色社会主义理论体系的重要内容。党的十八大以来，以习近平同志为核心的党中央立足坚持和发展中国特色社会主义的实际，提出“决胜全面建成小康社会”，“全面建成小康社会”也成为习近平新时代中国特色社会主义思想的重要组成部分。从党的十八大以来的重要文献中，我们能够读懂“全面建成小康社会”在习近平新时代中国特色社会主义思想中的重要概括。首先，从“四个全面”战略布局看，“全面建成小康社会”与“全面深化改革”“全面依法治国”“全面从严治党”的关系是“战略目标”与“战略举措”的关系，习近平总书记指出：“全面深化改革、全面依法治国、全面从严治

① 《三中全会以来重要文献选编》上，中央文献出版社2011年版，第4页。

党是三大战略举措，对实现全面建成小康社会战略目标一个都不能缺。”①其次，从“两个一百年”的奋斗目标来看，“全面建成小康社会”具有承上启下的重要意义，是“第一个百年”奋斗目标的胜利收官，也是“第二个百年”奋斗目标的全新起点。其三，“全面建成小康社会”的“全面”同样具有深刻的理论内涵。从“全面建设”到“全面建成”，看似一字之变，但背后却是更高的发展要求。对此，习近平总书记在党的十八届五中全会上就曾有过系统阐释，所谓“全面小康”就是“覆盖的领域要全面，是五位一体全面进步”“覆盖的人口要全面，是惠及全体人民的小康”“覆盖的区域要全面，是城乡区域共同的小康”②。由此可见，“全面小康”所要解决的，就是“总体小康”所未能解决的平衡性、协调性、可持续性问题。结合文本讲清楚小康社会理论的逻辑体系问题，对于引导学生从整体把握小康社会理论的地位、影响具有重要意义。

（二）融合一体，展开同一主题下的多维阐释

思政课是一个内容丰富的课程体系。以高校思政课为例，包含“习近平新时代中国特色社会主义思想概论”“形势与政策”“思想道德与法治”“毛泽东思想和中国特色社会主义理论体系概论”“马克思主义基本原理”“中国近现代史纲要”等课程。各门思政课程都应该将这一主题融入教育教学当中。

第一，理论维度的解读。全面建成小康社会是习近平新时代中国特色社会主义思想的重要组成部分，“习近平新时代中国特色社会主义思想概论”课程应重点从以习近平同志为核心的党中央领导决胜全面建成小康社会的思想与实践出发，讲述新时代全面建成小康社会的故事。“毛泽东思想和中国特色社会主义理论体系概论”课程应重点从马克思主义中国化理论层面解读“全面建成小康社会”的理论意义与实践意义。同时，全面建成小康社会过程中也面临着一些重大的理论问题，如社会矛盾的转化与解决，社会主义现代化

---

① 《十八大以来重要文献选编》中，中央文献出版社 2016 年版，第 248 页。

② 《十八大以来重要文献选编》中，中央文献出版社 2016 年版，第 831、833 页。

建设的长期性与阶段性等等，这也需要“马克思主义基本原理”课程的教师在实践中予以回答。

第二，历史与现实相结合维度的解读。如上文所述，全面建成小康社会是中华民族的千年梦想，是近代以来中国人不懈追求的现代化理想之一。因此，“中国近现代史纲要”课程可以着重从道路的生发、延展层面，从中国共产党探索中国道路的历史维度对全面建成小康社会的实践基础与历史逻辑进行解读。小康社会的全面建成标志着“第一个百年奋斗目标”的胜利完成，也标志着“第二个百年奋斗目标”的开启。因此，“形势与政策”课程应从中国特色社会主义新时代的现实与未来层面深入解答全面建成小康社会的现实意义与时代价值，特别是要结合党的十九大以来以习近平同志为核心的党中央所提出的系列战略思考，讲清楚未来社会主义现代化建设“往何处去”的历史性问题。新时代决胜全面建成小康社会虽然没有枪林弹雨，但同样是一场气壮山河的斗争。“思想道德与法治”课程要重点思考全面建成小康社会过程中所体现出的“中国精神”问题，探讨“中国精神”与全面建成小康社会背后的逻辑关联，鼓舞青年一代为实现社会主义现代化强国的目标继续前进。

（三）联系实际，充分运用案例教学讲好全面建成小康社会的生动故事

案例教学是思政课教学的重要手段和途径。全面建成小康社会是真实发生在每一个人身边的“中国故事”，紧密联系社会实际，充分挖掘和讲述全面建成小康社会进程中真实发生的案例故事，对于阐释好小康社会理论、引导学生加深对全面建成小康社会伟大意义的认识和理解具有积极作用。

第一，要善于通过案例讲“成就”。如何让学生真正明白这百年来的沧桑巨变？如何让学生真正感受到小康社会全面建成给每一个人带来的变化？这就需要思政课教师善于挖掘案例，通过案例教学的方法讲清楚全面建成小康社会所带来的巨大变化。改革开放的伟大实践改变了中国贫穷落后的社会面貌，实现了伟大的历史变革，小康社会在几代中国共产党人的接力奋斗中终于

从一个遥不可及的梦想变成了真真切切的现实。从某种程度上说,这个历史过程本身就是一个生动的教学案例。“小康水平”这个概念最初被提出来的时候,标准是人均800—1000美元,后来到“总体小康”时,这个标准变为3000美元,在全面建成小康社会阶段,这个小康水平的衡量标准有了更高的要求,“目前已经达到一万美元”。[①] 再比如,近年来我国脱贫攻坚成就举世瞩目,“我国农村贫困人口从2012年末的9899万人减少到2019年末的551万人,贫困发生率从10.2%降至0.6%”,[②]这是一个极其伟大的历史性成就。通过这些数字,我们便能够将小康社会所带来的巨大变化呈现在学生面前。

第二,要善于透过案例讲“精神”。案例所呈现出的往往是一个动态的过程、鲜活的故事,这些故事往往蕴含着伟大的精神。因此,思政课教师也要善于透过案例讲好“精神”。一是要讲好中国共产党人的奉献精神。全面建成小康社会离不开中国共产党的领导,小康社会之所以能够建成离不开广大共产党员的辛勤工作、默默奉献。在全面建成小康社会的路上,涌现出了无数优秀的共产党员,他们或扎根脱贫攻坚第一线或坚守为人民服务的光荣岗位或冲锋在危险来临之际,甚至有许多共产党员在全面建成小康社会的路上献出了宝贵的生命,这是新时代中国共产党人的群像,彰显了中国共产党人的担当与忠诚。二是广大人民群众团结一致的奋斗精神。全面建成小康社会是全体人民共同的事业,是全体人民共同团结奋斗的结果。习近平总书记在深圳经济特区建立40周年庆祝大会上的讲话中高度赞扬深圳人民的奋斗精神:“深圳是改革开放后党和人民一手缔造的崭新城市,是中国特色社会主义在一张白纸上的精彩演绎。深圳广大干部群众披荆斩棘、埋头苦干,用40年时间走过了国外一些国际化大都市上百年走完的历程。这是中国人民创造的世界发

① 宁吉喆:《全面建成小康社会取得重大进展,主要在7方面》,新浪网,见 http://finance.sina.com.cn/china/gncj/2020-01-11/doc-iihnzahk3404835.shtml。

② 宁吉喆:《全面建成小康社会取得决定性进展 决战决胜实现目标必须加快补短板》,《人民日报》2020年7月24日。

展史上的一个奇迹。”[①]改革开放40多年来，正是有无数这样埋头苦干的普通人，才谱就了改革开放新时期的壮丽诗篇，才能最终实现全面建成小康社会的千年梦想，才能形成集中力量办大事这一中国特色社会主义制度的显著优势。实践充分证明，中国人民团结一致的奋斗精神是小康社会能够全面建成的重要法宝。

第三，要善于实现案例与理论的有机融合。讲好思政课的关键在于理论性、学理性。讲好案例的目的，是为了更好支撑理论、讲好理论。因此，案例教学的关键还在于要更好从学理层面阐明案例背后的逻辑，实现案例与理论的有机融合。一方面，这需要思政课教师以学理思维开展案例搜集。一堂优秀思政课的案例应该是严谨的、有说服力的，而不是信手拈来的。思政课教师在准备课程案例时，需要具备学理思维，在准备案例之前首先要明确“我要表达什么”这个问题，从而建构本课程的逻辑体系，再以这个逻辑体系为基础开展案例搜集。另一方面，思政课教师在带领学生“走进”案例的同时，更要能够“走出”案例。思政课的案例绝不仅仅是简单的故事，简单故事背后蕴藏着深刻的哲理与逻辑；思政课教师的任务，就在于解答好故事背后的哲理与逻辑。案例就像“盐”，是一堂思政课程的调味料，好的案例能够给课程“增味”“添彩”。但是，如果一堂思政课变成了“故事课”“鸡汤课”，而没有学理的阐释、理论的解读，就容易走入另一个极端，失去了思政课的本来意义。因此，思政课教师在学会带领学生“走进”案例的同时，也能够随时“走出”案例，实现案例与理论的融合，将全面建成小康社会的故事与小康社会理论相结合，寓理其中、深入浅出、启迪人心。

---

① 习近平：《在深圳经济特区建立40周年庆祝大会上的讲话》，《人民日报》2020年10月15日。

学习“四史”与坚定中国特色社会主义道路自信*

历史是最有说服力的教科书。党的十八大以来，以习近平同志为核心的党中央高度重视党史、新中国史、改革开放史、社会主义发展史的学习教育工作，习近平总书记在不同场合对广大党员、干部和人民群众学习了解“四史”提出要求。2020 年 1 月 8 日，习近平总书记在“不忘初心、牢记使命”主题教育总结大会上指出，“要把学习贯彻党的创新理论作为思想武装的重中之重，同学习马克思主义基本原理贯通起来，同学习党史、新中国史、改革开放史、社会主义发展史结合起来”①。2020 年 6 月，他在给复旦大学青年师生党员的回信中也对广大党员特别是青年党员学习“四史”提出了希望②。李大钊曾说过：“历史是人间普遍心理表现的记录。人间的生活，都在这大机轴中息息相关，脉脉相通。”③党史、新中国史、改革开放史、社会主义发展史是马克思主义从理论走向实践并在实践中得到创新发展的历史记录。新时代广大共产党员应该充分认识学习“四史”的重要意义，通过学习和研究“四史”这门“必修课”，读懂“四史”中的道路逻辑，坚定中国特色社会主义道路自信。

---

* 原载《马克思主义理论教学与研究》2021 年第 4 期。本文第二作者车宗凯，清华大学习近平新时代中国特色社会主义思想研究院青年学者，清华大学马克思主义学院博士研究生。

① 《习近平谈治国理政》第三卷，外文出版社 2020 年版，第 540 页。

② 习近平：《论中国共产党历史》，中央文献出版社 2021 年版，第 160 页。

③ 《李大钊全集》第二卷，人民出版社 2013 年版，第 367 页。

一、中国道路符合科学社会主义的理论逻辑和中国社会发展的历史逻辑

社会主义从空想到科学、从理论到实践，再到马克思主义基本原理同中国具体实际相结合，这是学习社会主义发展史的基本线索。

世界社会主义有着500多年的发展历史，空想社会主义是其最初形态。空想社会主义表现了资本主义发展之初人们对于美好社会的憧憬，同时也体现出早期无产阶级“对社会普遍改造的最初的本能的渴望”①。但是，空想社会主义思想家所批判的还是不发达的资本主义，因此，他们“不得不从头脑中构想出新社会的要素”②，这也使得他们关于社会主义的一些主张还显得比较幼稚。但是，空想社会主义为科学社会主义的诞生奠定了基础，特别是19世纪以圣西门、傅立叶和欧文为主要代表的思想家所提出的空想社会主义观点，从某种意义上说已经具有科学社会主义的萌芽。

近代工业革命促进了欧洲资本主义的迅速发展，到马克思、恩格斯所处的时代，工人阶级与资产阶级之间的矛盾已经充分暴露。马克思、恩格斯在创立科学社会主义的过程中，在亲身参加并领导工人运动实践的基础上，对“现代社会中普遍存在的有财产者和无财产者之间、资本家和雇佣工人之间的阶级对立以及生产中普遍存在的无政府状态这两个方面”进行深入考察，对空想社会主义进行深刻批判，将社会主义“置于现实的基础之上”③，从而走出传统唯心主义的泥淖，创立了唯物史观和剩余价值学说，实现社会主义从空想到科学的发展。他们向全人类宣告：“无产者在这个革命中失去的只是锁链。他

① 《马克思恩格斯选集》第一卷，人民出版社2012年版，第432页。
② 《马克思恩格斯选集》第三卷，人民出版社2012年版，第653页。
③ 《马克思恩格斯选集》第三卷，人民出版社2012年版，第775、789页。

们获得的将是整个世界。”①由于客观条件的限制,马克思、恩格斯还未能将自己对于社会主义的构想完全付诸实践,但是科学社会主义犹如壮丽的日出,照亮了人类探索历史规律和寻求自身解放的道路。

19 世纪末 20 世纪初的俄国同近代中国社会相似,也交织着尖锐、复杂的矛盾,封建势力的压迫和资本主义、民族压迫交织在一起。1917 年俄国十月革命的胜利实现了科学社会主义从理论到实践的跨越,打破了资本主义一统天下的世界格局,并在现实中证实了“社会主义一国胜利”的可能性,世界上第一个社会主义国家建立起来。列宁指出:“我们已经开始了这一事业。至于哪一个国家的无产者在什么时候、在什么期间把这一事业进行到底,这个问题并不重要。重要的是,坚冰已经打破,航路已经开通,道路已经指明。”②十月革命的胜利,其意义绝不止于俄国本身“一国范围内的”革命。斯大林说,十月革命是“全世界人类历史中从资本主义旧世界到社会主义新世界的根本转变”③,因而十月革命的意义是世界性的,其对中国的影响同样是巨大的。

“十月革命一声炮响,给我们送来了马克思列宁主义。”④毛泽东同志的这一论断,道出十月革命世界性影响在中国的实际表现。俄国十月革命的胜利,不仅在全世界的范围内开辟出“各帝国主义国家中无产阶级革命的时代”⑤,更深深震撼了在黑暗中摸索的中国先进知识分子,并使他们通过对比认识到“走俄国人的路——这就是结论”⑥。事实上,面对着近代中国极为特殊的社会矛盾,地主阶级开明派、农民阶级、资产阶级的改良派和革命派都进行了不同程度的探索,提出了不同的救国方案,但是都没能完成近代中国的历史任务,改变近代中国的社会性质。在俄国十月革命之前,中国一部分小资产阶级和资产阶级的知识分子就已经发起思想文化领域的新文化运动。新文化运动

① 《马克思恩格斯选集》第一卷,人民出版社 2012 年版,第 435 页。
② 《列宁选集》第四卷,人民出版社 2012 年版,第 568—569 页。
③ 《斯大林选集》上卷,人民出版社 1979 年版,第 617 页。
④ 《毛泽东选集》第四卷,人民出版社 1991 年版,第 1471 页。
⑤ 《斯大林选集》上卷,人民出版社 1979 年版,第 618 页。
⑥ 《毛泽东选集》第四卷,人民出版社 1991 年版,第 1471 页。

为向中国封建的旧文化发出挑战，更为马克思列宁主义在中国的广泛传播准备了思想条件——“在十月革命的影响下，这种新文化运动迅速地发展为科学社会主义思想的运动”①，在思想上为中国共产党的成立准备了条件。

面对选择一条什么样的道路才能把中国革命引向胜利的“难题”，中国共产党成立后，在总结正反两方面经验教训的基础上，探索出了一条农村包围城市、武装夺取政权的革命道路，形成工农武装割据的思想——事实证明，这是适合近代中国国情的革命道路。尤其是经过艰苦复杂的思想论争，中国共产党结束了以教条主义、经验主义为特征的主观主义在党内的长期统治，进而提出“马克思主义在中国具体化”②即中国化的重大命题，实现马克思主义基本原理同中国革命的具体实际相结合，领导中国人民取得抗日战争、解放战争的胜利，进而实现新民主主义革命的伟大胜利。新中国成立后，党又根据马克思主义关于“剥夺剥夺者”的理论，领导中国人民采用和平的而不是暴力的方式，开辟了一条符合中国国情的社会主义改造道路，实现了从新民主主义向社会主义的转变，完成了社会主义革命的历史任务。在建设社会主义的过程中，中国共产党人又在实践中努力寻找“中国建设社会主义的具体道路”，实现马克思主义与中国实际的“第二次结合”③。改革开放后，邓小平同志指出：“我们的现代化建设，必须从中国的实际出发。”④因此，中国共产党又将马克思主义基本原理同中国改革开放的具体实际结合，开辟了中国特色社会主义道路，并将中国特色社会主义成功推向新时代。

“马克思的整个世界观不是教义，而是方法。它提供的不是现成的教条，而是进一步研究的出发点和供这种研究使用的方法。”⑤世界社会主义500多年的发展历程表明，马克思主义只有与各国国情相结合、与不同时代的历史特点相结合、与人民群众的伟大实践相结合，才能焕发出强大的生命力、战斗力；

① 《胡绳全书》第五卷，人民出版社1998年版，第507页。

② 《毛泽东选集》第二卷，人民出版社1991年版，第534页。

③ 《毛泽东年谱（1949—1976）》第二卷，中央文献出版社2013年版，第557页。

④ 《十二大以来重要文献选编》上，中央文献出版社2011年版，第2页。

⑤ 《马克思恩格斯文集》第十卷，人民出版社2009年版，第691页。

马克思主义在中国的传播、发展历程表明,“马克思主义深刻改变了中国,中国也极大丰富了马克思主义”①。学习社会主义发展史,就是要准确把握东方与西方、理论与实践、历史与现实的辩证关系,就是要准确把握资本主义必将灭亡、社会主义必将胜利的人类社会发展总趋势,在科学社会主义理论逻辑和中国社会发展历史逻辑的辩证统一中,在马克思主义与中国实际结合的历史进程中,更加坚定对马克思主义的信仰,牢牢把握马克思主义的科学性和真理性,不断从马克思主义中汲取科学智慧和理论力量,坚定中国特色社会主义道路自信。

二、中国共产党的领导是开辟中国道路的根本保证

马克思恩格斯在《共产党宣言》中指出:“共产党人为工人阶级的最近的目的和利益而斗争,但是他们在当前的运动中同时代表运动的未来。”②中国共产党是马克思列宁主义同中国工人运动相结合而产生的无产阶级政党,是中国工人阶级的先锋队,同时也是中国人民和中华民族的先锋队。在百年历程中,中国共产党的领导为适合中国特点的新民主主义革命道路、社会主义革命和社会主义建设道路以及中国特色社会主义道路的开辟提供根本保证,为实现中华民族伟大复兴的目标提供根本保证,这是百年党史的核心主题。

第一,中国人民在中国共产党的领导下实现了“站起来”的百年梦想。“中国共产党一经诞生,就把为中国人民谋幸福、为中华民族谋复兴确立为自

① 习近平:《在党史学习教育动员大会上的讲话》,人民出版社 2021 年版,第 12 页。

② 《马克思恩格斯选集》第一卷,人民出版社 2012 年版,第 434 页。

己的初心使命。”①以毛泽东同志为主要代表的中国共产党人领导中国人民经历艰苦的革命斗争，完成新民主主义革命的历史任务，带领中华民族走出漫漫长夜、建立人民民主专政的新中国，“为实现中华民族伟大复兴创造了根本社会条件”②。1949 年 9 月新中国成立前夕，毛泽东同志庄严宣告，“占人类总数四分之一的中国人从此站立起来了”③。新民主主义革命的胜利，彻底结束了近代以来中华民族一盘散沙的局面，也因为历史任务的基本完成结束了近代中国半殖民地半封建社会的历史，实现中华民族从“东亚病夫”到当家作主站起来的伟大飞跃。新中国成立后，中国共产党领导农民开展土地改革运动，彻底废除了封建土地所有制；作出抗美援朝、保家卫国的伟大历史决策，中国人民志愿军跨过鸭绿江，以“钢少气多”力克“钢多气少”的以美国为首的联合国军，打出了军威和国威；在恢复和发展国民经济的基础上，团结带领中国人民实现对个体农业、手工业、资本主义工商业的社会主义改造，创造性地在中国完成社会主义革命，确立了社会主义基本制度，“为实现中华民族伟大复兴奠定了根本政治前提和制度基础”④。

第二，中国人民在中国共产党的领导下实现了“富起来”的历史跨越。“把中国建设成一个伟大的社会主义国家”⑤是党在七届二中全会时就确立的目标。1955 年 10 月，毛泽东同志在资本主义工商业社会主义改造问题座谈会上指出：“我们的目标是要使我国比现在大为发展，大为富、大为强。”⑥为实现这个目标，以毛泽东同志为主要代表的中国共产党人进行二十多年的艰辛探索，初步建立了新中国的工业化基础。党的十一届三中全会后，以邓小平同

---

① 习近平：《在庆祝中国共产党成立 100 周年大会上的讲话》，人民出版社 2021 年版，第 3 页。

② 习近平：《在庆祝中国共产党成立 100 周年大会上的讲话》，人民出版社 2021 年版，第 4 页。

③ 《毛泽东文集》第五卷，人民出版社 1996 年版，第 343 页。

④ 习近平：《在庆祝中国共产党成立 100 周年大会上的讲话》，人民出版社 2021 年版，第 5 页。

⑤ 《毛泽东选集》第四卷，人民出版社 1991 年版，第 1437 页。

⑥ 《毛泽东文集》第六卷，人民出版社 1999 年版，第 495 页。

志为主要代表的中国共产党人以巨大的政治勇气和智慧总结新中国成立以来正反两方面的经验教训，解放思想，实事求是，推进改革开放新的伟大革命，提出社会主义初级阶段的基本路线，开辟社会主义事业发展的新时期，并不断进行理论创新。在中国共产党几代领导集体的接力探索下，中国特色社会主义道路、制度、理论、文化得到极大的丰富与发展，社会生产力水平极大提升，物质生活极大丰富，人民生活水平明显改善，中国大踏步赶上了时代，中华民族伟大复兴有了“新的活力的体制保证和快速发展的物质条件”①。

第三，中国人民在中国共产党的领导下迎来了“强起来”的伟大飞跃。党的十八大以来，以习近平同志为核心的党中央立足中国特色社会主义新时代的主要矛盾变化，从中华民族伟大复兴战略全局和世界百年未有之大变局出发，以巨大的勇气和智慧“解决了许多长期想解决而没有解决的难题，办成了许多过去想办而没有办成的大事”②，取得改革开放和社会主义现代化建设的历史性成就，实现全面建成小康社会的第一个百年奋斗目标，在中华大地上历史性地解决了绝对贫困问题，使中华民族伟大复兴有了更完善的制度保证、更坚实的物质基础和更主动的精神力量。新时代的伟大实践更催生理论上的重大创新，理论上的重大创新领航新时代的崭新征程。党的十八大以来，以习近平同志为核心的党中央从理论和实践结合上系统回答了新时代坚持和发展什么样的中国特色社会主义、怎样坚持和发展中国特色社会主义这个重大时代课题，习近平新时代中国特色社会主义思想是马克思主义在二十一世纪中国的创新性发展，是当代中国马克思主义、二十一世纪马克思主义，是中华文化和中国精神的时代精华，实现了马克思主义中国化新的飞跃，是新时代全党全国各族人民团结奋斗的思想指引。中国人民在中国共产党的领导下正向着实现中华民族伟大复兴的宏伟目标奋勇前进，中华民族伟大复兴的历史大势已经不可逆转。

---

① 习近平：《在庆祝中国共产党成立 100 周年大会上的讲话》，人民出版社 2021 年版，第 6 页。

② 《十九大以来重要文献选编》上，中央文献出版社 2019 年版，第 6 页。

习近平总书记指出:“没有中国共产党,就没有新中国,就没有中华民族伟大复兴。”①中国共产党的领导,是中国特色社会主义最本质的特征,同时也是中国特色社会主义制度的最大优势,是实现中华民族伟大复兴的根本保证。一百年来,中国革命、建设、改革所取得的成就,都是中国共产党领导中国人民接续奋斗的成果,这是我们始终不渝坚持中国共产党领导的底气所在。党的百年历史充分证明,中国共产党领导是开辟中国道路的根本保证,“是党和国家的根本所在、命脉所在,是全国各族人民的利益所系、命运所系”②。学习党的百年历史,就是要从党领导中国人民实现站起来、富起来并日益走向强起来的历史进程中,从实现中华民族伟大复兴的历史主题中,坚定中国特色社会主义道路自信,自觉坚持中国共产党领导。

三、中国道路是新中国成立后持续探索的经验总结

新中国70多年历史发展的脉络与主线,就是在改革开放前后两个历史时期关于适合中国特点的社会主义建设道路的接力探索。

新中国成立后,中国共产党带领中国人民实现从新民主主义向社会主义的转变,确立了社会主义基本制度。同在一个半殖民地半封建的旧中国开展民主革命一样,在中国这样一个落后的东方大国建设社会主义,是马克思主义发展史上的新课题。新中国成立之初,中国共产党缺乏社会主义建设的实际经验,只能参照苏联的社会主义建设经验。但是,中国共产党很快就开始思考在建设问题上“能否不用或者少用苏联的拐杖”③。党的八大提出了一系列建设社会主义的设想和主张,尤其是党的八大前后毛泽东同志先后发表《论十

① 习近平:《在庆祝中国共产党成立100周年大会上的讲话》,人民出版社2021年版,第10—11页。

② 习近平:《在庆祝中国共产党成立100周年大会上的讲话》,人民出版社2021年版,第11页。

③ 《毛泽东年谱(1949—1976)》第二卷,中央文献出版社2013年版,第557页。

大关系》《关于正确处理人民内部矛盾的问题》等重要讲话，20 世纪 60 年代初期他又发表《在扩大的中央工作会议上的讲话》，系统阐明了关于如何建设社会主义问题的思考与认识。在《论十大关系》中，毛泽东同志正确分析和认识国际共产主义运动尤其是苏联社会主义建设的正反两方面经验教训，深刻指出，“我们要学的是属于普遍真理的东西，并且学习一定要与中国实际相结合”①。虽然社会主义建设道路的探索过程经历严重曲折，但是适合中国特点的社会主义建设道路的探索已经开始，也为改革开放以来开创中国特色社会主义道路提供了宝贵经验、理论准备、物质基础。

中国特色社会主义道路的开辟是在前一时期社会主义建设道路探索基础上的坚持、改革和发展。1978 年党的十一届三中全会纠正了前一个历史时期党在社会主义建设实践探索中出现的错误，作出把党和国家工作中心转移到经济建设上来、实行改革开放的历史性决策。党的十一届六中全会通过了《关于建国以来党的若干历史问题的决议》，科学客观地评价了新中国成立后 32 年的历史，《决议》指出，“我们现在赖以进行现代化建设的物质技术基础，很大一部分是这个期间建设起来的；全国经济文化建设等方面的骨干力量和他们的工作经验，大部分也是在这个期间培养和积累起来的”②，从而统一了全党的思想，明确了改革开放后的道路问题。邓小平同志在党的十二大开幕词中明确提出：“把马克思主义的普遍真理同我国的具体实际结合起来，走自己的道路，建设有中国特色的社会主义，这就是我们总结长期历史经验得出的基本结论。”③在改革开放中，中国共产党对于“什么是社会主义、怎样建设社会主义”的问题有了更加清晰深刻的认识，走出了一条“中国式的现代化道路”④。“中国式的现代化”是以邓小平同志为主要代表的中国共产党人在“四个现代化”概念基础上提出的新的科学概念，是中国共产党现代化理论的

① 《毛泽东文集》第七卷，人民出版社 1999 年版，第 42 页。

② 《三中全会以来重要文献选编》下，中央文献出版社 2011 年版，第 138 页。

③ 《十二大以来重要文献选编》上，中央文献出版社 2011 年版，第 2 页。

④ 《邓小平文选》第二卷，人民出版社 1994 年版，第 163 页。

创新成果。1979 年邓小平在同日本首相大平正芳的谈话中第一次提出“小康之家”的概念,并指出,“我们要实现的四个现代化,是中国式的四个现代化。我们的四个现代化的概念,不是像你们那样的现代化的概念”①。言外之意,“小康”的概念从提出之日起就和中国共产党建设社会主义现代化的目标追求相伴相随,是“中国式的现代化”的一种理想状态和发展阶段。为实现这个目标,党的十三大根据邓小平同志的设想提出“三步走”战略,党的十五大又更进一步提出新的“三步走”战略,而党的十九大则在此基础上擘画了实现中华民族伟大复兴新的蓝图。总而言之,改革开放前后中国共产党对实现现代化的追求是一以贯之的,中国共产党人的奋斗历程也是一以贯之的,这也是中国道路之所以具有延续性、连贯性的原因所在。

新中国成立后党对中国社会主义建设道路的探索是具有内在逻辑的统一整体,需要我们正确认识前后两个历史时期的关系。改革开放前与改革开放后,是两个相互联系又具有重大区别的历史时期,但是本质上都是中国共产党领导中国人民进行社会主义建设的实践。党的十八大后,习近平总书记曾指出:“不能用改革开放后的历史时期否定改革开放前的历史时期,也不能用改革开放前的历史时期否定改革开放后的历史时期。”②这充分体现出习近平总书记宏大的历史视野、宽广的历史胸怀、深邃的历史眼光。对于新中国成立后中国共产党两个阶段的道路探索,我们不能割裂看待,更不能将二者对立起来。新中国成立后,中国共产党曾经提出一系列符合中国国情的关于社会主义建设的正确主张,但是由于历史条件的限制,很多主张没能够真正落实,也因为缺乏社会主义建设经验而走了一些弯路;改革开放后,实事求是的思想路线得以重新确立,改革开放前党的正确主张才得到真正贯彻、落实和发展。学习新中国的历史,就是要从前后两个历史时期的区别与联系中总结历史经验,从党和人民 70 多年来一以贯之的艰辛探索历程中深刻把握社会主义建设的

---

① 《邓小平文选》第二卷,人民出版社 1994 年版,第 237 页。

② 《十八大以来重要文献选编》上,中央文献出版社 2014 年版,第 112 页。

内在逻辑，从而坚定道路自信。

四、中国道路深刻改变了中国也影响了世界

改革开放是决定当代中国命运的关键一招，是中国共产党的一次伟大觉醒，是中国人民和中华民族发展史上一次伟大革命，更让世界看到中国道路的强大力量。党的十一届三中全会以来，以邓小平同志为主要代表的中国共产党人“在党和国家面临何去何从的重大历史关头”[①]科学回答建设中国特色社会主义的一系列问题，成功开创中国特色社会主义，揭开了改革开放的大幕；以江泽民同志为主要代表的中国共产党人成功将中国特色社会主义推向21世纪；以胡锦涛同志为主要代表的中国共产党人又成功在新的历史起点上坚持和发展中国特色社会主义。党的十八大以来，以习近平同志为核心的党中央总结历史、展望未来，推动党和国家事业发生深层次、根本性的历史性变革，取得全方位、开创性的历史性成就，中国特色社会主义进入新时代。

改革开放后，邓小平同志深刻指出，“贫穷不是社会主义，更不是共产主义”[②]，“我们要赶上时代，这是改革要达到的目的”[③]。改革开放40多年来，党始终坚持以经济建设为中心、坚持中国特色社会主义政治发展道路，坚持发展社会主义先进文化，坚持在发展中保障和改善民生，坚持保护环境和节约资源，坚持党对军队的绝对领导，坚持独立自主的和平外交政策，坚持加强和改善党的领导，使国家和民族的面貌发生极大改变，人民生活得到显著改善，中国日益走向国际舞台的中央。中国用几十年时间走完了发达国家几百年走过的工业化历程，创造了经济快速发展、社会长期稳定这“世所罕见的两大奇

① 《十九大以来重要文献选编》上，中央文献出版社2019年版，第720页。

② 《邓小平文选》第三卷，人民出版社1993年版，第64页。

③ 《邓小平文选》第三卷，人民出版社1993年版，第242页。

迹"①,这是中国共产党治理能力的鲜明例证,也是中国特色社会主义强大生命力与显著优势的鲜明例证。

当今世界正经历百年未有之大变局,"但时与势在我们一边"②。之所以能够有这样的底气和自信,关键就在于改革开放以来中国共产党开辟的中国道路不仅深刻改变了中国也深刻影响着世界,还在于中国道路所取得的成就打破了西方资本主义国家现代化的范式垄断;改革开放40多年来,社会主义中国的发展让"历史终结论""中国崩溃论""社会主义失败论"不攻自破,更让中国道路显示出强大的生命力与巨大的优势,为世界各国特别是广大发展中国家提供了一条通往现代化而又不同于西方的发展路径。同时,改革开放以来,中国始终坚持独立自主的和平外交政策,始终高举和平发展旗帜,成为促进世界和平与发展的强大力量。人们逐渐认识到,中国的发展离不开世界,世界的发展更需要中国。"四十年的实践充分证明,党的十一届三中全会以来我们党团结带领全国各族人民开辟的中国特色社会主义道路、理论、制度、文化是完全正确的,形成的党的基本理论、基本路线、基本方略是完全正确的。"③

2020年初以来新冠肺炎疫情全球肆虐,在这场全人类共同的挑战面前,"中国之治"与"西方之乱"形成了鲜明的对比,中国特色社会主义制度彰显出巨大优势。习近平总书记指出:"抗疫斗争伟大实践再次证明,中国特色社会主义制度所具有的显著优势,是抵御风险挑战、提高国家治理效能的根本保证。"④学习改革开放史,就是要从40多年的伟大成就中认识到改革开放这一伟大决策的历史意义,就是要从中国与世界的关系中认识中国道路与人类发

① 习近平:《坚持和完善中国特色社会主义制度　推进国家治理体系和治理能力现代化》,《求是》2020年第1期。

② 《深入学习坚决贯彻党的十九届五中全会精神　确保全面建设社会主义现代化国家开好局》,《人民日报》2021年1月12日。

③ 《十九大以来重要文献选编》上,中央文献出版社2019年版,第729页。

④ 习近平:《在全国抗击新冠肺炎疫情表彰大会上的讲话》,人民出版社2020年版,第19页。

展的内在联系、认识中国特色社会主义的制度优势、认识世界百年未有之大变局的时代特征,从而坚定道路自信。

“四史”既是一个相互联系、层层递进的有机整体,但也具有各自的演进逻辑与不同的时代特征。从中国道路的视角看,学习“四史”需要准确把握其中的核心逻辑:一是要从社会主义发展史的历史进程中,深刻把握马克思主义中国化一脉相承、与时俱进的理论品质;二是要从党的百年历史中,把握实现中华民族伟大复兴的历史主题,深刻领会中国共产党百年道路探索背后的初心使命;三是要从新中国史中深刻把握改革开放前后两个历史时期关于适合中国特点的社会主义建设道路的接力探索;四是要从改革开放史中,树立能够站在世界百年未有之大变局思考问题的国际视野,深刻把握中国特色社会主义的世界意义与当代价值。总而言之,从中国共产党成立 100 多年、新中国成立 70 多年、改革开放以来 40 多年、社会主义发展 500 多年历史中,我们可以读出中国道路的历史逻辑,读出中国道路开辟的曲折与艰辛,读出“走自己的道路”的探索精神,读出“试看将来的环球,必是赤旗的世界”①的历史大势,更加坚定中国特色社会主义道路自信。

① 《李大钊全集》第二卷,人民出版社 2013 年版,第 367 页。

关于本科思想政治教育专业建设的几个问题*

本科思想政治教育专业是1984年开始设置和招生的。几十年来，思想政治教育专业培养了大量的思想政治工作者和思想政治理论课教师，为中国特色社会主义建设事业作出了巨大贡献。目前本科思想政治教育专业已经成为全国师范院校和部分非师范院校的重要专业之一。截至2013年，全国共有271所高校（包括独立学院）设有本科思想政治教育专业。其中985院校14所、211院校27所（不包括985院校14所）、独立学院8所，其他院校222所。各个高校思想政治教育专业在培养目标设定、课程体系构建、相关教材建设、师资队伍建设、教学方法改革等方面都取得了重要成果，专业建设日趋成熟，特别是从2007年至2013年，共有27所高校本科思想政治教育专业列为国家级特色专业建设点，进一步推进了思想政治教育专业发展。在此过程中研究生相关学科也经历了改革与调整的过程。1996年教育部修订研究生专业目录设立“马克思主义理论与思想政治教育”二级学科；2005年12月国务院学位委员会下发的《关于调整增设马克思主义理论一级学科及所属二级学科的通知》，把原先的“马克思主义理论与思想政治教育”二级学科上升为马克思主义理论一级学科。马克思主义理论一级学科的

---

* 原载《马克思主义理论学科研究》第11辑，高等教育出版社2014年版。本文第二作者贾绘泽，法学博士，山西经济管理干部学院党委委员、副书记、副院长（主持行政工作），教授。

设立和发展从多个方面为本科思想政治教育专业学科建设奠定了重要基础，也为本科思想政治教育专业建设提出了新的要求。2013年教育部成立“思想政治教育专业标准制定（2013）”小组。小组成立后又分别成立中南、华东、东北、华北等多个调研组，对部分985院校、211院校和其他地方性院校本科思想政治教育专业建设进行了调研，发现该专业在建设过程中存在的一些问题和不足，影响和制约着专业建设和发展。针对这些问题和不足，本文从课程体系、教材建设、师资队伍和教学改革四个方面提出一些改革意见和建议。

一、构建能够充分体现培养具有扎实的理论基础、较强的实践能力和较高的综合素质目标有机结合的课程体系

从调研情况看，大部分高校依据《国家中长期教育改革和发展规划纲要（2010—2020年）》和《普通高等学校本科专业目录和专业介绍（2012年）》对培养目标进行设定，即培养具备良好的政治理论素养、思想道德素质和科学文化素质，既能在学校和科研机构从事本专业的教学、研究工作，又能在党政机关和企事业单位从事以本专业为基础的宣传、组织、管理、思想政治工作的复合型人才。有些高校把思想政治教育专业培养目标分为师范类和非师范类两种。这种培养目标设定，体现了培养具有较为扎实的基础理论、较强的实践能力和较高的综合素质目标的有机结合，适应时代和实践发展对思想政治教育专业人才培养的需要。但是从课程设置及课程学分分配看，部分高校存在弱化马克思主义基础理论教育，强化实践教学，但是实践教学又不规范、不到位，成效低微的问题，导致培养目标和课程设置存在一定程度的偏离。本科思想政治教育作为本科阶段唯一与马克思主义理论学科相衔接，自身又承担马克思主义理论教育的专业，课程设置要围绕强化理论教育、增强实践能力和拓展综合素质进行。

（一）强化理论教育课程

本科思想政治教育专业涉及马克思主义理论、政治学、教育学等学科，其专业教育课程主要是使学生能够掌握马克思列宁主义、毛泽东思想、中国特色社会主义理论体系和思想政治教育的基本理论、基本知识以及思想政治教育专业的基本研究方法。因此，理论教育课程应该包括科学社会主义、政治经济学、马克思主义哲学、毛泽东思想概论、中国特色社会主义理论体系概论、中国近现代史、马列原著选读、思想政治教育学原理与方法、中国共产党思想政治教育史等。在课程学分设置和课时安排上要充分考虑这些课程的性质和学生的认知能力，使学生能够充分掌握基本概念、基本原理和专门知识，奠定坚实的马克思主义和思想政治教育理论基础。对科学社会主义、马克思主义政治经济学、马克思主义哲学、毛泽东思想概论、中国特色社会主义理论体系概论、中国近现代史等与高校思想政治理论课程有重复或一致的课程，要在教学大纲和内容的安排上，体现这些课程作为思想政治教育专业课程的特殊性，体现出课程的理论深度、广度和力度，加强马克思主义理论整体性教育，防止与思想政治理论公共课严重偏离或简单对等。从调研情况看，部分高校对这些课程的设置在学分和学时上参差不齐，特别是马列原著选读、马克思主义基本原理等课程，学时学分少，授课内容少，不能满足学生掌握扎实的基础理论的需要，也不能满足为马克思主义理论学科建设提供优质生源的需要。除此之外，本科思想政治教育专业理论教育课程还应该包括教育部高等教育司编的《普通高等学校本科专业目录和专业介绍》（2012）中所列的其它核心课程，包括中国哲学史、西方哲学史、心理学、伦理学、教育学等。

（二）加强专业实践课程

实践课程是课程体系的重要组成部分，是深化理论教学的重要环节，是学生获取、掌握知识，培养创新精神、提高实践能力的重要途径。2012 年教育部等部门《关于进一步加强高校实践育人工作的若干意见》明确要求，要结合专业特点和人才培养要求,分类制订实践教学标准,增加实践教学比重,师范类学生教育实践不少于一个学期。《普通高等学校本科专业目录和专业介绍(2012)》提出,主要实践性教学环节包括:社会实践、社会调查、专业实习和毕业论文等。根据以上文件,结合思想政治教育专业特点和人才培养要求,思想政治教育专业实践课程要分类制订实践教学标准,增加实践教学比重,确保本科思想政治教育专业实践课程学分不少于总学分的15%。具体可以为国防教育、思想政治课实践教学、创业教育、就业指导与职业生涯规划、专业实践、教育实习、毕业论文等。师范类专业要重视教师教育课程的实践环节。2011年《教育部关于大力推进教师教育课程改革的意见》中提出,要更新观念,密切联系基础教育实际,注重理论与实践的结合,加强教师专业化训练。从调研情况看,大部分高校都开设了现代教育技术、中学课堂教学设计、中学学科教育等,部分高校还开设了教师语言、教师书法、思想政治学科教学技能训练、中学思想政治课程与教材研究等课程。对实践课程的具体实施内容和过程,要有明确的实践教学方案和制度。通过专业实践课程,要使学生在掌握基础理论的基础上,掌握思想政治教育的专业技能与方法,掌握从事思想政治教育领域的教学、研究、管理工作的基本能力。

(三)拓展综合素质课程

拓展综合素质课程主要体现在通识类课程和选修类课程。通识教育课程是素质教育最有效的实现方式,有助于增强学生学习主动性,发展学生个性,全面提高素质。通识类课程除了教育部要求开设的大学外语课、健康与体育课、信息技术课等外,应该根据教育部有关文件、地方特色以及学校实际进行设置。比如,部分高校把通识课设置为素养课程,包括大学语文、科学导论;特色课程,包括地方文化、地方历史等;公共艺术课程,包括影视鉴赏、戏剧鉴赏、美术鉴赏、书法鉴赏、音乐鉴赏、艺术导论等。选修类课程是根据专业特点设置体现专业方向的课程,旨在为学生提供广阔的选择空间,拓宽学生视野。比如,华中师范大学共开设了100余门选修课程,包括思想政治学科改革前沿、政治学专业英语、中共党史、中华人民共和国史、西方政治思想史、中国近现代政治思想史、当代世界经济与政治、马克思主义哲学史、马克思主义发展史、国外马克思主义述评、中国哲学原著选读、西方哲学原著选读以及青年学、企业文化、公共关系和人际沟通、心理咨询与心理健康、演讲与口才等,供学生选择进修。同时建议学生跨类选修,文理互选,兼顾艺体类。这些课程的选修能够有效扩大学生的知识面,提高学生的综合素质,增强学生的就业竞争力和社会适应能力。

在以上课程体系总体安排的基础上,各个高校根据具体实际和专业情况,应该所有区别。

第一,985 院校、211 院校和地方院校应有所区别。985 院校和 211 院校要在坚持基本培养目标的基础上,以专业性、学术性为导向,保持思想政治教育专业特色,帮助学生夯实专业理论基础,提高专业素养,增强专业自信,提升专业能力,不仅培养具有思想政治教育专业研究能力和创新能力的特色专业人才,而且为马克思主义理论学科培养优质生源。地方性高校要以培养合格的中小学教师为主要方向,提高学生的科学文化素质和职业道德素质,增强学生对相关行业的适应能力和发展能力,因此要根据基础教育的发展要求设计和实施教育方案,适度拓展专业培养的口径,优化学生的知识结构,为学生适应中小学教育工作需要做准备。根据这一区别,各个高校思想政治教育专业课程设置要在专业教育课程和其它课程之间形成合适的比例,保持思想政治教育专业人才培养的自身特色和相对优势,又兼顾专业能力和非专业能力的培养,防止出现不伦不类的尴尬。

第二,师范专业和非师范专业应有所区别。全国 271 所高校(包括独立学院)设有的本科思想政治教育专业中,大多数属于师范专业。但是也有部分院校思想政治教育专业为非师范专业。非师范专业思想政治教育专业在课程设置上要把握三点:一是加强马克思主义基础理论教育,使学生掌握较为扎实的马克思主义基础理论和专门知识。这一点与师范专业一致。二是要加强学生的社会实践能力。让学生走向社会,在党政机关、新闻出版机构、企事业单位、社会团体、科研机构等进行实践,培养学生社会实践能力。师范专业主要是从事有关中小学教育实践。三是拓宽学生视野,鼓励学生多元发展。在课程设置上主要是增加各种能够拓宽学生视野,提升学生综合素质的选修课程。

二、形成具有道德风范和创新精神、结构科学合理的高素质教师队伍

思想政治教育专业建设的主力军是教师。专业教师素质构成状况决定着专业建设和改革状况。从调研情况看,985 院校和 211 院校专业教师的学历层次普遍较高,绝大部分青年教师拥有博士学位。从职称结构上看,985 院校和 211 院校拥有高级职称的教师人数差不多占三分之二,拥有中级职称的教师人数占不到三分之一,其他高校高级职称教师人数偏低一些。从学科背景看,很多教师拥有思想政治教育专业本科背景,拥有良好的学科专业基础。但是,部分院校思想政治教育专业教师存在继续教育较少、教师结构不协调、教师科研意识不强等问题。加强思想政治教育专业教师队伍建设,提升专业教师素质和水平,仍是思想政治教育专业建设的重中之重。

(一)加强思想政治教育专业教师的思想政治素质和师德师风建设

坚定的马克思主义信仰和良好的师德师风是思想政治教育专业教师的核心和灵魂。高校思想政治教育专业教师主体积极健康向上,拥护党的领导,对坚持和发展中国特色社会主义充满信心,热爱教书育人事业。同时也应看到,由于改革开放以来市场经济的巨大冲击,部分教师特别是一些青年教师的政治信仰迷茫、理想信念模糊、职业情感与职业道德淡化、服务意识不强,个别教

师言行失范、不能为人师表。2013 年中组部、中宣部和教育部党组联合下发《关于加强和改进高校青年教师思想政治工作的若干意见》，对教师的思想政治素质提升做了具体规定：充分运用高校学科和人才优势，发挥马克思主义理论研究和建设工程的作用，健全青年教师政治理论学习制度，坚持报告会、座谈会、研讨会、培训班、读书班等行之有效的学习方式，深入开展马克思列宁主义、毛泽东思想、中国特色社会主义理论体系教育，深入学习实践科学发展观。加强理想信念教育，组织青年教师学习党的基本理论、基本路线、基本纲领、基本经验、基本要求，努力提高青年教师政治理论素养，进一步增强对中国特色社会主义的理论认同、政治认同、情感认同，坚定道路自信、理论自信、制度自信，自觉践行社会主义核心价值体系，坚持正确政治方向。

师德师风建设要深入贯彻和落实 2011 年教育部、中国教科文卫体工会全国委员会颁布的《高等学校教师职业道德规范》，建立健全师德建设长效机制。2013 年中组部、中宣部和教育部党组联合下发《关于加强和改进高校青年教师思想政治工作的若干意见》中明确规定，把学习师德规范纳入青年教师培训计划，作为新教师岗前培训和在职培训的重要内容，激发青年教师树立崇高的职业理想，严守教育教学纪律和学术规范，切实肩负起立德树人、教书育人的光荣职责。坚持学术研究无禁区、课堂讲授有纪律，杜绝有损国家利益和不利于学生健康成长的言行。定期开展教书育人楷模和师德标兵评选等活动，大力宣传优秀教师先进事迹，营造优良校风教风学风，激励青年教师爱岗敬业，以高尚师德、人格魅力、学识风范教育感染学生。完善青年教师师德考核机制。把师德建设作为学校工作考核和办学质量评估的重要指标，将师德表现作为教师年度考核、岗位聘任（聘用）、职称评审、评优奖励的首要标准，建立健全青年教师师德考核档案，实行师德“一票否决制”。完善师德评价内容和方法，健全学术不端行为预防查处机制，探索构建学校、教师、学生、社会参与的师德监督体系。对师德表现突出的青年教师，予以重点培养、表彰奖励；对师德表现不良的，及时劝诫、督促整改；对师德失范的，依法依规严肃处理。

（二）提升思想政治教育专业教师的教育科研和理论科研能力和水平

教育科研和理论科研能力是思想政治教育专业教师素质构成的基础。教育科研能力主要体现在，不仅能传授马克思主义理论，而且能在教学中发现问题，在理论研究中解决问题，不仅是教书匠，而且更重要的是研究者；理论研究能力主要体现在，有自己明确的研究方向，能够深入研究马克思主义理论，运用马克思主义立场、观点和方法对新问题、新情况进行分析和解答，能够根据时代发展和实践变化提出新的观点、新范畴和新见解，能够对马克思主义及其创新理论作出新的深刻论证。从调研情况看，部分专业教师长期停留在吃老底状态，知识更新缓慢，知识结构单一，科研意识淡薄，教学内容陈旧、教学方法单一、教学效果低下。马克思指出："理论只要说服人，就能掌握群众；而理论只要彻底，就能说服人。"①只有教师具有较强的教育科研和理论科研的能力，较为深厚的和广博的理论功底，才能将抽象的理论转化为形象思维进行表达，才能对艰深的理论问题和迷惑的实践问题进行深入的、系统的、彻底的阐释，才能展现出深邃的和不断探究追问的学术魅力，使学生对其产生敬佩感和信赖感，对马克思主义理论和思想政治教育产生兴趣和自信，从而在潜移默化中提高教学质量和效果。

（三）加强思想政治教育专业教师的继续教育和专业化培训力度

当今社会是一个信息化社会，也是一个学习型社会。思想政治教育专业教师要解放思想，实事求是，与时俱进，秉持"教育者必须先受教育""先当学生，后当先生"的理念，不断适应理论创新和发展的要求，增加知识含量，丰富专业知识，更新知识结构。这就要求加大思想政治教育专业教师继续教育和

---

① 《马克思恩格斯选集》第一卷，人民出版社 2012 年版，第 9—10 页。

专业化培训力度。从调研情况看，985 院校和 211 院校相比一般院校更加重视教师的继续教育和专业化培训，主要方式是鼓励教师攻读博士学位和到国内一流大学进修、访学、做博士后研究，选派优秀中青年教师出国学习、研修、访学，聘请国内外享有较高声誉的知名专家、学者担任客座教授、兼职教授等。教育行政部门要加强顶层设计和安排，完善对思想政治教育专业教师队伍的专业化培训制度，定期举办全国性、区域性的高级研修班，分期分批轮训思想政治教育专业教师，帮助他们把握思想政治教育的发展方向，更新教育观念，创新教育方法，提高教育水平；完善相关政策和条件，鼓励、支持和引导专业教师到国（境）外进行中短期学习交流，拓宽教育视野，吸收别国的先进经验和做法，弥补自身不足。

（四）不断优化思想政治教育专业教师队伍的知识、年龄、职称结构

从调研情况看，部分高校思想政治教育专业教师中拥有思想政治教育专业背景的人数较少，比例偏低，大多数教师出身于哲学、法学、历史学、社会学、管理学等专业背景；部分高校思想政治教育专业的教师队伍中，35 岁以下的中青年教师比重明显偏低，中老年教师比重偏高，教师队伍呈现出“倒金字塔形”的年龄结构；部分高校思想政治教育专业教师中拥有正高级职称的人数偏多，而拥有副高级职称、特别是中级职称的教师数量偏少，985 院校和 211 院校中这种情况尤为突出，而部分高校正高级职称的人数偏少，而拥有副高级职称、特别是中级职称的教师数量偏多，地方性院校中这种情况比较突出。这些问题都不利于思想政治教育专业建设，因此要根据各高校的实际情况，科学确定教师队伍知识结构、专业背景的人数比例来推动高校思想政治教育专业教师队伍知识结构的优化；积极引导和鼓励高校培养和引进思想政治教育专业青年人才，吸收重点大学博士毕业生加入专业教师队伍中，努力创造条件形成“正三角形”的教师队伍年龄结构；根据各高校思想政治教育专业定位，严格职称评定标准，合理调整高级、副高级、中级职称教师的比例，优化职称结构。

三、加强教材建设，使教材建设主体多元化、教材体系立体化、教材内容时代化、教材建设和选用制度化

教材是教学内容的载体，教师教学的基本工具，能够体现科学研究的发展水平和前沿，弥补教师知识的不足，在专业建设中起着基础性作用。多年来思想政治教育专业教材建设认真落实中宣部、教育部相关文件精神，结合本科教学质量与教学改革工程，逐步形成了反映时代特点、与时俱进的教材体系，为提高本科教学质量和人才培养质量提供了有力保障。但是也存在教材建设主体单一、机制体制不完善，实践教学教材缺乏，教材编写低水平重复等问题。

（一）实现教材建设主体多元化和教材体系立体化

思想政治教育专业的特殊性要求专业基础理论课程教材一般由教育部相关部门主导下统一编写。从调研情况看，大部分高校思想政治教育专业优先选用近三年出版的国家规划教材、重点教材、获奖教材和学术界公认的高质量教材，专业基础理论课使用中央实施马克思主义理论与建设工程教材、教育部规划教材和面向21世纪教材的比例达到100%。因此教育部应该加强教材建设投入，组织全国教学科研水平高的知名专家学者，与时俱进编写权威性教材，并不断进行修订，防止教材滞后过时，以适应学术发展和时代发展的需求，体现创新理论成果。同时，要适应市场经济体制要求，以国家、省（区、市）、高等学校三级教材建设为基础，由教育主管部门、教师编写者、出版社共同参与教材建设工作，使教材建设主体多元化，使他们能够在市场经济体制的推动下，结合专业特色和优势、学生的兴趣和需要，不断开发出高质量的教材。所谓教材体系立体化，就是通过多元教材建设主体的努力，形成以教科书为基本教材，以教学参考书、疑难问题解析、学生辅导读本、实践教材、多媒体课件、网络课程、电子图书为辅导教材在内的系统化的立体化的教材体系，满足学生多

层次的学习需求。2011 年《教育部关于“十二五”普通高等教育本科教材建设的若干意见》（教高［2011］5 号）指出：“鼓励编写、出版适应不同类型高等学校教学需要的不同风格和特色教材；积极推进高等学校与行业合作编写实践教材；鼓励编写、出版不同载体和不同形式的教材，包括纸质教材和数字化教材，授课型教材和辅助型教材；鼓励开发中外文双语教材、汉语与少数民族语言双语教材；探索与国外或境外合作编写或改编优秀教材。”

（二）实现教材内容与时俱进，反映时代特点，体现学术前沿

教材内容与时俱进，充分体现社会实践和时代变化，反映党的最新理论成果和学术发展前沿，是思想政治教育专业教材的显著特点。从调研情况看，部分院校选用教材版本陈旧，内容过时，不能适应学生掌握最新理论知识，了解学术前沿的需要，对学生全面素质、科研能力和探索精神的培养起到了阻滞作用。理论是灰色的，而生活之树常青。理论必须由实践赋予活力，由实践来检验，由实践来修正。教材编写者要把握时代脉搏和实践需求，把党的创新理论成果及其鲜活的实践应用及时地编入教材，让学生了解党的理论发展及其价值；要根据新的教学理念和学生认知实际，及时调整教材内容和体系；要掌握学科发展前沿、最新学术成果以及本学科与相关学科交叉和应用情况等信息，在教材内容编写中充分体现学术创新。教育部《关于“十二五”普通高等教育本科教材建设的若干意见》（教高［2011］5 号文件）指出：“鼓励对优秀教材不断修订完善，将学科、行业的新知识、新技术、新成果写入教材。鼓励编写及时反映人才培养模式和教学改革最新趋势的教材，注重教材内容在传授知识的同时，传授获取知识和创造知识的方法。”同时教材建设主体要通力合作，提高效率，解决教材编写到出版再到选用时间较长的问题。

（三）创新和完善教材建设和选用体制机制

创新和完善教材建设和选用体制和机制，是教材建设质量的重要保障。当前我国存在教材编写激励机制不完善、教材质量监管制度和教材评价选用

机制不健全等问题。创新和完善教材建设和选用体制机制，主要是构建和完善以下几种机制：一是教材编写激励机制。要加强顶层设计，在本科教学有关奖项的评审指标体系中增加或强化优秀教材相关指标，激励高水平教师参加教材建设。同时以教育行政部门主导，适应市场经济体制要求，激发其它教材建设主体的积极性和主动性。二是教材建设保障机制。各级教育行政部门和各高校通过项目运作、专项经费等各种途径对教材建设要给予必要经费保障；给以积极的政策支持，鼓励教学名师、优秀学科带头人跨校、跨区域联合编写教材；鼓励编写适应学科发展、特色专业人才培养模式改革需要的特色教材。三是教材质量监控和评价机制。教材低水平重复编写与教材质量监控和评价机制不健全紧密相关。要发挥教育行政部门的指导作用，建立国家、省（区、市）、高等学校三级教材质量监控和评价机制，实行教材使用效果的跟踪调查和信息反馈制度，定期对教材使用情况进行调查、统计和评估；把教材建设的过程管理与目标管理结合起来，实行教材立项、阶段检查、目标审核制，加强教材质量监督。四是教材遴选和选用机制。各教育行政部门和各高校对教材的遴选和选用要制定统一的标准，严格要求教材选用。正确处理选用优秀教材与自编教材的关系，确保优质教材进课堂。

四、坚持以学生为本，遵循教育教学规律，适应培养高素质专门人才需求，进行教学改革和创新

根据教育部《国家中长期教育改革和发展规划纲要（2010—2020 年）》和《教育部关于大力推进教师教育课程改革的意见》以及《教育部等部门关于进一步加强高校实践育人工作的若干意见》，结合当前社会发展对人才需求的实际，本科思想政治教育专业应该在教学理念、教学内容、教学方法、成绩评价等方面进行大胆改革创新，构建以学生为本的自主高效的教学模式。

（一）采用多种教学方法，确立学生在教学中的主体地位

学生是教学的主体，教师是教学的主导。教师应该在积极启发和引导学生的基础上，充分发挥学生学习的主动性和积极性，让学生以自己的认知结构和知识背景为基础，对新的信息进行“选择取舍、同化顺应、重构和建构”①，激发学生的学习潜能。《中共中央、国务院关于进一步加强和改进大学生思想政治教育的意见》强调指出：“以大学生全面发展为目标，解放思想、实事求是、与时俱进、坚持以人为本，贴近实际、贴近生活、贴近学生，努力提高思想政治教育的针对性、实效性和吸引力、感召力”。从调研情况看，高校思想政治教育专业教学的主要形式还是以教师讲授为主，学生的主体性地位和作用被忽视，教学效果受到了很大影响。思想政治教育专业教师要转变传统教育观念，树立以学生为本的教学理念，采取各种方式和途径，探索有利于学生学习和接受的教学方式，拓展课堂教学深度与广度，建立民主、和谐的课堂教学氛围，使教学更加贴近实际、贴近生活、贴近学生。核心要求是围绕以学生为本理念，采取启发式教学、讨论式教学、案例式教学、研究式教学、问题式教学、专题式教学等多种教学方法，实现教学由讲授为主向自主学习为主转变，由死记硬背向分析和解决现实问题转变，由课堂教学向课堂教学与社会实践有机结合转变。

（二）教学内容既要注重基础理论，还要重视理论与实践的结合

一方面，马克思主义理论是观察问题、分析问题和解决问题的根据和方法。没有扎实的马克思主义理论基础，就会就事论事，不能客观地观察和认识社会现象，从而得出正确的结论，甚至有时会在错误地分析社会现象中误导学生。思想政治教育专业教师要具有强烈的马克思主义理论意识，高度重视基

---

① 张雷声等：《马克思主义理论学科体系建构与建设研究》，经济科学出版社2011年版，第346页。

础理论的讲授，不仅要在马克思主义基本原理、基本观点、基本原则，在思想政治教育理论课程的基本概念、范畴上下功夫，更要在马克思主义基本分析方法和党的理论创新的最新成果的讲授上下功夫，使马克思主义真正进入学生的头脑，变成学生分析社会的基本工具和行动指南。另一方面，把马克思主义理论与中国实践相结合。一是理论与历史实践的结合，主要是把马克思主义理论特别是中国化马克思主义理论放在历史实践的需求中进行分析，学会运用马克思主义历史分析方法，深刻领会历史和人民选择马克思主义，选择中国共产党，选择社会主义道路的历史必然性，深刻领会马克思主义理论对革命与建设实践的巨大指导和反省作用，增强理论教学的历史深度和厚度。二是理论与现实实践的结合。理论是思想中的现实，任何重大理论问题的真实内容都是重大的现实问题，任何重大现实问题都深层地蕴含着重大的理论问题。既要把过去产生的理论与现实社会实践结合起来，分析理论的创新发展和当代价值，又要把目前党的创新理论与现实社会实践结合起来，分析党的理论创新的实践必然和现实诉求，掌握理论创新内容的现实性，从而把握不同历史阶段党的理论创新的内在逻辑，增强马克思主义理论的逻辑力量、说服力量、征服力量。

（三）进行成绩评价方式改革，实现成绩评价由单一向多元转变

成绩评价改革是教学改革的重要组成部分。科学合理的评价方式能有效地了解和检查教学效果，促进教师和学生成长。要明确评价目的，实行累计评价和信息反馈相结合方式。目前思想政治教育专业课程评价大多侧重学生基本理论和专门知识以及技能的掌握情况，缺乏对学生个性化发展的重视，束缚了学生创新精神和创新能力的培养。从评价方式上看，基本上属于期末考试一锤定音，也有部分课程实行过程考核，但方式过于简单和单一，没有信息反馈环节，发挥不了评价的教育性功能。累计评价就是在课程学习过程中，通过作业、讨论、期中、期末、小论文、读书报告、研究综述等方式，进行分阶段分层次评价。在累积评价过程中要及时进行信息反馈，就是在每次评价后，给学生

反馈评价结果，指出存在的问题和不足，有针对性地找出解决方法，促使其进步，并在以后评价中对这些问题予以特别关注，从而促进学生自主学习，提升学生综合素质和能力。

（四）提高科研水平，实现教学与科研相互支撑、互相促进

以学生为主体的教学改革，内在地要求教师不断提升教学与科研水平，实现教学与科研的相互支撑、互相促进，即科研成果在教学中转化应用，提升教学内容的科研含量；在教学过程中探寻科研生长点，提出进一步研究的深层次问题。当前存在的问题是，一方面，有些教师对专业理论研究欠缺、滞后，甚至有些专业教师多年不发表学术论文，不主持或参与科研项目，导致一些基本的理论问题讲不深、讲不透，影响学生对理论的准确理解；另一方面，有些教师科研水平较高，但教学水平不高，教学艺术欠缺，不能把科研成果自主地转化为教学内容，运用到教学中去，影响教学质量。教学与科研都不重视不行，片面重视一方也不行。改变这种状况，必须既重视科研，又重视教学，不断提高教师的教学和科研能力。一是加强专业基础理论以及与实际相结合的研究，鼓励教师发表学术论文，参与课题研究，提升科研水平，以科研带动教学。二是加大教师培训，创造教学条件，提高教师的教学水平，使教学成为一门科学、一门艺术。三是把握科研与教学的交汇点和平衡点，实现二者的结合。

·概论课教学

关于中国化马克思主义整体性教学的几个问题*

在加强和改进高等学校思想政治理论教育的总体要求中，党中央提出要用发展着的马克思主义武装大学生，始终保持教育教学的正确方向。根据中共中央宣传部、教育部《关于进一步加强和改进高等学校思想政治理论课的意见》，要以马克思主义中国化的理论成果为主要内容，完善思想政治理论课课程体系。开设毛泽东思想、邓小平理论和“三个代表”重要思想概论课，对大学生系统进行中国化马克思主义的整体性教育，是当前思想政治教育研究的新课题。作为中国化马克思主义，其体系结构如何？其理论主题如何概括？其总体特征是什么？其价值取向如何定位？把中国化马克思主义作为一个整体，从整体性的角度去分析和研究，是马克思主义中国化进一步深入研究的重要课题。加强中国化马克思主义的整体性教育，不仅要学习和研究马克思主义中国化的具体理论成果，而且亦应探讨和构建中国化马克思主义的整体性教学体系。

---

* 原载《思想教育研究》2006 年第 10 期。

一、中国化马克思主义整体性教育的重大意义

中国化马克思主义是在马克思主义中国化的进程中产生的。马克思主义中国化就是马克思主义基本原理与中国实际和时代特征相结合，马克思主义与中华民族优秀的思想文化相结合，而且把中国共产党领导中国人民进行革命、建设和改革的实践经验加以总结和提炼，上升到理论，实现中国经验的马克思主义化。中国化马克思主义是马克思主义基本原理与中国实际相结合的产物，是中国共产党人集体智慧的结晶，是中国革命、建设和改革的行动指南。中国化马克思主义源于马克思主义，又体现着中华民族优秀的文化思想和时代特征的内在要求，凝聚着中国革命、建设和改革的实践经验。中国化马克思主义理论涵盖了中国革命、建设和改革的政治、经济、党建、科技、教育、文化、国防、军队、外交、民族、宗教等各个领域，是完整的、系统的、科学的理论体系。中国化马克思主义的理论主题就是经过新民主主义革命，建立和巩固社会主义，实现中华民族的伟大复兴。

中国化马克思主义的整体性教育是思想政治教育面临的新课题，这既是时代发展的迫切需要，又是理论本身的内在要求，具有重要的理论和实践意义。

首先，加强中国化马克思主义的整体性教育是时代发展的迫切需要。在经济全球化和世界多极化的背景下，随着我国社会主义市场经济体制的建立，如何坚持马克思主义在意识形态领域的指导地位？如何对当代大学生进行社会主义的理想信念教育，提高其思想政治理论水平，帮助他们树立正确的世界观、人生观和价值观，是关系到中国特色社会主义事业的兴衰成败，关系到全面建设小康社会和中华民族伟大复兴目标能否实现，关系到国家前途和民族命运的战略工程。对大学生进行中国化马克思主义的整体性教育，使他们通过了解马克思主义中国化的历史进程，系统掌握中国化马克思主义理论成果，

掌握社会主义发展的规律,坚定社会主义信念,具有特别重要的意义。

其次,加强中国化马克思主义的整体性教育是新形势下巩固马克思主义在意识形态领域指导地位的迫切需要。在新的历史条件下,意识形态领域的斗争日趋激烈,国外敌对势力在意识形态领域的影响和渗透更加复杂。当代大学生面临着西方社会思潮和价值观念的冲击,某些腐朽没落的生活方式对大学生的影响也不可低估,巩固马克思主义尤其是中国化马克思主义在意识形态领域的指导地位面临着繁重的任务。在这种严峻的形势下,加强马克思主义和中国化马克思主义的整体性研究和教育,对于当代青年,尤其是大学生正确认识社会发展规律,认识中国特色社会主义的前途和命运,认识自己肩负的社会责任已成为刻不容缓的任务。

第三,加强中国化马克思主义整体性教育是当前改进高等学校思想政治理论课的总体要求。坚持用发展着的马克思主义武装大学生,即通过加强对大学生进行毛泽东思想、邓小平理论、“三个代表”重要思想、科学发展观的系统教育,始终保持教育教学的正确方向,是目前全面把握加强和改进高等学校思想政治理论课的总体要求。当前,以马克思主义中国化的理论成果为中心内容,突出马克思主义中国化的最新理论成果,已成为对大学生进行思想政治教育的核心内容。因此,加强中国化马克思主义的整体性教育,使学生通过了解马克思主义基本原理与中国革命、建设和改革的实际相结合的进程,系统学习和掌握中国化马克思主义的科学体系、历史地位、基本原理及其精髓,以增强社会责任感和坚定社会主义信念。实践证明,科学理论的指导对于正确制定和执行党的路线方针政策,具有根本性作用。这个科学理论,就是发展着的马克思主义,就是中国化的马克思主义。

第四,加强中国化马克思主义的整体性教育,已成为理论发展的内在要求。加强中国化马克思主义的整体性教育,是进一步深化和推进马克思主义中国化研究的客观需要。马克思主义中国化研究是一个系统工程,中国化马克思主义的整体性研究是其重要的组成部分,对其深入研究可以推进马克思主义中国化研究向纵深发展。从整体上进行中国化马克思主义研究,可以更加丰富和完善中国化马克思主义的研究视域。目前，在毛泽东思想、邓小平理论、“三个代表”重要思想的研究和教学方面，开展得比较具体和深入，取得了一定成果，而从历史的和逻辑的统一的角度，进一步加强对中国化马克思主义的整体性研究和教学，掌握中国化马克思主义的理论体系、内在联系、价值取向、文化底蕴等内容，会进一步促进马克思主义中国化的研究。

二、构建中国化马克思主义整体性的教学体系

中国化马克思主义整体性教学，不是分门别类地讲授马克思主义中国化的理论成果，而是重点突出其整体性。中国化马克思主义整体性教学，应以中国共产党把马克思主义基本原理与中国革命、建设和改革的实际相结合，坚持把马克思主义中国化，不断进行理论创新为脉络，以中国共产党领导中国人民进行新民主主义革命、选择社会主义道路、建设中国特色社会主义为逻辑主线，以中国化马克思主义理论成果为主要内容，全面、系统、准确地阐述中国化马克思主义的科学体系、历史地位、基本原理及其精髓。

中国化马克思主义整体性教学，应以毛泽东思想、邓小平理论、“三个代表”重要思想、科学发展观的形成和发展为经，以基本原理的理论逻辑为纬，纵横交融，根据中国化马克思主义理论成果之间的内在联系，形成有机结合的框架结构，突出中国化马克思主义的整体性和系统性，既体现毛泽东思想、邓小平理论、“三个代表”重要思想、科学发展观的内在联系，又避免单纯以史为线、把中国化马克思主义的理论成果作为几个板块依次分别加以阐述的问题。既把握中国化马克思主义理论继承和发展的关系，又要注意基本原理内在的理论逻辑。

中国化马克思主义理论体系是构建中国化马克思主义教学体系及教学内容的基础，教学体系和教学内容是理论体系在教学实践中的反映，二者是内在统一的。从教学内容上来说，理论体系和教学体系总体上要体现一致性，教学

体系的构建要以理论体系为基础，必须同理论体系保持一致，同时，在具体设计教学内容的逻辑结构时，又不能完全照抄照搬理论体系。教学体系和教学内容要本着“学马列要精，要管用”的原则，要突出理论内容的完整性、重点性、实效性。要以马克思主义中国化为线索，以中国化马克思主义的基本原理为主要内容，以中国特色社会主义建设为重点，构建中国化马克思主义的教学体系。

第一，马克思主义中国化的内涵、历史进程、重大成果、历史地位。从马克思主义中国化的科学内涵和重要意义到分别讲授中国化马克思主义的理论成果——毛泽东思想、邓小平理论、“三个代表”重要思想、科学发展观的主要内容。要突出中国化马克思主义的重大意义，特别是要帮助学生正确认识毛泽东思想的历史地位、指导意义和毛泽东晚年的错误；认识科学发展观是马克思主义中国化的最新理论成果。

第二，中国化马克思主义的思想路线及其精髓。通过实事求是思想路线历史的和理论的阐述，揭示贯穿于毛泽东思想、邓小平理论、“三个代表”重要思想、科学发展观的理论精髓。一是要科学阐述党的思想路线的内容；二是强调思想路线是确立正确的政治路线的思想基础和不可缺少的前提。正确的思想路线能够帮助人们掌握正确认识问题、分析和解决问题的世界观和方法论。中国革命、建设和改革的实践证明，只有思想路线正确，才能确立正确的政治路线，才能在贯彻执行政治路线时头脑清醒，坚定不移，才能指导革命、建设和改革取得胜利。

第三，新民主主义革命理论和社会主义改造理论。这是毛泽东思想体系中两个独具特色的内容。毛泽东思想理论体系中的其他内容都可以与邓小平理论、“三个代表”重要思想、科学发展观的有关内容进行综合分析，而这两个内容则应该单列讲授，否则会影响学生对毛泽东思想的认识。同时，改革开放以来，对新民主主义革命和社会主义改造的意义和理论创新，存在着一些模糊甚至是错误的认识，如“告别革命”“补课论”等，对学生有着一定的影响。要使学生了解今天的民族独立和人民解放来之不易，弥足珍贵；深刻认识毛泽东在把马克思主义与中国实际结合方面的原创性理论成果的伟大意义,从而理解邓小平所说的,如果没有毛泽东思想我们可能至今还在黑暗中摸索的深刻涵义。

第四,中国特色社会主义理论的基本问题。社会主义的本质和根本任务、社会主义初级阶段理论、社会主义改革开放。社会主义本质理论是邓小平理论的一个重要内容,是对社会主义再认识的一个重要成果。社会主义本质新概括的生产力和生产关系两个方面要讲全面,不能简单归结为解放和发展生产力。社会主义初级阶段理论要全面分析初级阶段是社会主义的社会性质和不发达阶段的统一,二者不可偏废。要强调长期性,使学生懂得我国社会主义建设的长期性、紧迫性、艰巨性、复杂性,也提出了提倡艰苦奋斗的必要性;还要从经济全球化、社会主义处于低潮、国际力量对比西强东弱、西方敌对势力加紧对我实施西化、分化的政治图谋的实际出发,强调立国之本和强国之路的辩证统一。要讲清两种不同性质的改革和开放,我们进行的和坚持的是社会主义性质和方向的改革开放。通过两种改革结果的比较来帮助学生认识我国改革开放的性质和特点。

第五,中国特色社会主义建设的总体安排。关于建设中国特色社会主义经济,包括社会主义初级阶段的基本经济制度、分配制度、社会主义市场经济体制,以及经济建设的战略方针。关于建设中国特色社会主义政治,分析中国特色社会主义民主政治制度、建设社会主义法治国家和社会主义政治体制改革。关于建设中国特色社会主义文化,主要阐述中国特色社会主义文化建设的战略地位、根本任务和主要内容,强调必须坚持马克思主义在意识形态领域的指导地位。关于构建社会主义和谐社会,主要分析构建社会主义和谐社会的科学涵义和重要意义、基本原则和主要任务。

第六,国家统一的战略构想和实践、国际战略和外交政策。包括主要分析"一国两制"构想的科学内涵和重要意义,"一国两制"科学构想的形成、发展和实践。分析国际形势的发展及特点和独立自主的和平外交政策。主要分析当代世界多极化和经济全球化在曲折中发展的趋势,时代主题与中国坚持走和平发展的道路。分析独立自主的和平外交政策的形成和发展，以及维护世界和平，促进共同发展问题。分析中国和平发展道路，驳斥所谓的“中国威胁论”；坚持独立自主的和平外交政策与反对霸权主义和强权政治，谋求建立公正合理的国际政治经济新秩序的关系。

第七，中国特色社会主义建设的依靠力量和领导力量。包括中国特色社会主义事业的依靠力量和领导核心。分析包括知识分子在内的工人阶级、广大农民是社会主义建设的根本力量，新的社会阶层是中国特色社会主义事业的建设者，尊重劳动、尊重知识、尊重人才、尊重创造，巩固加强各族人民的团结合作。从中国共产党的性质和宗旨、中国共产党的执政地位是历史和人民的选择、坚持党的领导必须改善党的领导几个方面说明党的领导是社会主义现代化建设的根本保证。分析党始终保持先进性、不断提高执政能力，保持党同人民群众的血肉联系，实现好、维护好、发展好最广大人民的根本利益，因此是中国特色社会主义事业的领导核心。

三、中国化马克思主义整体性教学应重点解决的几个问题

第一，把握中国化马克思主义历史的和逻辑的统一。中国化马克思主义是一个完整的科学体系，整体性是中国化马克思主义的基本特征，体现了历史的与逻辑的统一。从历史的纵向发展来看，中国共产党以马克思主义为指导，领导人民探索具有中国特色的革命、建设和改革道路的艰辛实践，形成了关于新民主主义革命、社会主义改造和中国特色社会主义建设的理论，体现了历史和时代的统一，体现了中国化马克思主义的一脉相承性。从横向的理论逻辑来看，中国化马克思主义的理论成果是马克思主义与中国革命、建设和改革的实际相结合，在一定时空范围内的具体运用和体现，解决了不同历史时期的经济、政治、文化和社会建设，以及内政外交国防、治党治国治军等方面的基本问

题，对这些基本问题的认识贯穿于中国化马克思主义理论成果中，在内容上是完整的、系统的，在逻辑上是严密的、统一的，具有内在的联系。

第二，中国化马克思主义的哲学基础和精髓。中国化马克思主义的哲学基础是辩证唯物主义和历史唯物主义。中国化马克思主义的精髓是实事求是。党在十一届三中全会以后，针对新时期不同阶段中的实际情况，强调解放思想、与时俱进对于实事求是的重要意义，因而在一定意义上说，中国化马克思主义的精髓就是解放思想、实事求是、与时俱进。它们是中国化马克思主义哲学的精神实质，是马克思主义唯物论、辩证法、认识论在中国社会实践中具体化的主要表现，它是我们党的哲学思想方法。

第三，中国化马克思主义的总体特征。中国化马克思主义具有科学性、系统性、实践性、民族性、时代性、开放性等重要特征。中国化马克思主义是科学的世界观和方法论；它是关于中国革命、建设和改革的完整的理论体系，贯通马克思主义哲学、政治经济学、科学社会主义，涵盖政治、经济、文化、军事、外交等各方面；它源于人民群众的历史活动和社会实践，是关于革命、建设和改革实践经验的总结和概括；它符合中国实际，体现了中国作风、中国气派和中国风格；它随着时代和实践的发展而不断发展，与时俱进是其理论品格；它从中国实际出发，并不断吸收人类文明的先进成果。

第四，中国化马克思主义与马克思主义的关系。马克思主义是完整地、科学地解释自然、社会和思维发展的客观规律的理论体系，是工人阶级的世界观和方法论，是中国化马克思主义的理论之源，中国化马克思主义是马克思主义在中国新的时空条件下的发展和创新。二者统一于用发展的马克思主义不断开创中国特色社会主义建设新局面的伟大实践之中。没有继承与坚持的发展创新，会将马克思主义引向歧途，而没有发展创新的继承与坚持，将会导致马克思主义失去生机。

第五，中国化马克思主义的文化底蕴。中国化马克思主义既是马克思主义的，又是中国的，在某种意义上说，中国化马克思主义是马克思主义与中华民族优秀思想文化相结合的产物。中国传统文化不仅为中国化马克思主义的创立提供了文化条件,而且也以其独特的实践智慧给中国化马克思主义的创新提供了启迪。中国文化精神与马克思主义的某种契合与融通是马克思主义与中华民族优秀思想文化相结合的基础。马克思主义的实践观点、辩证思维模式、无神论思想和唯物史观,在中国传统文化中都能找到相近或相同的认识。尤其是人本主义传统、道德实践理性和现实主义精神、人生哲学与社会理想的追求等,都为中国化马克思主义的形成和发展在价值观念、知识系统和文化心理上奠定了基础。

第六,中国化马克思主义的价值取向。中国化马克思主义产生于中国革命、建设和改革的实践,体现着历史观与价值观有机统一。中国化马克思主义坚持以是否符合中国人民的根本利益作为革命、建设和改革的根本价值原则。此外,其还坚持以下价值原则和准则:是否符合并反映我国的经济、政治、文化和社会状况及要求;是否促进社会全面文明进步;是否符合人类文明进步的方向和潮流;是否有利于解放和发展生产力,促进社会主义全面发展;是否有利于促进人的自由全面发展这一价值理想的最终实现。

第七,中国化马克思主义的方法论。马克思的整个世界观不是教义,而是方法。马克思主义学说的本质要义在于通过确立科学的世界观,为人们认识世界和改造世界提供科学的方法论。中国共产党坚持以马克思主义的世界观和方法论为行动指南,从中国革命、建设和改革的具体实践中,总结出符合中国国情并在革命、建设和改革中行之有效的思想原则和工作方法,坚持解放思想、实事求是、与时俱进,丰富了马克思主义的方法论。主要包括:实事求是的思想方法、群众路线的领导方法、唯物辩证的工作方法。

中国化马克思主义称谓的提出及其内涵的发展*

中国共产党在把马克思主义与中国实际和时代特征相结合，不断进行理论创新，实现马克思主义中国化的过程中，提出了中国化马克思主义这一称谓。中国化马克思主义这一称谓最初是指称马克思主义中国化的第一次历史性飞跃的理论成果——毛泽东思想。随着中国共产党领导革命、建设、改革的实践以及党的理论创新的发展，中国化马克思主义又不断增加了许多新的思想内容。从整体性的视角来说，中国化马克思主义的理论成果，是中国共产党人在革命、建设和改革的历史上理论创新成果的总称。

一、中国化马克思主义称谓提出的背景及其缘由

中国共产党是以马克思列宁主义武装起来的工人阶级政党，从党一成立，就把马克思主义写在了自己的旗帜上。在大革命时期和十年土地革命战争时期，由于党还处于幼年时期，还不能把马克思主义与中国革命的具体实际很好地结合起来，因此，在指导中国革命问题上，曾经先后出现过陈独秀右的错误，以及土地革命战争时期，党内连续三次“左”的错误，这些错误都曾经招致党

* 原载《北大马克思主义研究》第 3 辑，社会科学文献出版社 2013 年版。

和革命事业的重大损失。尤其是以王明为代表的“左”倾教条主义者,把共产国际决议和苏联经验神圣化,机械照搬照抄苏联经验和马克思主义的“条条”,其后果是不但不能很好地消化和吸收马克思主义基本原理,而且也使马克思主义这一产生于西方资本主义国家的理论,难以在中国这块古老的东方土地上生根、开花和结果。其原因在于,即使是马克思主义这一放之四海而皆准的真理,如果不与中国革命的具体实际相结合,也只能是空洞的理论,不能发挥其指导实践的作用。

第一,党在不断领导中国革命的实践过程中,深切地体会到,必须把马克思主义基本原理与中国革命的具体实际和时代特征相结合,形成符合中国实际的理论即中国化的马克思主义。

1930 年 5 月,毛泽东在《反对本本主义》一文中,初步提出了马克思主义与中国实际相结合的思想。他指出:“中国革命斗争的胜利要靠中国同志了解中国情况。”他还提出:“马克思主义的‘本本’是要学习的,但是必须同我国的实际情况相结合。”①应当说,这是毛泽东关于马克思主义与中国具体实际相结合思想的最初表达。

1938 年 10 月,在党的六届六中全会上,毛泽东在会上作了《论新阶段》的主题报告。毛泽东首先指明了马克思主义中国化的前提即要科学地对待马克思主义,要把马列主义当作行动的指南,而非教条。他说:“马克思、恩格斯、列宁、斯大林的理论,是‘放之四海而皆准’的理论。不应当把他们的理论当作教条看待,而应当看作行动的指南。不应当只是学习马克思列宁主义的词句,而应当把它当成革命的科学来学习。不但应当了解马克思、恩格斯、列宁、斯大林他们研究广泛的真实生活和革命经验所得出的关于一般规律的结论,而且应当学习他们观察问题和解决问题的立场和方法。”②为此,他号召全党更加普遍、深入地学习马克思列宁主义的理论。报告中最为重要的是,毛泽东

---

① 《毛泽东选集》第一卷,人民出版社 1991 年版,第 111—112 页。
② 《毛泽东选集》第二卷,人民出版社 1991 年版,第 533 页。

提出了马克思主义中国化的内涵,他指出:“马克思主义必须通过民族形式才能实现。没有抽象的马克思主义,只有具体的马克思主义。所谓具体的马克思主义,就是通过民族形式的马克思主义,就是把马克思主义应用到中国具体环境的具体斗争中去,而不是抽象地应用它。成为伟大中华民族之一部分而与这个民族血肉相联的共产党员,离开中国特点来谈马克思主义,只是抽象的空洞的马克思主义。因此,马克思主义的中国化,使之在其每一表现中带着中国的特性,即是说,按照中国的特点去应用它,成为全党亟待了解并亟须解决的问题。洋八股必须废止,空洞抽象的调头必须少唱,教条主义必须休息,而代替之以新鲜活泼的,为中国老百姓所喜闻乐见的中国作风与中国气派。”① 这段经典性的论述说明,一方面必须使马克思主义中国化;另一方面必须把马克思主义和中国的民族特点相结合,把马克思主义的基本原理用中国的语言和表达形式表现出来,体现出中国作风和中国气派。

毛泽东的号召得到了中共中央其他领导人的赞同。其中,张闻天在《组织工作要中国化》一文中指出,“马克思主义的原则、方法是国际性的,但我们是在中国做组织工作,一定要严格估计到中国政治、经济、文化、思想、民族习惯、道德的特点,正确认识这些特点,再来决定我们的斗争形式、组织形式、工作方法。我们要的是国际主义的内容,民族的形式,我们要使组织工作中国化”。“不仅要懂得马克思主义的原则,而且要在民族环境中来实现这些原则”。② 刘少奇也认为:共产党员应该“研究自己所处的时代和本国无产阶级所处的各方面情势的特点,把马克思列宁主义的普遍真理和本国革命的具体实践结合起来”。“是要象马克思列宁主义创始人那样,站在马克思列宁主义的立场,用马克思列宁主义的观点和方法,去解决无产阶级所领导的革命运动中的各种问题。”③在党的七大上,毛泽东进一步明确要把马克思列宁主义与中国革命实践相结合。

---

① 《中共中央文件选集》第十一册,中共中央党校出版社 1991 年版,第 658—659 页。

② 《张闻天选集》,人民出版社 1985 年版,第 225—226 页。

③ 《刘少奇选集》上卷,人民出版社 1981 年版,第 107、108 页。

需要强调的是，马克思主义与中国实际的“结合”只是马克思主义中国化的一方面，很需要进行理论上的创新。在1941年9月10日，毛泽东在中共中央政治局扩大会议上作的《反对主观主义和宗派主义》的讲话中说：“我们反对主观主义，是为着提高理论，不是降低马克思主义。我们要使中国革命丰富的实际马克思主义化。”①在中共七大上，刘少奇对毛泽东这一思想作了发挥，他指出，“由于中国社会、历史的发展有其极大的特殊性，以及中国的科学还不发达等条件，要使马克思主义系统地中国化，要使马克思主义从欧洲形式变为中国形式”，必须“依据历史进程每个特殊时期和中国具体的经济、政治环境及条件，对于马克思列宁主义作独立的光辉的补充”②。张闻天也指出：“问题在于要使普遍规律同我们的实际相结合，使马列主义理论得到发展。”③

从以上论述可以看出，毛泽东等党的早期领导人认为，马克思主义中国化就是要把马克思主义与中国革命实际相结合、把马克思主义与中国传统文化相结合，并在此基础上总结革命经验，使中国实际马克思主义化，创造出符合中国实际的马克思主义理论。应当说，马克思主义中国化命题的提出，为中国化马克思主义概念的提出奠定了重要基础，或者说，两个概念的提出和使用相辅相成。

随着中国革命实践的发展，1938年夏天，毛泽东明确地提出，中国共产党要出自己的“主义”。他在给抗大学员作报告时指出，马克思主义是马克思提出的，我们要出自己的“主义”。在另一次会上，他又提出，要达到政治目的就要突出政党，提出主张，建立主义。毛泽东的思路非常明确，就是要把马克思主义与中国革命的具体实际相结合，在中国革命丰富的实践经验的基础上，形成自己的“主义”，建立适合中国国情的“新马克思主义”④。

1942年2月，毛泽东在强调“善于应用马克思列宁主义的立场、观点和方

---

① 《毛泽东文集》第二卷，人民出版社1993年版，第374页。

② 《刘少奇选集》上卷，人民出版社1981年版，第335、336页。

③ 《张闻天选集》，人民出版社1985年版，第495页。

④ 中共中央党史研究室第一研究部：《中国共产党第七次全国代表大会研究》，上海人民出版社2006年版，第148页。

法”的同时，提出要“进一步地从中国历史实际和革命实际的认真研究中，在各方面作出合乎中国需要的理论性创造”的任务。毛泽东指出：“中国共产党人只有在他们善于应用马克思列宁主义的立场、观点和方法，善于应用列宁斯大林关于中国革命的学说，进一步地从中国的历史实际和革命实际的认真研究中，在各方面作出合乎中国需要的理论性的创造，才叫做理论和实际相联系。”①毛泽东在这里所说的“善于应用”指的就是对马克思主义的继承和发展，也就是用马克思主义的基本原理指导中国革命的实践，而所谓“理论性的创造”就是根据中国革命的实际，提出自己的“主义”，创造出合乎中国实际的马克思主义理论。同年 3 月，毛泽东又指出：“我们要把马、恩、列、斯的方法用到中国来，在中国创造出一些新的东西。只有一般的理论，不用于中国的实际，打不得敌人。但如果把理论用到实际上去，用马克思主义的立场、方法来解决中国问题，创造些新的东西，这样就用得了。”②这里所说的“创造些新的东西”，就是要形成体现马克思主义立场、观点和方法，又符合中国国情、能够解决中国实际问题的新的理论。

由此我们可以清楚地看出，到了抗日战争时期，随着抗日根据地的不断巩固和发展，党和毛泽东一方面运用马克思主义的立场、观点和方法，认真分析、研究和总结中国革命的实践经验，另一方面又在酝酿提出中国革命的新的理论。

第二，随着抗日战争的发展，中国共产党逐步由小到大，由弱变强，成为一个全国性的大党，广大人民群众迫切需要了解中国共产党对时局的主张以及对未来中国前途的认识，中国共产党也需要举起自己的旗帜，提出自己的“主义”，领导全国人民坚持抗战。

抗日战争进入相持阶段后，中国共产党和国民党在抗日民族统一战线内部的斗争日趋激烈。1938 年 12 月，张君劢发表《致毛泽东先生的一封公开

① 《毛泽东选集》第三卷，人民出版社 1991 年版，第 820 页。
② 《毛泽东文集》第二卷，人民出版社 1993 年版，第 408 页。

信》，主张取消边区、取消八路军和新四军，他提出，在目前阶段中，“既努力于对外民族战争，不如将马克思主义暂搁一边，使国人思想走上彼此是非黑白分明一涂，而不必出以灰色与揜饰之辞”①。国民党所谓的理论家叶青也公开主张：“三民主义可以满足中国现在和将来的一切要求。它的实现，中国便不需要社会主义了，从而组织一个党来为社会主义而奋斗的事也就不必要了。”②蒋介石也在1939年9月发表了《三民主义之体系及其实行程序》的长文，提出“以党治国”“以党建国”的主张，实际上就是以国民党来“管理”一切并负起责任，以三民主义作为最高指导原则，立即建设一个新中国。“我们的希望，是要使抗战胜利之日，即为建国完成之时。”③很显然，蒋介石的用意就是以三民主义对抗中国共产党坚持的马克思主义，在理论上和政治上树立国民党的绝对权威。

为了争取抗战胜利之后的有利态势和主动地位，1943年3月，国民党又出版了以蒋介石名义发表的《中国之命运》一书，公然宣扬“一个中国”（即中华民国）、“一个主义”（即三民主义）、“一个领袖”（即蒋介石），歌颂封建主义，鼓吹法西斯主义，公开提出既反对共产主义又反对“自由主义”（即资产阶级民主主义）的主张。主要是反对共产主义，反对共产党的民族民主革命的理论和实践。

为了反击国民党在思想领域的反共、反民主的宣传，也为了宣传自己的政治主张，中国共产党就有必要将对自己领袖和思想主张的宣传提到重要地位。在这一时期，毛泽东连续发表了《中国革命和中国共产党》《〈共产党人〉发刊词》《新民主主义论》等文章，系统地阐述了新民主主义革命的理论。尤其值得注意的是，毛泽东在这些著作中，论述了新旧三民主义、新旧民主主义，以及

① 《再生》第10期（1938年12月16日）。姜义华主编：《中国现代思想史资料简编》第四卷，浙江人民出版社1983年版，第144页。

② 《毛泽东传》第二册，中央文献出版社2011年版，第563页。

③ 蒋介石：《三民主义之体系及其实行程序》，原载《青年中国季刊》创刊号（1939年9月30日）。姜义华主编：《中国现代思想史资料简编》第四卷，浙江人民出版社1983年版，第325—342页。

三民主义和共产主义的区别及其联系。中国共产党人在政治上高举马克思主义旗帜的同时，也开始系统地提出自己关于中国革命的主张和理论。

中国共产党成立后，一直致力于践行孙中山先生提出的三民主义纲领，第一次国共合作之所以能够形成，其中一个很重要的原因，就在于党在民主革命时期反帝反封建的革命纲领即最低纲领与新三民主义"基本上相同"①。因此中国共产党人才宣布愿为其彻底实现而奋斗。即使是在国共合作的统一战线破裂之后，中国共产党人也并没有否定和抛弃三民主义，而是一直在致力于实现三民主义的纲领。毛泽东在《新民主主义论》中指出："无论如何，在反帝反封建的任务没有基本上完成以前，新三民主义是不会被一切有良心的人们放弃的……如果说，一九二七年反动之后，还有许多真三民主义者继续为中国革命而奋斗，那末，在一个民族敌人深入国土的今天，这种人无疑将是成千成万的。我们共产党人将始终和一切真诚的三民主义者实行长期合作"②。但是，中国共产党人除了民主革命的纲领，还有共产主义的最高纲领，完成民主革命的任务，只是中国革命的第一步，将来还要进行社会主义革命。毛泽东在这一时期的文章中，系统阐述了中国共产党对于中国革命的主张，提出了自己的"主义"。

在党的七大前后，我们党提出了中国化马克思主义的称谓即毛泽东思想的概念，来指称自己的理论和主义。

二、中国化马克思主义概念的提出

据目前所查阅的材料，中国化马克思主义与毛泽东思想的概念是同时提出的，而且中国化马克思主义称谓的提出，也与党对马克思主义中国化认识的

---

① 《毛泽东选集》第二卷，人民出版社 1991 年版，第 693 页。
② 《毛泽东选集》第二卷，人民出版社 1991 年版，第 694 页。

深化相联系。

1942 年 2 月，张如心在《解放日报》上发表的《学习和掌握毛泽东的理论和策略》的文章中，提出并使用了“中国马克思列宁主义”的概念。他指出：“毛泽东同志的理论和策略正是马列主义理论和策略在殖民地半殖民地半封建社会中的运用和发展，毛泽东同志的理论就是中国马克思列宁主义。”①从目前所查阅的资料来看，张如心是提出并使用这一概念的第一人。

1942 年 7 月 1 日，朱德在《解放日报》发表的《纪念党的二十一周年》的文章中，也提出了“中国化的马列主义”的概念。他指出：“今天我们党已经积累下了丰富的斗争经验，正确的掌握了马列主义的理论，并且在中国革命的实践中创造了指导中国革命的中国化的马列主义理论。”“我们党已经有了自己的最英明的领袖，毛泽东同志。他真正精通了马列主义的理论，并且善于把这种理论用来指导中国革命步步走向胜利。”②

1943 年 7 月 5 日，王稼祥在《解放日报》发表的《中国共产党与中国民族解放的道路》一文中指出：“中国民族解放整个过程中——过去、现在与未来——的正确道路就是毛泽东同志的思想，就是毛泽东同志在其著作中与实践中所指出的道路。毛泽东思想就是中国的马克思列宁主义，中国的布尔什维主义，中国的共产主义。”“它是创造的马克思列宁主义，它是马克思列宁主义在中国的发展。”③很显然，中国化的马克思主义就是指毛泽东思想。

1943 年 12 月 4 日，邓小平在北方局党校整风运动会上的讲话中，也使用了“中国化的马列主义”的概念。他指出：“遵义会议之后，党是在以毛主席为首的党中央领导之下，彻底克服了党内的‘左’右倾机会主义，一扫主观主义宗派主义和党八股的气氛，把党的事业完全放在中国化的马列主义，即毛泽东思想的指导之下。”④

---

① 《解放日报》1942 年 2 月 19 日。

② 《解放日报》1942 年 7 月 1 日。

③ 《中共中央文件选集》第十四册，中共中央党校出版社 1992 年版，第 479、482 页。

④ 《关于建国以来党的若干历史问题的决议注释本》，人民出版社 1983 年版，第 484 页。

1945 年 4 月 23 日，朱德在党的七大的演说中指出："毛泽东同志以火焰般的热情，关怀中国人民的被压迫，并信任人民群众的创造力，信任人民群众的力量，信任人民群众的胜利，形成着中国式马克思主义特出明哲和特出灵活的智慧而以不屈不挠的钢铁的意志，大无畏的勇敢，不知疲倦的工作，组织我们的党，组织我们的人民，和各种右的和'左'的机会主义作了不调和的斗争，率领着我们党和我们人民，向民族及人民的敌人冲锋陷阵和绕路前进。"①朱德在演说中不仅使用了"中国式马克思主义"的提法，而且对为中国化马克思主义的形成作出突出贡献的毛泽东作了很高的评价，这里需要指出的是，在当时，并不存在所谓的个人崇拜问题，而主要在于回击国民党所谓的"一个领袖"的宣传。朱德在党的七大的军事报告中还指出："中国共产党在伟大的中国革命长期艰苦斗争中创造了中国革命的政治理论，中国革命的实际政策。这个中国革命理论与实践的代表便是毛泽东同志，这是中国式的马列主义，这是马列主义运用到中国革命环境的新的发展和创造。"他指出："马列主义与中国革命实践相结合所创造出的中国马列主义，即毛泽东主义。"②

同样，在党的七大上，周恩来在演说中指出："我们还是依靠了我党领袖毛泽东同志的英明领导。他指示了我们以新民主主义的方向，他教育了我们以中国马克思主义的思想和学说，他领导了我们经过了中国革命三个历史时期，创造了伟大的革命力量，经历了无数次革命斗争，克服了无数次艰难困苦，达到了今天的初步胜利。"③同朱德在七大的演说一样，周恩来也使用了"中国马克思主义"的称谓。

在党的七大上，对中国化马克思主义的概念论述最多的当属刘少奇。刘少奇在党的七大上所作的关于修改党章的报告中，使用了"中国的马克思主义""中国化的马克思列宁主义理论""中国化的马克思主义"的概念，并对毛

① 《解放日报》1945 年 5 月 1 日。

② "朱总司令在七大建军报告"（1945 年 4 月 23 日），中国人民大学中共党史系资料室编：《中共党史教学参考资料》第 9 册，第 526、523 页。

③ 《解放日报》1945 年 5 月 1 日。

泽东思想作了科学的概括和全面的论述。他说："毛泽东思想，就是马克思列宁主义的理论与中国革命的实践之统一的思想，就是中国的共产主义，中国的马克思主义。""毛泽东思想，就是马克思主义在目前时代的殖民地、半殖民地、半封建国家民族民主革命中的继续发展，就是马克思主义民族化的优秀典型。它是从中国民族与中国人民长期革命斗争中……生长和发展起来的。它是中国的东西，又是完全马克思主义的东西。"①中国化马克思主义是"依据历史进程每个特殊时期和中国具体的经济、政治环境及条件，对于马克思列宁主义作独立的光辉的补充，并用中国人民通俗语言的形式表达出来，使之适合于新的历史环境和中国的特殊条件，成为中国无产阶级群众与全体劳动人民群众战斗的武器。"毛泽东"在理论上敢于进行大胆的创造，抛弃马克思主义理论中某些已经过时的、不适合于中国具体环境的个别原理和个别结论，而代之以适合于中国历史环境的新原理和新结论，所以他能成功地进行马克思主义中国化这件艰巨的事业。"②与党的其他领导人只是使用"中国化的马克思主义"和"毛泽东思想"的概念不同的是，刘少奇对于中国化马克思主义进行了比较深入的论述。

1945 年 6 月 14 日，《解放日报》发表了"团结的大会，胜利的大会"的社论，指出："经过了二十四年三次革命战争的考验，我们党创造了这个完全适合国情的中国化的马克思主义。"③

从以上材料可以看出，中国化马克思主义的概念与毛泽东思想的概念几乎是同时提出并使用的，除了这样两个概念以外，党的七大前后，还有毛泽东主义等提法，当时，"中国化马克思主义""中国化马克思列宁主义""毛泽东主义""毛泽东思想"，实际上都是同义语，都是用来指称中国共产党人形成的自己的"主义"，都是用来命名党对马克思主义的新发展，因此并没有什么实质上的不同。至于为什么后来没有坚持使用中国化马克思主义的

---

① 《刘少奇选集》上卷，人民出版社 1981 年版，第 333—334 页。

② 《刘少奇选集》上卷，人民出版社 1981 年版，第 336—337 页。

③ 《中共中央文件选集》第十五册，中共中央党校出版社 1991 年版，第 572 页。

概念，而更多使用了毛泽东思想，主要在于后者更能体现中国革命理论的特质和中国特点。也应该指出的是，在党的七大文献以及刘少奇《关于修改党的章程的报告》中，中国化马克思主义和毛泽东思想这两个概念是同时存在的。

此外，党的七大前后，对于毛泽东的宣传和歌颂的确在党的历史上是空前的。其原因一是经过延安整风，全党在中国化马克思主义即毛泽东思想的基础上达到了新的团结，中国化马克思主义成为全党的指导思想。二是为了回击国民党所谓的“一个主义”和“一个政党”的宣传。因此，不能简单地把这一问题称为个人崇拜，这不符合历史事实。然而，当时的宣传也确实存在着比较突出的问题，那就是没有把中国化的马克思主义作为中国共产党集体智慧的结晶，忽略了党的其他领导人的贡献。历史地来看，在当时要做到这一点是不可能的，这种情况也符合当时的客观情况。

三、中国化马克思主义内涵的发展

众所周知，新中国成立后，在党的文件中，不再提及马克思主义中国化的概念。关于这一问题，学界有相关详细的论述和考证，这里不再赘述。与此同时，也鲜见中国化马克思主义的概念，在党的文件中，只是使用毛泽东思想的概念。

改革开放以来，首先是学界继而在党的文件中，重提马克思主义中国化的命题，因此，也就又重新出现了“中国化马克思主义”和“当代中国的马克思主义”的称谓。不过，其内涵已经有了新的变化。

1992 年，江泽民在党的十四大报告中，使用了“中国的马克思主义”的概念，指出：“我们党是以马克思列宁主义毛泽东思想作为指导思想的工人阶级先锋队。马克思主义是深深植根于实践并在实践中不断发展的科学。建设有中国特色社会主义的理论，是马克思主义同中国实际相结合的最新成果，是当代中国的马克思主义，是指引我们实现新的历史任务的强大思想武器。”①党的十四大通过的《关于〈中国共产党章程（修正案）〉的决议》，把邓小平建设有中国特色社会主义的理论作为指导思想写进了党章。在这一时期，我们党的理论创新成果被称为邓小平建设有中国特色的社会主义理论。1993 年 11 月 2 日，江泽民在学习《邓小平文选》第三卷报告会上的讲话中指出：“改革开放十五年来，我们党在理论上取得的最大收获，就是在马克思主义基本原理与中国实际相结合的第二次历史性飞跃中，创立了建设有中国特色社会主义的理论。这一理论，第一次比较系统地初步回答了中国这样的经济文化比较落后的国家如何建设社会主义、如何巩固和发展社会主义的一系列基本问题，用新的思想、观点，继承、丰富和发展了毛泽东思想，是马克思主义同中国实际相结合的最新成果，是当代中国的马克思主义。”②这一论述，既把建设有中国特色社会主义的理论称为“当代中国的马克思主义”，又阐明了与毛泽东思想继承与发展的关系。

1997 年，党的十五大首次提出了邓小平理论的概念。江泽民在党的十五大报告中指出：“邓小平理论是当代中国的马克思主义，是马克思主义在中国发展的新阶段。”③很显然，此时所讲的“当代中国的马克思主义”已经不是指毛泽东思想，而是改革开放以来，党对毛泽东思想继承和发展的创新理论。党的十五大把邓小平理论作为党的指导思想确定下来。

2001 年 7 月 1 日，江泽民在庆祝中国共产党成立八十周年的讲话中，从总结八十年党的历史的角度，对中国化的马克思主义进行了深刻的阐述：以毛泽东同志为主要代表的中国共产党人和以邓小平同志为主要代表的中国共产党人，带领我们党坚持把马克思列宁主义基本原理同中国具体实际紧密结合，创立了毛泽东思想、邓小平理论。这两大理论成果，是中国化了的马克思主义，既体现了马克思列宁主义的基本原理，又包含了中华民族的优秀思想和中

---

① 《十四大以来重要文献选编》上，中央文献出版社 2011 年版，第 34 页。

② 《十四大以来重要文献选编》上，中央文献出版社 2011 年版，第 387 页。

③ 《十五大以来重要文献选编》上，中央文献出版社 2011 年版，第 9 页。

国共产党人的实践经验。① 与党的十四大和十五大不同，这一讲话中使用的是“中国化了的马克思主义”。实际上，无论是“当代中国的马克思主义”还是“中国化了的马克思主义”的概念，其内涵是相同的，那就是马克思主义中国化的新的理论成果——邓小平理论。

马克思主义中国化是一个不断发展的过程，而作为这一发展过程中产生的中国化马克思主义理论，也是一个不断发展的过程。继邓小平理论之后，以江泽民同志为主要代表的中国共产党人，又提出了“三个代表”重要思想，并在党的十六大上作为党的指导思想写进了党章。2003 年，胡锦涛在“三个代表”重要思想理论研讨会上的讲话中指出：“‘三个代表’重要思想是面向二十一世纪的中国化的马克思主义，是指引全党全国人民为实现新世纪新阶段的发展目标和宏伟蓝图而奋斗的根本指针。”②这里所说的中国化的马克思主义，是指以江泽民同志为主要代表的中国共产党人对毛泽东思想、邓小平理论发展的理论成果——“三个代表”重要思想，也就是说，中国化的马克思主义又有了新的思想内涵。

新世纪新阶段，以胡锦涛同志为主要代表的中国共产党人，在坚持和发展中国特色社会主义的过程中，提出了科学发展观这一新的理论成果。党的十七大把邓小平理论、“三个代表”重要思想、科学发展观有机整合为中国特色社会主义理论体系。

习近平同志在中央党校 2008 年春季学期开学典礼上的讲话中，深入论述了新时期形成的中国化马克思主义——中国特色社会主义理论体系的内在联系。邓小平理论是中国特色社会主义理论体系的开创之作，是最基础的重要组成部分，“三个代表”重要思想是中国特色社会主义理论体系承上启下的极为重要的组成部分，科学发展观是中国特色社会主义理论体系的重要创新成果，都属于新时期中国化马克思主义的理论成果。习近平同志还从五个方面分析了邓小

① 《十五大以来重要文献选编》下，中央文献出版社 2011 年版，第 149 页。

② 《十六大以来重要文献选编》上，中央文献出版社 2011 年版，第 366—367 页。

平理论、"三个代表"重要思想、科学发展观既一脉相承又与时俱进的内在联系。"说一脉相承，一是它们都坚持以马克思列宁主义、毛泽东思想为指导，在理论渊源上一脉相承；二是它们都坚持为建设和发展中国特色社会主义、实现中华民族伟大复兴而奋斗，在理论主题上一脉相承；三是它们都坚持解放思想、实事求是、与时俱进，在理论品质上一脉相承；四是它们都以社会主义初级阶段这一基本国情为立论基础，在理论基点上一脉相承；五是它们都坚持以人为本，把实现好、维护好、发展好最广大人民的根本利益作为全部理论的出发点和落脚点，在理论目标上一脉相承。说与时俱进，是说邓小平理论、'三个代表'重要思想以及科学发展观等重大战略思想，都坚持从实际出发，注重总结改革开放不同时期、不同阶段的新鲜经验，注重探索和回答不同时期、不同阶段遇到的新矛盾、新问题，在理论创新和理论发展上都作出了各自的独特贡献。它们既相互贯通又层层递进，体现了新时期以来我们党理论创新成果的科学性体系、阶段性成果和发展性要求的内在统一。"①其实，这段话不仅说明了新时期中国化马克思主义理论成果的内在统一性，从另一角度，也可以清楚地说明毛泽东思想和中国特色社会主义理论成果的内在统一性。

总之，中国化马克思主义的概念，是一个内涵不断发展的称谓，最初是指毛泽东思想，后来又有了新的发展，不断增加新的思想内涵。从整体性的角度来看，我们可以把这两大理论成果统称为中国化的马克思主义。用中国化马克思主义的称谓来表述党的指导思想，既能说明不同历史阶段党的理论创新成果的一脉相承性，又能从整体上把握其理论体系和精神实质，还可以说明党的理论创新是一个永无止境的发展过程，而且言简意赅。当然，这还需要我们从学理上认真加以研究和解读。

---

① 《十七大以来重要文献选编》上，中央文献出版社 2013 年版，第 244—245 页。

关于讲授“毛泽东思想、邓小平理论和‘三个代表’重要思想概论”课的几点思考*

根据中宣部、教育部《关于进一步加强和改进高等学校思想政治理论课的意见》，从今年秋季开始，在全国普通高校将开始实施思想政治理论课新课程教学方案。原来的“毛泽东思想概论”“邓小平理论和‘三个代表’重要思想概论”将合并为一门课，即“毛泽东思想、邓小平理论和‘三个代表’重要思想概论”（以下简称“概论”）。“概论”课的主要任务是：以马克思主义中国化的历史进程为主线，以中国化马克思主义的理论成果为主题，以建设中国特色社会主义为重点，阐述党的几代领导集体不断推进马克思主义中国化的历史进程和基本经验，讲授中国化马克思主义理论成果的基本原理和精神实质，揭示马克思主义中国化和中国化马克思主义发展的基本规律。帮助学生系统掌握中国化马克思主义的科学体系，指导学生运用马克思主义的世界观和方法论认识问题和分析问题。

一、科学把握“概论”课教学内容的整体性

1938 年，毛泽东在党的六届六中全会上所作的《论新阶段》的报告中，第

* 原载《教学与研究》2006 年第 8 期。此文由《高校思想政治理论课程教学改革研究》一书收录，顾海良、佘双好主编，武汉大学出版社 2006 年版。

一次提出了马克思主义中国化的科学命题。把马克思主义与中国实际相结合,不断实现马克思主义中国化,是中国共产党人的不懈追求。马克思主义中国化,就是把马克思主义与中国革命、建设和改革的具体实际相结合,形成具有中国特色的马克思主义理论;把马克思主义与中华民族的文化传统相结合,使中国化马克思主义带有中国特色和中国气派;运用马克思主义的立场、观点和方法,把党在领导中国人民进行革命、建设和改革过程中的实践经验加以总结和提炼,使之上升为科学的理论。

中国化马克思主义的理论成果是马克思主义普遍原理与中国实际相结合的产物,是党在中国革命、建设和改革的历史进程中,运用马克思主义普遍原理,坚持解放思想,实事求是,与时俱进,不断进行理论创新所形成的具有中国特色的科学理论;马克思主义是中国化马克思主义理论成果的理论渊源;中国革命、建设和改革的实践是中国化马克思主义理论成果形成的实践基础;中国化马克思主义与马克思主义一脉相承而又体现了中国风格和中国气派;是中国共产党人集体智慧的结晶;是对马克思主义的继承和发展;它包括毛泽东思想、邓小平理论和"三个代表"重要思想;它涵盖了中国革命、建设和改革各个时期的经济、政治、文化、党的建设、国防和军队建设等各个领域,是一个完整的科学理论体系。

在"概论"课教学过程中,无论是从历史发展的纵向分析方面,还是理论逻辑的横向分析方面,都要注意把握中国化马克思主义理论成果的整体性。

在纵向的历史发展方面,中国化马克思主义是在实践的基础上,随着时代的发展而不断向前发展的。中国化马克思主义在不同时期具体理论的内容,也总是在实践发展的过程中不断拓展、丰富和完善的。中国化马克思主义的理论成果体现了既一脉相承而又与时俱进的关系。中国共产党坚持马克思主义与中国具体实际相结合的基本原则,推动了马克思主义中国化的进程。

毛泽东作为马克思主义中国化的开拓者、奠基人,他把马克思主义基本原理与中国革命的具体实践相结合,在总结中国革命历史经验的基础上,探索出了具有中国特色的"农村包围城市、武装夺取政权"的革命道路,创造性地解决了在落后的半殖民地半封建的中国，进行新民主主义革命的一系列的基本问题，取得了新民主主义革命的胜利，建立了中华人民共和国。新中国成立后，经过社会主义改造，实现了从新民主主义到社会主义的过渡，发展了社会主义经济、政治和文化。毛泽东思想是马克思主义中国化的第一个理论成果。

以邓小平同志为主要代表的中国共产党人在总结新中国成立以来正反两方面经验的基础上，在改革开放新的实践中开辟了中国特色社会主义建设道路，开创了社会主义现代化建设的新局面。初步解决了建设中国特色社会主义、巩固和发展社会主义的基本问题，邓小平理论是马克思主义中国化的第二个理论成果。

党的十三届四中全会以来，以江泽民同志为主要代表的中国共产党人在科学总结党成立以来的历史经验，特别是改革开放以来经验的基础上，在建设中国特色社会主义的实践中，进一步加深了对“什么是社会主义，怎样建设社会主义”的认识，创造性地回答了“建设一个什么样的党，怎样建设党”这一时代课题，把马克思主义中国化推向一个新的发展阶段。

在理论逻辑方面，毛泽东思想、邓小平理论和“三个代表”重要思想作为中国化马克思主义的理论成果，是马克思主义同中国革命、建设和改革的具体实践相结合，在一定时空范围内的具体运用和体现，具有内在的联系。毛泽东思想作为中国化马克思主义的第一个理论成果，不仅反映在创造性地提出了新民主主义革命和社会主义改造的理论，而且对中国怎样建设和发展社会主义进行了初步探索，提出了许多重要的理论观点。中国特色社会主义建设理论的探索“始于毛，成于邓”。毛泽东思想中关于中国社会主义经济建设、政治建设、文化建设、社会建设和党的建设的理论，关于革命军队建设的理论、关于军事战略和国防建设的理论、关于政策和策略的理论、关于思想政治工作和文化工作的理论、关于国际局势和外交工作等方面的理论，不仅被后来的理论成果所继承，而且一直到现在仍然起着重要的指导作用。以邓小平同志为主要代表的中国共产党人在社会主义本质和根本任务、社会主义初级阶段、社会主义发展战略等方面的理论创新，都体现了基本原理的内在联系和理论发展的逻辑。

中国化马克思主义既是一个不断发展和创新的过程，又体现了理论发展的内在逻辑。因此，中国化马克思主义的整体性教学，有利于学生掌握理论之间发展的脉络和内在联系，也有利于学生了解中国共产党根据发展着的实践，不断进行探索和创新的理论品质。

二、准确理解“概论”课的内在联系和逻辑主线

“概论”课应以中国共产党把马克思主义基本原理与中国革命、建设和改革的实际相结合，不断进行理论创新为脉络，以党领导中国人民进行新民主主义革命、选择社会主义道路、建设中国特色社会主义为逻辑主线，以毛泽东思想、邓小平理论和“三个代表”重要思想的基本原理为主要内容，全面、系统、准确地阐述中国化马克思主义理论成果的科学体系、历史地位、基本原理及其精髓。以理论成果的形成和发展为经，以基本原理的理论逻辑为纬，根据理论成果的内在联系，形成有机结合的框架结构，突出中国化马克思主义理论成果的整体性和系统性，使中国化马克思主义的理论体系有机地转换为教学体系。既体现理论成果的时代特点和内在联系，又避免单纯以史为线，把毛泽东思想、邓小平理论和“三个代表”重要思想作为三个板块依次分别加以阐述的问题。

首先，在“概论”课教学过程中，应注意分析和研究中国化马克思主义理论成果的内在联系。一是理论成果有一个贯彻始终的哲学基础，这就是辩证唯物主义和历史唯物主义的世界观和方法论。中国共产党分析、研究和解决问题都始终贯穿着解放思想、实事求是、与时俱进的科学精神，解放思想、实事求是、与时俱进既贯穿于中国化马克思主义形成和发展的全过程，又在基本原理的各个方面表现出来。二是中国化马克思主义理论成果的主题是通过新民主主义革命，建立和巩固社会主义，实现中华民族的伟大复兴。消灭一切压迫

和剥削，建立社会主义，最终实现共产主义是中国化马克思主义的最高理想和奋斗目标。三是中国化马克思主义理论成果围绕这一主题，阐述并回答了一系列相互联系的基本问题。主要包括新民主主义革命的理论、社会主义改造的理论、中国特色社会主义建设的理论，科学地回答了“什么是社会主义，如何建设社会主义”等问题。

其次，在教学过程中，要准确把握中国化马克思主义理论成果的逻辑主线。一是运用纵向分析的方法，论述马克思主义与中国实际相结合的历程、中国化马克思主义理论成果的科学体系、历史地位。二是运用逻辑分析的方法，阐述新民主主义革命的理论和社会主义改造的理论，通过适合中国国情的新民主主义革命道路、社会主义改造道路的理论阐释，阐述中国如何选择社会主义道路和只有社会主义能够救中国的问题。三是重点阐述中国共产党围绕“什么是社会主义，如何建设社会主义”这一基本问题，以及对社会主义建设道路的探索和建设中国特色社会主义的基本原理，解决对社会主义发展规律的认识和怎样建设中国特色社会主义的问题，突出中国化马克思主义关于社会主义建设理论的整体性。四是从哲学角度阐述中国化马克思主义的精髓，阐述中国化马克思主义的世界观和方法论，阐述党的思想路线的形成和发展，解放思想、实事求是、与时俱进的科学含义及相互关系，解放思想、实事求是、与时俱进是马克思主义的精髓，也是中国化马克思主义的精髓。

三、正确处理“概论”课教学中的几个关系

在“概论”课教学过程中，要根据高校思想政治理论课新课程方案的要求，正确处理好以下几个方面的关系。

第一，马克思主义与中国化马克思主义理论成果的关系。马克思主义在人类历史上第一次完整地、科学地揭示了自然、社会和人类思维发展的规律。马克思主义基本原理是中国化马克思主义理论成果的理论之源。马克思主义

不是教条，而是行动的指南，中国化马克思主义是马克思主义中国化的理论成果，其形成和发展始终遵循着马克思主义基本原理同中国具体实际相结合的根本原则，因此，实现马克思主义中国化要把握好两个基本问题，一是对马克思主义基本原理的理解不能走形，既要科学对待马克思主义，深刻领会马克思主义的科学内涵和精神实质，力求做到“实事求是”；二是对中国的实际状况要深入了解，只有在革命、建设和改革的具体实践中运用马克思主义基本原理，解决各种各样的矛盾、困难和问题，才能形成中国化马克思主义的理论成果。正确处理马克思主义与中国化马克思主义的关系，实质上是处理好“继承与坚持”“发展与创新”的关系，二者统一于用发展着的马克思主义不断开创中国特色社会主义建设新局面的实践之中，实践证明，没有继承与坚持的“发展创新”，会将马克思主义引向歧途，而没有发展与创新的“继承坚持”将会导致马克思主义失去生机。

第二，中国化马克思主义理论成果整体与部分的关系。中国化马克思主义强调从整体上集中阐述党围绕进行新民主主义革命，建立和巩固社会主义，实现中华民族伟大复兴这一主题，把马克思主义基本原理与中国具体实践相结合，形成了马克思主义中国化理论成果。它涵盖了中国革命、建设和改革时期的各个领域，是一个完整的科学体系，要把握马克思主义中国化理论成果的整体性和系统性。

毛泽东思想、邓小平理论和“三个代表”重要思想是中国化马克思主义的理论成果，是马克思主义与中国革命、建设和改革的具体实践相结合，在不同历史时期产生的阶段性理论成果。在教学过程中，既要把中国化马克思主义理论成果看作是一个完整的科学体系，又要认识到中国化马克思主义理论成果的侧重点不同，毛泽东思想的主要贡献是通过新民主主义革命，实现民族独立，建立社会主义的中国；邓小平理论的贡献主要是围绕“什么是社会主义，怎样建设社会主义”，创立中国特色社会主义建设的理论，引导中国人民走上了强国之路；“三个代表”重要思想的贡献主要是在新的历史时期，进一步建设和巩固中国特色的社会主义，并创造性地回答了“建设一个什么样的党，怎样建设党”的时代课题，为实现中华民族的伟大复兴做出了独特的贡献。因此，既要研究和认识马克思中国化理论成果的整体性，又要深刻领会不同历史时期马克思主义中国化的基本特征，更好地把握理论成果之间继承与发展的关系。

在这里应该指出的是，党的十六大以来，以胡锦涛同志为主要代表的中国共产党人坚持理论创新，提出了坚持以人为本的科学发展观、建设社会主义和谐社会、加强党的执政能力建设和先进性建设、树立社会主义荣辱观等思想，这是中国化马克思主义在当代中国的新发展，也是“概论”课教学的重要内容。

第三，“概论”课与其他三门思想政治理论课之间的关系。“概论”课教学的目的，主要是帮助学生系统掌握中国化马克思主义的基本原理，引导大学生正确认识国情和社会主义建设的客观规律，增强在中国共产党的领导下全面建设小康社会、加快推进社会主义现代化的自觉性和坚定性，坚定在党的领导下走中国特色社会主义道路的理想信念。中国化马克思主义与思想政治理论其他课程之间既有联系又有区别，在教学中，处理好课程之间的关系是增强教学实效性的一个重要手段。马克思主义与中国化马克思主义是“源”和“流”的关系，是“继承坚持”与“发展创新”的关系。讲授中国化马克思主义决不能忽略和脱离马克思主义，但又要突出其民族性、时代性和实践性。中国化马克思主义的形成和发展又是和中国近现代的国情分不开的，“概论”课教学要结合中国近现代社会发展的进程，但主要是从“论”的角度，系统阐述中国化马克思主义的基本原理。而且，通过“马克思主义基本原理”课的教学，配合“思想道德修养与法律基础”课的教学，可以帮助学生增强社会主义法治观念，提高思想道德素质，尤其是坚定在党的领导下走中国特色社会主义道路的理想信念。同时，在“概论”课教学过程中，要抓住教学内容的重点，避免与其他课程的交叉和重复。

讲授“毛泽东思想、邓小平理论和‘三个代表’重要思想概论”课须解决好的几个问题*

“毛泽东思想、邓小平理论和‘三个代表’重要思想概论”（以下简称“概论”）课是思想政治理论课体系中的核心课程，学分和课时均多于其他三门思想政治理论课，可谓重中之重。讲好“概论”课，对于实施思想政治理论课教学方案，具有十分重要的意义。

一、明确“概论”课在思想政治理论课体系中的功能定位

中央明确要求，要以马克思主义中国化的理论成果为主要内容，完善思想政治理论课程体系，明确规定了新的课程体系的中心内容是马克思主义中国化的理论成果。“概论”课是思想政治理论课新方案的核心课程，在思想政治理论课体系中具有特殊而重要的地位。

思想政治理论课方案中的每一门课程，都各自承担着对大学生进行思想政治教育的不同任务。“思想道德修养与法律基础”课主要是对大学生进行系统的社会主义道德教育和法制教育，帮助大学生确立社会主义核心价值体

* 原载《思想理论教育》2008年第1期。

系，提高其思想道德素质。“中国近现代史纲要”（以下简称“纲要”）课主要通过讲授中国近现代历史，使学生弄清楚中国人民为什么选择了马克思主义、选择了中国共产党、选择了社会主义道路，从而为把握“概论”课所讲授的马克思主义中国化的理论成果奠定实践基础。“马克思主义基本原理”课主要为了使学生弄清楚什么是马克思主义，如何坚持和发展马克思主义，进而从整体上把握马克思主义的科学体系，掌握科学的世界观和方法论。同时，它也为掌握“概论”课所讲授的主要内容，即马克思主义中国化的理论成果奠定理论基础。“概论”课主要帮助大学生弄清楚，为什么要把马克思主义中国化，什么是中国化的马克思主义，中国化马克思主义理论对中国革命、建设和改革以及实现中华民族伟大复兴的重要意义，从而坚定当代大学生在党的领导下走中国特色社会主义道路的理想信念。

思想政治理论课体系是一个有机整体，体现了马克思主义和中国化马克思主义的综合性、整体性。其特点是既有史又有论，还有应用，有利于大学生在系统掌握马克思主义基本原理的基础上，从历史与现实的结合中，全面掌握科学的世界观和方法论。明确“概论”课在思想政治理论课体系中的功能定位，既有助于我们认识“概论”课的重要地位，也有助于我们处理好“概论”课与其它三门思想政治理论课之间的关系。

在“概论”课教学中，有一个普遍存在的问题，这就是如何处理好与“纲要”课之间的关系。“纲要”课主要从中国近现代历史发展的角度，阐述中国人民对马克思主义、社会主义道路和中国共产党领导的三个选择，重在对历史事实进行深入分析。而“概论”课则是系统讲授中国化马克思主义的形成和发展、理论体系、基本原理及其意义，重在对中国化马克思主义进行理论上的深入分析。尽管“概论”课和“纲要”课所讲授的内容，基本上都处在中国近现代史的时限内，但是这两门课却有着很大的差别，一门是史，一门是论。“纲要”课是从史实出发，分析和说明历史经验和历史规律；“概论”课是从基本原理入手，分析和说明中国化马克思主义对于中国革命、建设和改革的指导作用。两门课既不能相互替代却又相互补充，这就需要教师在备课和授课时注意把握不同的角度。实际上,在教材编写时已经注意到这一问题。比如,“概论”课教材的第三章关于新民主主义革命理论,并没有过多地通过对具体史实的叙述,讲述中国如何由一个独立的封建社会沦为半殖民地半封建社会的过程,而是着重从理论上分析,帝国主义与封建主义相结合,通过政治的、经济的和文化的手段,使近代中国社会的性质发生了根本性的变化。对其它理论内容的分析也是这样,“概论”课是靠理论的力量、逻辑的力量来教育和说服学生,这就需要教师在备课时,要吃透教材、吃透理论,搞清楚基本原理之间的内在联系,使学生充分领略中国化马克思主义理论的无穷魅力。

在思想政治理论课教学方案中,“概论”课由毛泽东思想概论、邓小平理论和“三个代表”重要思想概论合并而成,这样有利于学生从整体上把握马克思主义中国化的理论成果,体现中国化马克思主义理论的一脉相承性。有的教师认为,毛泽东思想的内容在新教材中比重较小,没有得到充分的反映。实际上,在“概论”课教材的第三、四两章中,集中阐述了毛泽东思想体系中最具特色的新民主主义革命理论和社会主义改造的理论,关于社会主义建设的理论在教材第五章以后的各章中得到了体现。在第五章以后的各章内容中,均体现了毛泽东思想的有关内容,在论述基本原理时,教材也基本上遵循着从毛泽东思想依次到邓小平理论、“三个代表”重要思想、科学发展观这样一个发展的脉络进行分析,尤其注重中国化马克思主义的内在联系和逻辑展开。因此,教师应当贯彻中国化马克思主义整体性教学的宗旨,注重分析中国化马克思主义的整体性和内在联系。

二、把握“概论”课的教学目的、教学体系和基本原理的内在逻辑

讲好“概论”课,应当明确这一课程的教学目的,根据中国化马克思主义的理论体系,以教材为基础,设计好教学体系,把握中国化马克思主义的内在

逻辑。

第一，应当明确“概论”课的教学目的。一是通过讲授中国共产党把马克思主义基本原理与中国具体实际相结合的历史进程，帮助大学生深刻理解马克思主义中国化的理论成果既一脉相承又与时俱进的理论品质，深刻认识解放思想、实事求是、与时俱进的极端重要性，着重弄懂为什么要提出马克思主义中国化、怎样才能实现马克思主义中国化，准确把握马克思主义中国化的基本规律和基本经验，充分认识在当代中国坚持和发展马克思主义，用马克思主义中国化的最新理论成果指导中国特色社会主义伟大实践的重要意义。二是要通过讲授马克思主义中国化的理论成果，帮助学生系统掌握毛泽东思想、邓小平理论、“三个代表”重要思想、科学发展观的基本原理和基本观点，科学理解其历史地位和指导意义；深刻认识科学发展观是推进我国改革开放和社会主义现代化建设必须长期坚持的重要指导思想，增强贯彻落实科学发展观的自觉性和坚定性。三是要通过讲授中国共产党领导全国各族人民在革命、建设和改革中所取得的辉煌成就，总结我们党在以往的探索中所积累的历史经验，引导大学生正确认识我国社会主义初级阶段的基本国情和社会主义建设的客观规律，帮助大学生正确认识自身所肩负的历史使命，坚定在党的领导下走中国特色社会主义道路的理想信念，努力培养德智体美劳全面发展的中国特色社会主义事业的合格建设者和可靠接班人。

第二，“概论”课教学内容的具体设计，应以马克思主义中国化为主线，以中国化马克思主义为主题，以建设中国特色社会主义为重点。以马克思主义中国化为主线，就是从纵向把握马克思主义中国化的历史进程，给学生讲清楚马克思主义中国化在不同发展阶段的历史背景和过程、中国共产党如何把马克思主义普遍原理与中国革命、建设和改革的具体实际相结合，不断坚持理论创新，从而实现马克思主义中国化，使学生能够把中国化马克思主义的基本原理放在马克思主义中国化的过程中去理解。

以中国化马克思主义为主题，就是主要从理论上阐述中国化马克思主义关于革命、建设和改革的基本原理，认真总结马克思主义中国化的基本经验，把握马克思主义中国化的基本规律,使学生充分领略中国化马克思主义理论的无穷魅力。

以建设中国特色社会主义为重点,就是要重点分析在改革开放和社会主义现代化建设的新时期形成的中国特色社会主义理论体系。这一点从"概论"课教材的总体布局中已经反映出来,从教材的第五章到第十五章主要是阐述中国特色社会主义理论体系。新民主主义革命的胜利,社会主义基本制度的建立,为建设中国特色社会主义奠定了根本政治前提和制度基础。改革开放以来,我国取得的一切成绩和进步的根本原因,就在于开辟了中国特色社会主义道路,形成了中国特色社会主义理论体系。中国特色社会主义道路,就是在中国共产党领导下,立足基本国情,以经济建设为中心,坚持四项基本原则,坚持改革开放,解放和发展社会生产力,巩固和完善社会主义制度,建设社会主义市场经济、社会主义民主政治、社会主义先进文化、社会主义和谐社会,建设富强民主文明和谐的社会主义现代化国家。中国特色社会主义理论体系是包括邓小平理论、"三个代表"重要思想以及科学发展观等重大战略思想在内的科学理论体系。中国特色社会主义理论体系,坚持和发展了马克思列宁主义、毛泽东思想,凝结了几代中国共产党人带领人民不懈探索实践的智慧和心血,是马克思主义中国化的最新成果,是中国共产党最可宝贵的精神财富,是全国各族人民团结奋斗的共同思想基础。在当代中国,坚持中国特色社会主义理论体系,就是真正坚持马克思主义。因此,这一部分应是"概论"课教学的主体内容。

第三,教学体系的具体设计,可以按照教材的编排分为几个板块。第一部分总论包括两章内容。第一章主要阐述马克思主义中国化的历史进程和主要理论成果。在讲述这一章时,要注意提纲挈领,具有高度的概括性,避免与其它各章内容重复。第二章主要阐述马克思主义中国化理论成果的精髓,即实事求是。第二部分是毛泽东思想体系独具特色的两个内容,即新民主主义革命理论和社会主义改造的理论。这也是毛泽东思想主要内容的集中反映。第三部分是中国特色社会主义的三个基本问题:社会主义的本质和根本任务、社会主义初级阶段理论、社会主义改革和对外开放。第四部分是中国特色社会主义的总体布局:中国特色社会主义经济、政治、文化和社会建设。第五部分是祖国完全统一的构想、国际战略和外交政策。第六部分是中国特色社会主义的依靠力量和领导核心。

三、实现理论体系向教学体系的有效转换

“概论”课教材的编写体系,以中国化马克思主义理论体系为基础,反映理论体系的主要内容。教师在授课过程中,应该以教材为依据,在吃透教材的基础上,经过精心备课和悉心讲解,使理论体系有机地转换为教学体系,这样才能有利于学生掌握理论内容。在实现理论体系向教学体系转换的过程中,应注意这样几个主要问题:

第一,把握教学内容的科学性。讲清中国化马克思主义的基本概念和范畴,对基本观点和基本原理的讲述要正确、准确和规范。讲清马克思主义中国化的背景,中国化马克思主义的主要内容,基本原理、意义和作用。思想政治理论课不能仅仅是知识的传授、讲述是什么,而应该重点分析为什么。教学过程中要避免主观随意性,不能随意发挥,也不能生搬硬套。

第二,把握教学内容的整体性。一是从纵向的马克思主义中国化不断发展的过程,讲清中国化马克思主义形成的时代背景和理论基础,使学生掌握中国化马克思主义理论形成和发展的脉络。二是从横向的理论内容的逻辑展开上,分析和把握中国化马克思主义的整体性和基本原理的内在联系。比如,关于中国特色社会主义理论体系,包括邓小平理论、“三个代表”重要思想、科学发展观等内容,是新时期我们党的创新理论的总体概括。应按照“始于毛、成于邓”并在新的历史条件下加以发展的逻辑线索进行讲述。

第三,坚持理论联系实际的原则。只有紧密联系实际,才能使课堂教学生动丰富而具有感染力,才能使理论鲜活而不至于变成空洞的教条。所谓理论

联系实际,既不是用理论去简单地诠释现实,也不是说什么都要联系,更不是简单的就事论事。在联系实际过程中,一是应该明确联系什么样的实际。对于"概论"课教学来说,既要联系改革开放以来国际、国内形势的巨大变化,又要联系当代大学生关心的涉及改革开放和社会主义现代化建设的一些重大理论问题,也要联系当代大学生自身的思想实际。只有深入剖析大学生关心的热点问题,才能使"概论"课教学充满活力,使大学生产生共鸣。也只有对大学生关心的热点问题进行深入的分析和解答,才能使学生理解新形势下党的路线方针政策,澄清模糊认识,统一思想,坚定当代大学生走中国特色社会主义道路的理想信念。"概论"课教学内容要贴近实际、贴近学生、贴近生活,体现"三贴近"的原则。同时,还要联系理论界和学术界研究的热点问题和前沿问题。提倡研究型教学,思想政治理论课教师要始终站在前沿。二是搞清楚课堂教学中怎样联系实际。分析的案例要有典型性,不能泛泛而谈;要真实、完整、有头有尾;要经过精心准备,不能信手拈来;要能够揭示深刻的理论内涵,不能只是就事论事,也不能哗众取宠;要以正面案例为主,反面案例要有,但要注意教学效果,避免带来消极影响。要使学生学会用马克思主义的立场、观点和方法看问题,能够分清哪些是主流,哪些是支流,能够透过现象看到事物的本质。

联系实际过程中还应注意:分析的案例教师要非常熟悉,不能太生僻;要生动形象、新鲜活泼,能够吸引学生,还要有时代感;要与教学内容具有内在联系,不能风马牛不相及;教学过程中,每一堂课分析的案例不能太多,不能使课堂教学成为案例的叠加和罗列,这样就会喧宾夺主,削弱理论的感染力和说服力。对于学生非常熟悉的案例,提出问题要有新的角度,要讲出新意来。不能为了迎合个别学生的某些兴趣,而在课堂上不负责任地去讲一些趣闻轶事。

第四,课堂教学要吸引学生。运用启发式教学,多进行一些课堂讨论,培养学生观察问题、提出问题、分析问题和解决问题的能力。注意师生互动,师生可以相互提问,以调动学生自主学习的积极性。关注重大事件的进展,关注国内外重要的时事,关注理论界研究的前沿问题,保持教学内容鲜活性;要根据教学内容，增加一些实践教学环节，可以因地制宜地组织学生进行参观考察、社会调查和社会实践，使学生多接触生活、了解社会，使学生懂得如何面对人生和认识社会，如何面对困难和挫折，从而树立科学的世界观、人生观和价值观。

第五，使用现代化教学手段要注重教学效果。每张幻灯片的文字内容不能太多，做到提纲挈领、简明扼要。音像资料不能太多，更不能代替课堂教学。可安排一些课外专题资料片。幻灯片的内容以概念、主要观点和基本原理为主，也可以适当补充一些课外内容，但要以教材内容为主。可以列一些图表、数据，可以活泼一点，但不能太花里胡哨。需要强调的是，任何教学手段都是为课堂教学服务的，都不能替代教师对基本理论的分析和阐述。

总之，讲好“概论”课，既需要我们深入理解中央关于思想政治理论课改革的精神，也需要我们在吃透教材的基础上，把握“概论”课教学内容的整体性和基本原理之间的内在联系，坚持理论联系实际的原则，注意运用现代化的教学手段，使“概论”课成为大学生真心喜欢、终身受益的课程。

“毛泽东思想和中国特色社会主义理论体系概论”课建设的回顾与展望*

根据《中共中央、国务院关于进一步加强和改进大学生思想政治教育的意见》,2005 年,中宣部和教育部相继出台了关于进一步加强和改进高校思想政治理论课的意见和实施方案(即“05 方案”)。五年来,作为“05 方案”的核心课程,“毛泽东思想和中国特色社会主义理论体系概论”(最初的课程名称为“毛泽东思想、邓小平理论和‘三个代表’重要思想概论”,党的十七大以后改为“毛泽东思想和中国特色社会主义理论体系概论”,以下简称“概论”)课的建设同其他三门课程一样,既取得了很大的成绩,积累了丰富的经验,也存在着一些仍需要解决的突出问题。回顾五年建设的历程,总结其基本经验,对于我们在新的历史条件下,不断完善“概论”课的教学体系,使其成为学生“真心喜欢,终身受益”的课程,具有十分重要的意义。

一、“概论”课五年建设取得的主要成绩

五年来,“概论”课的改革,在课程性质定位、教材编写、师资培训、教学研究等方面取得了突出的成绩,主要表现在以下几个方面。

---

* 原载《思想理论教育》2010 年第 11 期。

第一,关于“概论”课的性质定位。“概论”课是“05 方案”课程体系的重要组成部分。党中央明确要求,要以马克思主义中国化的理论成果为中心内容,完善思想政治理论课课程体系。这也就是说,新的思想政治理论课课程体系的中心内容是马克思主义中国化的理论成果,明确规定了“概论”课在新的思想政治理论课课程体系中的核心位置,所发挥的特别重要的作用。

“概论”课是思想政治理论课新方案的核心课程。新方案中的四门必修课,都是围绕着培养中国特色社会主义事业的合格建设者和可靠接班人这一目标而设立的,都是为了帮助大学生树立社会主义核心价值体系,引导他们坚信马克思主义指导思想,坚定中国特色社会主义的共同理想,但是四门课各自承担着不尽相同的思想政治教育的具体内容。其中,“马克思主义基本原理”课主要是帮助学生弄清楚:什么是马克思主义?如何坚持和发展马克思主义?帮助学生从整体上把握马克思主义的基本原理和精神实质,掌握马克思主义的世界观和方法论,为“概论”课所讲述的马克思主义中国化的理论成果奠定理论基础。“中国近现代史纲要”课主要通过讲授中国近现代历史帮助学生弄清楚:中国人民为什么选择了马克思主义、选择了中国共产党、选择了社会主义道路?为“概论”课所讲述的马克思主义中国化的理论成果奠定实践基础。“概论”课主要帮助学生弄清楚:为什么马克思主义要中国化?什么是中国化的马克思主义?毛泽东思想和中国特色社会主义理论体系对中国革命、建设和改革,实现中华民族伟大复兴的重要意义,坚定在党的领导下走中国特色社会主义道路的理想信念。“思想道德修养与法律基础”课主要进行社会主义道德教育和法制教育,帮助学生树立社会主义荣辱观,提高其思想道德素质。总之,这四门课程是一个有机统一的整体,“概论”课在其中起着核心作用。

胡锦涛指出:“要从赢得青年、赢得未来的高度,抓好大学生的理论学习,深入推进马克思主义中国化的最新成果进教材、进课堂、进头脑工作,让青年知识分子了解和相信党的理论,在广大青年中培养一大批坚定的马克思主义者。”①根据“05 方案”的要求,“概论”课要着重讲授中国共产党把马克思主义基本原理与中国实际和时代特征相结合的历史进程,充分反映马克思主义中国化的理论成果,帮助学生系统掌握毛泽东思想和中国特色社会主义理论体系的基本原理;要准确把握“一个主题”,即以中国化马克思主义为主题,贯穿“一条主线”,即以马克思主义中国化为主线,突出“一个重点”,即以中国特色社会主义为重点。

第二,集中全国力量,编写出了高质量的统编教材。教材是一课之本,是讲好课程内容的基本依据。党中央把新教材的编写工作纳入马克思主义理论研究和建设工程,作为中国特色哲学社会科学教材体系建设的重点,放在了更加突出的位置。中央政治局常委亲自审定了教材的编写提纲。马克思主义理论研究和建设工程咨询委员会的专家以及有关学科专家,对教材进行了多次严格的审读审议,提出了重要的修改意见和建议。同时,教育部还多次就教材编写听取了教学一线的教师、理论工作者和学生的意见,汇集了全国专家的力量和智慧,集中进行编写。“概论”课教材把原来的“毛泽东思想概论”“邓小平理论和‘三个代表’重要思想概论”的内容,以及科学发展观等重大战略思想的内容作为一个整体按照新的教学体系进行整合,突出了中国化马克思主义理论体系的整体性,具有很强的科学性、权威性和严肃性,充分体现了马克思主义中国化的新成果、建设和发展中国特色社会主义的新经验、马克思主义研究的新进展。教材充分反映了中国化马克思主义的立场、观点和方法,有利于学生正确认识人类社会发展规律和社会主义建设规律。同时,教材也具有较强的现实性、针对性和一定的可读性,做到了贴近生活、贴近实际、贴近学生。五年来,教材已修改和出版多次,这是“概论”课建设的标志性成果,为“概论”课教学奠定了良好的基础。

第三,师资培训上了新的台阶。从 2006 年开始,中宣部、教育部等中央五部委组织对全国哲学社会科学教学科研骨干进行培训,各省市也都普遍举办

---

① 《十六大以来重要文献选编》下,中央文献出版社 2008 年版,第 685 页。

了思想政治理论课教师培训班。各地教育部门在“概论”课开课之前，均对任课教师进行全员培训，把全体教师的思想认识统一到中央对“概论”课重要性的认识上来，统一到中央对加强和改进思想政治理论课工作的部署上来，统一到中央审定的新教材的基本内容和基本精神上来，切实保证开课质量。有效的师资培训，对于提高教师的理论水平、教学技能起到了十分重要的作用。

第四，教学研究取得了新的成绩。“概论”课教材出版后，为了配合教改，高等教育出版社先后组织教材编写组成员，编写出版了与教材配套的《疑难问题解析》《教师用书》《学生用书》《案例解析》等教辅读物，有力地支持了教学改革。在此基础上，教育部社科司先后组织评选了“概论”课的“精彩一课”“精彩课件”“精彩教案”，评选出了“概论”课的国家精品课，这些成果集中体现了“概论”课建设的阶段性成就。此外，教育部还设立了高校思想政治理论课教学研究的专项课题，加强包括“概论”课在内的思想政治理论课教学研究，以期实现教材体系向教学体系的有效转换。

为了提高“概论”课的整体教学水平，中央设立了马克思主义理论一级学科下属的马克思主义中国化研究二级学科，其重要目的之一就是为“概论”课教学提供学科支撑，为凝聚高素质教师队伍搭建学术平台，全面推动思想政治理论课教育教学的改革。

五年来，“概论”课建设取得了重要成绩，其基本经验主要体现在：赋予“概论”课以明确的定位，明确了其作为思想政治理论课核心课程的地位；重视教材编写，集中全国力量，编写了高质量的教材和与之相配套的教辅读物；提高教师自身素质，进行多层次的教师培训和全员轮训；加强教学研究，建立与课程体系相适应的教学体系；建立马克思主义中国化研究二级学科，为“概论”课教学提供学科支撑。

二、“概论”课教学仍需解决的几个问题

在“概论”课建设取得突出成绩的同时，也应该看到还存在着种种不足，有的属于“概论”课建设过程中需要解决的问题，也有的属于四门思想政治理论课建设需要共同解决的问题。

第一，把握好“概论”课教学内容的整体性。教师对“概论”课教学内容整体性的把握，是实现教学目标的重要前提。“概论”课之所以把毛泽东思想和中国特色社会主义理论体系有机整合在一起，就在于二者之间具有内在而不可分割的联系，是一个有机统一的整体。“概论”课的教学目的，也就是要用蕴含在毛泽东思想和中国特色社会主义理论体系中的立场、观点和方法来武装当代大学生的头脑。

“概论”课教学内容是一个统一的有机整体，既体现为纵向的历史的统一，又表现为横向的内在逻辑的统一。毛泽东思想和中国特色社会主义理论体系概论也可以被称为中国化马克思主义概论。因为无论是毛泽东思想还是中国特色社会主义理论体系，都是马克思主义中国化的理论成果，都是中国化的马克思主义。从纵向的历史发展来看，它们虽然产生于不同的时代条件下，要解决的主要矛盾和面临的主要任务不同，但都具有一个共同的主题，那就是实现中华民族的伟大复兴。从横向的理论逻辑来看，虽然二者是马克思主义与中国革命、建设和改革不同时期的具体实际相结合而产生的理论成果，但马克思主义是其共同的理论基础，无论是毛泽东思想还是中国特色社会主义理论体系，都内在地体现着马克思主义的立场、观点和方法，辩证唯物主义和历史唯物主义是其共同的哲学基础，实事求是是其共同的理论精髓。

把握好“概论”课教学内容的整体性的一个重要问题，就是在教学过程中要处理好毛泽东思想和中国特色社会主义理论体系的关系。由于任课教师的

知识结构和学科背景不同,或者在"概论"课改革前只教过"毛泽东思想概论",或者只教过"邓小平理论和'三个代表'重要思想概论",对二者之间的内在联系缺乏整体性的把握,从而容易在教学过程中把毛泽东思想和中国特色社会主义理论体系割裂开来,孤立地讲授。例如,在第三章、第四章的教学过程中,有的教师不能把新民主主义革命理论和社会主义改造的理论放在马克思主义中国化的整体进程中来分析和研究,不能把这两章的内容与后来的社会主义建设和改革开放联系起来,只是孤立地讲授这两章内容。同样,在讲授中国特色社会主义理论体系部分时,不能与毛泽东关于社会主义建设的思想联系起来,看不到毛泽东关于社会主义建设的思想与中国特色社会主义理论体系的内在联系。

把握好"概论"课教学内容的整体性,还要正确认识中国特色社会主义理论体系各个组成部分之间的内在联系。邓小平理论、"三个代表"重要思想以及科学发展观等重大战略思想,是改革开放以来马克思主义在当代中国的新发展。虽然它们体现了不同阶段的特征,侧重回答的问题有所不同,但是理论主题只有一个,就是建设和发展中国特色社会主义。因为搞清楚"什么是马克思主义、怎样坚持和发展马克思主义","什么是社会主义、怎样建设社会主义","建设一个什么样的党、怎样建设党","实现什么样的发展、怎样发展"等问题,始终贯穿建设和发展中国特色社会主义的整个过程,实际上就是要解决这样一个问题:怎样建设和发展中国特色社会主义,怎样通过走社会主义道路实现中华民族的伟大复兴。因此,在"概论"课教学过程中,一定要认识到邓小平理论、"三个代表"重要思想和科学发展观等重大战略思想之间的内在联系,从总体上把握中国特色社会主义理论体系的整体性,尤其要注意讲清楚继承与发展的关系。

第二,理论联系实际。理论源于实践,理论也只有在实践中发挥作用,才能显示其生命力、创造力和感召力。讲好"概论"课,要联系中国革命、建设和改革的具体实际,做到理论联系实际。"理论和实践结合了,理论就会是行动的指南。"①"马克思主义是从实际中来并被实践所证明了的科学理论,只有联

① 《缅怀毛泽东》编辑组:《缅怀毛泽东》上,中央文献出版社 1993 年版,第 400 页。

系实际，才能真正学懂，也只有联系实际才能真正用好。”①只有紧密联系实际，才能使课堂教学生动丰富而具有感染力，才能使理论鲜活而不至于变成空洞的教条，才能真正帮助学生解疑释惑。但在实际教学过程中，理论联系实际还存在一些问题，即联系什么样的实际、怎样联系实际。

“概论”课教学要联系重大的理论和现实问题，要联系大学生的思想实际。通过对国际形势发展变化的分析，探索当今世界经济政治文化发展的内在规律，引导学生正确认识当今世界错综复杂的形势，把握国际局势的发展变化和人类社会的发展趋势，自觉抵制各种错误思潮的不良影响，树立中国特色社会主义共同理想。通过对重大现实问题的分析，使学生深入理解新形势下党的路线、方针、政策，澄清模糊认识，统一思想，增强学生在党的领导下建设中国特色社会主义的信心。通过联系大学生的思想实际，引导大学生运用马克思主义的立场、观点和方法，分析和认识现实社会生活中纷繁复杂的经济、政治、文化现象，比较和评价各种社会思潮和价值观念，并在分析、比较和鉴别中，树立社会主义核心价值体系，切实帮助大学生解决思想问题，帮助他们解疑释惑。

在教学过程中，联系的实际要有典型性、针对性，避免联系那些片面的、犄角旮旯的所谓珍闻轶事。对一些具体的典型案例，既要详述事件的前因后果，还要注意从理论上去分析和把握，通过对案例的深入分析把握事物的本质，真正做到有的放矢，使理论和实际紧密结合。在教学过程中，联系的实际要全面，避免以偏概全。只有对实际的全面分析，才能掌握实质、把握规律、阐明理论。在教学过程中，联系实际要以正面案例为主，要注意纵向比较和横向比较相结合，应多从纵向比较中，联系改革开放所取得的进步和成就，坚定学生对马克思主义的信仰，以及走中国特色社会主义道路的信心。在联系实际进行教学的过程中，教师可以有自己的见解和不同观点，但是不能随意发挥、哗众取宠，一定要认识到课堂讲授要有纪律。

---

① 《十四大以来重要文献选编》下，人民出版社 1999 年版，第 1961 页。

第三，师资队伍建设要常抓不懈。加强教师队伍建设，提升其基本素质，是实现“概论”课教学改革目标的关键因素。当前，由于多方面的原因，“概论”课教师队伍的状况，还不能很好地适应新时期新阶段新的教学任务的需要，教师的整体素质成为制约教学质量提升的瓶颈，师资队伍建设要常抓不懈。

一是加强马克思主义理论学科建设，尤其是马克思主义中国化研究二级学科的建设，并把学科建设与教学科研紧密结合起来，这是加强“概论”课教师队伍建设的关键环节。抓好马克思主义中国化研究学科建设，是凝聚一批优秀人才，组织一支高水平的教学科研队伍，从根本上提升教师的整体素质，提高课程教学的质量和水平的关键。但目前还存在着两张皮和相互脱节的现象，主要表现在从事马克思主义中国化研究的学术骨干，并不都在“概论”课教学的第一线。要把马克思主义中国化二级学科建设与“概论”课教学科研紧密结合起来，形成相互支撑、教研相长、共同发展的新局面，这是亟须解决的一个问题。

二是不断组织全员培训，提高教师的理论素养。“05 方案”的实施，对“概论”课教师提出了新的要求。一方面，“概论”课整合了原来两门课的教学内容，这就要求教师既要熟悉毛泽东思想的内容，又要掌握中国特色社会主义理论体系，还要把握好二者之间的内在联系。但由于教师的知识结构和学科背景的限制，有的教师还不能完全适应这一变化，因此有必要通过培训、集体备课或学术交流等形式，加强对教学内容整体性的把握。另一方面，教学内容随着党的理论创新而不断丰富，一些新的理论也会随着实践的发展不断充实到教学内容中来。因此，需要对教师进行全员培训，使教师能够在第一时间把握教材内容的新变化，把握中国化马克思主义的新发展，并将其体现在教学过程中。

还应该组织“概论”课教师广泛开展各种社会考察，拓宽教师的视野，使他们深刻认识我国的国情和改革开放以来中国特色社会主义建设所取得的巨大成就。要积极创造条件，组织教师到改革开放前沿、西部贫困地区、东北老工业基地调查研究，掌握第一手材料，组织教师到革命历史纪念地、爱国主义教育基地实习考察，掌握感性材料。通过组织教师到基层和实际部门挂职锻炼，增加阅历，增长见识，教师才能在教学过程中把理论和实际真正联系起来，课堂才能变得生动鲜活。

建设一支高素质的教师队伍，还应该把好教师“入门关”。“概论”课教师作为大学生成长道路关键阶段的领航人，首先必须是中国化马克思主义坚定的信仰者，必须具备坚定的政治立场和明确的思想方向。如果他们的马克思主义信仰不坚定，不仅会损坏中国化马克思主义在大学生心中的形象，甚至会在政治上造成恶劣的影响。

三、在改革中完善“概论”课教学体系

分析和研究“概论”课建设存在的问题，是为了在改革中建立和完善既符合中央要求，又适应新的形势发展需要的教学体系。

第一，提倡研究型教学。提倡研究型教学是由“概论”课的性质和任务所决定的。要把学生培养成中国特色社会主义事业的可靠接班人，首先要使学生对中国特色社会主义有深入的了解。这就要求教师学有专长，既要深入研究中国特色社会主义理论，也要研究中国特色社会主义实践，只有在对中国特色社会主义理论和实践的研究中，才能发现中国特色社会主义既符合社会主义发展的规律，也符合人类社会发展的规律，坚定走中国特色社会主义道路的信心。对实际问题的研究越深入，对规律的把握就越深刻，“概论”课教学不能只停留在对理论和实际的蜻蜓点水式的分析与讲解上，要学会分析和研究理论与实践中的具体问题。

搞好研究型教学，首先要对教材的理论内容和社会实际进行深入挖掘和研究。比如，通过对“概论”课的重点理论内容的深入研究，搞清楚为什么一定要坚持中国特色社会主义理论体系，通过对现实的重大社会问题的研究，搞

清楚为什么一定要坚持走中国特色社会主义道路，通过对和教材内容相关的理论和社会生活中的一些热点难点问题进行深入研究，搞清楚坚持中国特色社会主义的内在必然性。唯有如此，才能真正用“一面旗帜”凝聚新一代，用“一条道路”引领新一代，用“一个理论体系”武装新一代，才能达到课程教学目标。

搞好研究型教学，对“概论”课教师也提出了新的要求。教师一方面要将对教材重点内容的研究上升到学术层面，吃透教材的理论内容。另一方面，还要广泛深入了解我国社会主义初级阶段的实际，对一些热点难点问题具有独到的见解，对一些社会问题做出符合实际的马克思主义的分析和解读。在研究型教学过程中，既要发挥教师的主导作用，又要发挥学生的主体作用；既要培养学生的学习兴趣，又要激发学生思维活力；既要使学生掌握中国化马克思主义的基本原理，又要培养学生分析问题和解决问题的能力。

第二，搞好专题性教学。中宣部、教育部《关于进一步加强和改进高等学校思想政治理论课的意见》指出，要认真探索专题讲授的教学方法，增强教育教学效果。尤其是在高职高专院校，由于课时少，可以尝试在把握教材体系结构的情况下进行专题性教学，把教学内容分成若干专题，然后由对某些专题学有专长或有深入研究的教师进行授课，若干教师共同完成全部教学任务。

专题教学具有很多优点。由于教材体系结构的需要，不可避免地存在着教学内容重复的问题。采用专题教学，则可以避免不必要的重复。专题性教学重点非常突出，对一些重点的理论内容可以进行深入剖析和研究，既可以使学生对理论有深刻把握，也更容易激发学生的学习兴趣。专题教学可以优化教师资源。任何一个教师都很难把每一堂课都讲得很精彩，但每位教师都有自己的专长和独到之处，通过专题性教学，可以发挥教师的积极性，改善整体教学效果。

采用专题性教学，需要注意一些基本的问题。一是要选好专题。专题内容一定要是重大的理论问题,否则专题教学就失去了意义。二是在选择教学专题时,要注意各个专题之间的内在联系,不能因为采取专题性教学而割裂教学内容的整体性,从而削弱整体教学效果。三是专题性教学应是在掌握整个教学体系和教学内容的基础上进行的,避免教师只知其一不知其二的问题。

第三,正确处理科学性、理论性与生动性的关系。正确处理科学性、理论性与生动性的关系,是完善"概论"课教学体系需要注意的重要问题。科学性、理论性与生动性并不矛盾,关键是要正确把握它们在教学中的关系。

"概论"课首先是一门理论课,理论课的特点就在于用真理的力量和逻辑的力量来教育学生,使大学生通过掌握科学的理论,树立正确的世界观,并用马克思主义的立场、观点和方法分析和认识问题。在"概论"课教学中,科学性、理论性是第一位的,是教学的根本。尤其是受众对象是正在接受高等教育的大学生,"概论"课应当以理论教学为主。

在教学过程中,通过一些新鲜活泼的教学方法和教学手段,通过联系一些生动鲜活的案例阐释理论,无疑可以增加教学的生动性,增强教学的吸引力。但需要指出的是,生动性是为增强理论的吸引力服务的,不是理论课的根本。在强调生动性的同时,切不可喧宾夺主,更不可以为了生动而生动,丧失了其理论课的功能,而沦为故事会、聊天室。

第四,运用案例教学等教学手段,增强教学的吸引力和感召力。运用案例教学、多媒体教学、实践教学等丰富的教学手段,是增强"概论"课吸引力和感召力的重要方式和途径。

案例教学是"概论"课教学的重要手段。案例教学可以突出重点,就某一具体案例进行全面深入分析,能够深刻阐明教材的某些重点理论内容,并且,通过对案例的分析,有助于大学生将理论知识转变为分析和研究问题的能力。案例教学可以活跃课堂气氛,引起学生的兴趣,通过积极讨论促进学生的深入思考,使学生由传统的知识被动接受者转变为真正的课堂主体。案例教学注重双向交流,打破了教师讲、学生听的传统教学模式,可以有效地实现教学相长。

多媒体教学是一种新型教学手段。通过多媒体辅助教学手段，利用视频、动画、图文、声像等不同形式，创设赏心悦目的教学情境，更容易引发学生的情感参与。尤其是对于“概论”课来说，用生动形象的方式展示党领导人民革命、建设和改革的伟大历程，更容易达到对大学生进行思想政治教育的目的。同时，多媒体教学还具有直观、生动、形象、具体、信息量大、重点突出等优点，符合现代大学生学习的心理要求，可以有效地改善“概论”课教学效果。但是，任何形式都要服从内容，都是为理论教学服务的，切忌喧宾夺主。不能离开了多媒体就不能进行教学，也不能只会看着幻灯片照本宣科，而没有理论分析。

实践性是“概论”课教学的基本属性，把理论教学与实践教学结合起来，是完善“概论”课教学体系的重要方面。根据教学要求适当增加实践教学，打破传统的从理论到理论、从书本到书本的教学模式，引导学生走出课堂，积极投身社会实践，在实践中认识社会、了解社会，在实践中深化对理论的认识，是改善“概论”课教学效果的重要途径。可以通过组织学生开展既具有时代特点又具有现实意义的社会调查、志愿服务、公益活动等丰富多彩的活动，把理论与实践有机地结合起来，从根本上改变理论教学与实践相脱节的现状，提升教学的针对性和吸引力。

“概论”课第十章教学贯彻党的十七届六中全会精神的几个问题*

2011年10月15日至18日，党的十七届六中全会在北京召开，全会审议通过的《中共中央关于深化文化体制改革推动社会主义文化大发展大繁荣若干重大问题的决定》（以下简称《决定》），对我国文化改革发展作出了战略部署，是当前和今后一个时期指导我国文化改革发展的纲领性文件。党的中央全会专门讨论文化建设问题，充分说明党对文化建设的高度自觉。“毛泽东思想和中国特色社会主义理论体系概论”课的第十章“建设中国特色社会主义文化”教学中，在全面贯彻党的十七届六中全会精神时，应重点加深对以下几个问题的分析和研究。

一、深刻认识深化文化体制改革、推动社会主义文化大发展大繁荣的重要意义

社会主义先进文化是马克思主义政党思想精神上的旗帜，文化建设是中国特色社会主义事业总体布局的重要组成部分。没有先进文化的引领，没有人民精神世界的极大丰富，没有民族精神力量的充分发挥，中华民族不可能屹

* 原载《思想理论教育导刊》2011年第12期。

立于世界民族之林。在新的历史起点上深化文化体制改革、推动社会主义文化大发展大繁荣，关系实现全面建设小康社会奋斗目标，关系坚持和发展中国特色社会主义，关系实现中华民族的伟大复兴。

（一）深化文化体制改革、推动社会主义文化大发展大繁荣，是推进中国特色社会主义事业全面发展的必然要求

中国特色社会主义是包括经济建设、政治建设、文化建设、社会建设以及生态文明建设在内的事业，文化建设是中国特色社会主义事业的重要组成部分，承担着为中国特色社会主义事业的发展提供坚强思想保证、强大精神动力、有力舆论支持、良好文化条件的重要任务。没有社会主义先进文化的引领，就没有改革发展的正确方向；没有正确思想理论的武装，就没有追求国家富强、民族复兴、人民幸福的强大动力和合力；没有主流价值舆论的影响，就没有一个民族、一个国家、一个社会的昂扬正气、蓬勃朝气、浩然正气；没有繁荣发展的文化事业和文化产业，就没有社会的全面进步和人的全面发展。总之，没有社会主义文化的繁荣发展，就没有社会主义现代化，就没有中国特色社会主义事业的健康发展。

（二）深化文化体制改革、推动社会主义文化大发展大繁荣，是满足人民日益丰富的精神文化生活需求的迫切需要

我国仍处于并将长期处于社会主义初级阶段的基本国情没有变，人民日益增长的物质文化需要同落后的社会生产之间的矛盾仍然是社会主要矛盾。全面建成惠及十几亿人口的更高水平的小康社会，既要让人民过上殷实富足的物质生活，又要让人民享有健康丰富的文化生活。随着人们的物质生活水平不断提高，过上丰富的精神文化生活越来越成为广大人民群众的热切愿望。因此，在坚持以经济建设为中心的同时，应当自觉把文化发展繁荣作为坚持发展是硬道理、发展是党执政兴国第一要务的重要内容，作为深入贯彻落实科学发展观的一个基本要求，进一步推动文化建设与经济建设、政治建设、社会建

设以及生态文明建设协调发展，更好满足人民精神需求、丰富人民精神世界、增强人民精神力量，促进社会的全面进步和人的全面发展，实现全面建设小康社会的奋斗目标。

（三）深化文化体制改革、推动社会主义文化大发展大繁荣，是解决我国当前文化建设面临突出问题的现实需要

这里既需要我们联系实际讲清楚，改革开放尤其是党的十六大以来，我们党始终强调文化建设的战略地位，推动文化建设不断取得新成就。但同时也必须认识到，我国文化发展同经济社会发展和人民日益增长的精神文化需求还不完全适应，存在一些突出矛盾和问题：一些地方和单位对文化建设重要性、必要性、紧迫性认识不够，文化在推动全民族文明素质提高中的作用亟待加强；一些领域道德失范、诚信缺失，一些社会成员人生观、价值观扭曲，用社会主义核心价值体系引领社会思潮更为紧迫，巩固全党全国各族人民团结奋斗的共同思想道德基础任务繁重；舆论引导能力需要提高，网络建设和管理亟待加强和改进；有影响的精品力作还不够多，文化产品创作生产引导力度需要加大；公共文化服务体系不健全，城乡、区域文化发展不平衡；文化产业规模不大、结构不合理，束缚文化生产力发展的体制机制问题尚未根本解决；文化走出去较为薄弱，中华文化国际影响力需要进一步增强；文化人才队伍建设急需加强等。解决文化建设面临的这些突出矛盾和问题，动力在深化改革，出路在加快发展，要以改革创新的思路和办法，以更加有力的政策举措来推动文化又好又快发展。

二、科学把握中国特色社会主义文化发展道路的内涵和建设社会主义文化强国的目标

在教学过程中，要结合教学内容，讲清楚中国共产党是一个具有高度文化

自觉的马克思主义政党。党在中国革命、建设、改革各个时期,一直高度重视文化建设的重要作用。党的十七届六中全会明确提出,坚持中国特色社会主义文化发展道路,这是改革开放以来我们党第一次从文化纲领、文化改革发展目标等方面阐述文化发展道路。

(一)要讲清楚中国特色社会主义文化发展道路的内涵

坚持中国特色社会主义文化发展道路,深化文化体制改革,推动社会主义文化大发展大繁荣,必须以马克思主义为指导,坚持社会主义先进文化前进方向,以科学发展为主题,以建设社会主义核心价值体系为根本任务,以满足人民精神文化需求为出发点和落脚点,以改革创新为动力,发展面向现代化、面向世界、面向未来的,民族的科学的大众的社会主义文化,培养高度的文化自觉和文化自信,提高全民族文明素质,增强国家文化软实力,弘扬中华文化,努力建设社会主义文化强国。

以马克思主义为指导,坚持社会主义先进文化前进方向,这是中国特色社会主义文化发展道路最鲜明的特征,也是事关文化改革发展全局的根本问题。以满足人民精神文化需求为出发点和落脚点,发挥人民在文化建设中的主体作用,坚持文化发展为了人民、文化发展依靠人民、文化发展成果由人民共享。这是文化建设的根本目的,也是我们党立党为公、执政为民理念的重要体现。以改革创新为动力,这是文化发展的源泉和必由之路。发展面向现代化、面向世界、面向未来的,民族的科学的大众的社会主义文化,培养高度的文化自觉和文化自信,提高全民族文明素质,增强国家文化软实力,弘扬中华文化,努力建设社会主义文化强国。这是文化建设的战略目标。这几方面的内容构成了中国特色社会主义文化发展道路的科学内涵和基本要求。

(二)要讲清楚建设社会主义文化强国的意义

《决定》指出,建设社会主义文化强国,就是要着力推动社会主义先进文化更加深入人心,推动社会主义精神文明和物质文明全面发展,不断开创全民族文化创造活力持续迸发、社会文化生活更加丰富多彩、人民基本文化权益得到更好保障、人民思想道德素质和科学文化素质全面提高的新局面,建设中华民族共有精神家园,为人类文明进步作出更大贡献。

我国是具有五千年悠久历史的文明古国,是一个文化资源大国,但还算不上文化强国,这就迫切需要加快建设与我国深厚文化底蕴和丰富文化资源相匹配、与中国特色社会主义事业总体布局相适应、与建设富强民主文明和谐的社会主义现代化国家目标相承接的社会主义文化强国。

(三)要讲清楚《决定》提出的到 2020 年,我国文化改革发展的奋斗目标

社会主义核心价值体系建设深入推进,良好思想道德风尚进一步弘扬,公民素质明显提高;适应人民需要的文化产品更加丰富,精品力作不断涌现;文化事业全面繁荣,覆盖全社会的公共文化服务体系基本建立,努力实现基本公共文化服务均等化;文化产业成为国民经济支柱性产业,整体实力和国际竞争力显著增强,公有制为主体、多种所有制共同发展的文化产业格局全面形成;文化管理体制和文化产品生产经营机制充满活力、富有效率,以民族文化为主体、吸收外来有益文化、推动中华文化走向世界的文化开放格局进一步完善;高素质文化人才队伍发展壮大,文化繁荣发展的人才保障更加有力。

为了实现上述目标,文化改革发展遵循的基本方针是:坚持以马克思主义为指导,强调的是文化改革发展的根本指导思想;坚持社会主义先进文化前进方向,强调的是文化改革发展的根本性质;坚持以人为本,强调的是文化改革发展的根本目的;坚持把社会效益放在首位,强调的是文化改革发展的根本要求;坚持改革开放,强调的是文化改革发展的根本动力。《决定》还提出了推进文化改革发展的重大举措:推进社会主义核心价值体系建设,巩固全党全国各族人民团结奋斗的共同思想道德基础;全面贯彻“二为”方向和“双百”方针,为人民提供更好更多的精神食粮;大力发展公益性文化事业,保障人民基本文化权益;进一步深化改革开放,加快构建有利于文化繁荣发展的体制机

制;建设宏大文化人才队伍,为社会主义文化大发展大繁荣提供有力人才支撑。

三、准确讲授增强国家文化软实力、扩大中华文化国际影响力的重要性及路径

文化软实力是国家软实力的一个重要组成部分。约瑟夫·奈把“文化吸引力”看作是软实力的重要构成要素。① 而所谓的文化吸引力,就是指文化软实力,它体现在一个国家文化对内的凝聚力、对外的吸引力和感召力。在经济全球化的背景下,文化软实力越来越成为综合国力的重要标志,增强文化软实力,已经成为国际社会的共识。胡锦涛在党的十七大报告中强调,“要坚持社会主义先进文化前进方向,兴起社会主义文化建设新高潮,激发全民族文化创造活力,提高国家文化软实力”②,从而把“提高文化软实力”提升到了国家战略的高度。党的十七届六中全会通过的《决定》再一次强调增强国家文化软实力、中华文化国际影响力,进一步突显了文化软实力的重要地位和重要意义。因此,在“概论”课第十章教学中,要从国际战略的高度,讲清楚关于增强国际文化软实力的几个问题。

(一)增强国家文化软实力的重要意义

一是文化软实力的提升对内有助于增强中国特色社会主义的凝聚力,增强人民群众对中国特色社会主义制度的认同感。在当代中国,增强国家的文化软实力,在本质上就是提升中国特色社会主义文化的吸引力,通过提升中国特色社会主义文化的吸引力,增进人民群众对中国特色社会主义的了解和认

---

① [美]约瑟夫·奈著:《美国定能领导世界吗》,何小东等译,军事译文出版社 1992 年版,第 40 页。

② 《十七大以来重要文献选编》上,中央文献出版社 2009 年版,第 26 页。

同，树立中国特色社会主义的共同理想，凝聚全国各族人民的力量。二是增强当代中国的文化软实力，对外有助于消除“中国崩溃论”“中国威胁论”等有害论调的影响，消解对中国特色社会主义、中国特色社会主义文化的错误看法，树立良好的国际形象。三是增强国家文化软实力，是维护文化安全的需要。在经济全球化的背景下，各种文化相互交织碰撞，只有增强我国的文化软实力，才能抵御来自西方文化的冲击。总的来说，文化软实力是文化强国的重要体现，并在建设文化强国中发挥着越来越重要的作用。正如美国前国家安全顾问布热津斯基所说，一个大国除了经济发达、军事强大、科技雄厚之外，还要有富有吸引力的文化。文化软实力，越来越成为综合国力的重要标志。

（二）如何增强我国的文化软实力

拥有丰富的文化资源，不代表拥有强大的文化软实力。对于中国这样一个拥有几千年文明历史的国家，提升文化软实力的关键在于如何把文化资源转变为文化软实力。一是要不断推动文化创新，把中国的传统文化资源和改革创新的时代精神结合起来，创造出既具有中国传统文化底蕴，又具有鲜明的社会主义价值取向以及时代特征的先进文化。要坚持把传统与现代相结合，把本土与外来相结合，把形式与内涵相结合，打造既具有精美的形式，又具有丰富思想内涵的文化产品。之所以有人把好莱坞的电影看作是美国最有效的战争武器，就在于这些电影不仅有着精美的制作，还具有丰富的价值内涵。二是要大力发展文化产业。在以市场化手段提供主要文化产品和服务的社会主义市场经济条件下，增强文化软实力不能只靠政府的投入和支持，发展文化产业是重要的途径。三是积极推动中国文化走出去。即使拥有再多的文化资源，如果不能被其他国家所了解，文化资源也不可能转变为文化软实力。要打破“酒香不怕巷子深”的传统观念，积极对外宣传中国文化，扩大中华文化国际影响力。而办好孔子学院、积极参加国际文化交流是增强文化软实力的现实需要。

（三）增强国家文化软实力需要注意的问题

一是要明确中国特色社会主义文化的吸引力才是我国国家文化软实力的核心要素。传统文化的吸引力是我国文化软实力的重要组成部分，但不是全部，更重要的是提升社会主义核心价值体系的吸引力。“中国的传统文化是其‘软实力’的主要资源，但中国仍需要充实并完善有自己特色的政治意识形态价值和感召力，来平衡西方社会的以‘自由民主’为核心的价值体系。”“没有这种现代的核心价值体系，中国对内的凝聚力势必受到影响，对外则很难占领所谓‘道德制高点’。”①二是文化软实力不仅仅是对外的吸引力，更在于对内的凝聚力。增强文化软实力，首先要提升文化对内的凝聚力和感召力。一个人心涣散、道德滑坡、没有信仰、民族分裂的国家，根本谈不上对外有什么文化吸引力。三是加强对文化事业和文化产业的引导。文化产业的发展繁荣，不一定就代表文化软实力的强大。体现当代中国文化软实力的不是那些宣扬拜金主义、消费主义、娱乐主义的文化，更不是“庸俗、低俗、媚俗”的文化，而是那些反映社会主义核心价值和共产主义理想信念的先进文化。

四、正确理解培养高度的文化自觉和文化自信的意义

胡锦涛在庆祝中国共产党成立 90 周年大会上的讲话和党的十七届六中全会都特别强调，培养高度的文化自觉和文化自信，体现了党对文化建设地位的深刻认识和对文化建设规律的科学把握。

---

① ［美］裴敏欣：《“软实力”也是强国之本》，《环球时报》2004 年 4 月 16 日。

（一）文化自觉和文化自信的涵义

文化自觉是指一个民族和一个政党对文化的觉悟和觉醒，表现在对文化地位的认识以及对文化发展规律的科学把握。文化自觉首先是对文化的地位和建设使命的清醒的、深刻的认识和把握，其次是在此基础上，承担起文化发展的责任。文化自信是指一个民族、一个政党对自身文化价值的充分肯定和信心。文化自信一是源于党对社会主义文化的先进性和导向性的认识和把握；二是源于中华民族五千多年悠久文明的历史，各族人民紧密团结、自强不息，共同创造的源远流长、博大精深的中华文化；三是源于党和人民的开放包容的心态和积极借鉴外来文化成果的态度，这是传承和弘扬中华优秀传统文化，借鉴和吸收人类文明成果的重要前提。

文化自觉和文化自信是文化发展对一个政党提出的基本要求。对于任何一个政党来说，都不能忽视文化的重要地位和作用，所以必须做到文化自觉。对于任何一个政党来说，又必须具有文化自信，否则不可能有自己的思想理论支撑。所以，文化自觉和文化自信是对一个政党的基本要求。没有文化自觉，不可能有文化自信；没有文化自信，文化自觉也就失去了意义。文化自觉越彻底，文化自信越强；文化自信越强，文化自觉就越深入。文化自觉为文化发展提供动力，文化自信为文化发展提供信心。一个政党只有既做到文化自觉，又具有文化自信，才能带领人民走出一条具有本国特色的文化发展道路，实现文化的发展繁荣。

（二）文化自觉与文化自信对推动文化改革发展的重要意义

文化自觉和文化自信是推动文化发展繁荣的先决条件。历史和现实表明，文化的发展与繁荣，首先是文化上的自觉和自信。可以说，一个民族和一个政党是否具有高度的文化自觉和文化自信，关系到文化自身能否发展和繁荣，甚至决定着一个民族、一个政党的前途和命运。毛泽东指出："自从中国人学会了马克思列宁主义以后，中国人在精神上就由被动转入主动。”①90年来，文化自觉和文化自信是我们党的鲜明特征和显著优势，也正是有了高度的文化自觉和文化自信，我们党才始终走在时代前列，保持着旺盛的生机活力，团结带领各族人民走出一条中国特色社会主义文化发展道路。

文化自觉和文化自信是应对新的历史条件下国际国内形势对我国文化发展繁荣实践提出的新要求。当今世界正处在大发展大变革大调整时期，当代中国进入了全面建设小康社会的关键时期和深化改革开放、加快转变经济发展方式的攻坚时期，这不仅为文化发展繁荣提供了诸多有利条件，也面临着许多新情况新问题。解决这些问题和矛盾，必须以新的文化自觉和文化自信，准确把握文化发展规律，激发全民族的文化创造活力，促进社会主义先进文化与经济政治社会协调发展。

文化自觉和文化自信是文化发展繁荣的强大动力。文化自觉与文化自信，是发挥主观能动性和文化创造性的精神基础和动力源泉，特别是当这种自觉和自信由个体转变为群体、政党和国家的意识时，就更能有效激发全民族的凝聚力和创造力、提升全国各族人民的文化创造热情，形成推进社会主义文化发展繁荣的强大精神力量。没有文化自觉与文化自信，文化的发展繁荣就会失去精神支撑，就会在精神上成为无源之水，无本之木。党在中国革命、建设和改革的各个历史时期，始终坚持以马克思主义为指导，认真总结革命、建设和改革不同时期文化建设的经验，继承中华民族优秀的思想文化，借鉴和吸收外来积极优秀的文化成果，建设社会主义先进文化，这与党的文化自觉和文化自信具有内在的联系。

（三）在新的历史起点上培养高度的文化自觉和文化自信

这就需要我们以马克思主义为指导，积极推进文化创新，丰富和发展社会主义先进文化，满足广大人民群众的精神文化需求，在文化发展和文化共享中

① 《毛泽东选集》第四卷，人民出版社1991年版，第1516页。

加强文化自觉和文化自信。

一是充分认识文化自觉和文化自信的重大意义，为培养文化自觉和文化自信提供思想基础。即充分认识文化对社会政治经济发展，对综合国力的提升，对整个国家和民族进步的重大意义；充分认识马克思主义为指导的社会主义文化的基本特征和优势，科学把握发展中国特色社会主义文化的发展的规律，坚定发展中国特色社会主义先进文化的信念；充分认识党领导和推动文化发展繁荣、满足人民群众日益增长的精神文化需求的历史责任和重大使命。

二是建设社会主义核心价值体系，为培养文化自觉和文化自信奠定价值基础。社会主义核心价值体系是兴国之魂，是社会主义先进文化的精髓，也是培养文化自觉和文化自信的指南。要把社会主义核心价值体系融入国民教育、精神文明建设和文化建设过程中，体现到精神文化产品创作生产传播各方面，确保培养高度文化自觉和文化自信所需要的理论武装、正确方向和价值导向。

三是不断推动文化创新，广泛吸收和借鉴一切优秀文化，发展社会主义先进文化，为培养文化自觉和文化自信提供丰富资源。要克服文化弱势心理，以更加开放包容的胸怀、以辩证取舍的科学态度，“坚持以我为主、为我所用，学习借鉴一切有利于加强我国社会主义文化建设的有益经验、一切有利于丰富我国人民文化生活的积极成果、一切有利于发展我国文化事业和文化产业的经营管理理念和机制。”①努力在同各种思想文化的交流交融交锋中，不断增强社会主义文化的凝聚力、感召力、吸引力，在社会主义文化的发展繁荣中增强文化自觉和文化自信。

① 《中共中央关于深化文化体制改革　推动社会主义文化大发展大繁荣若干重大问题的决定》，人民出版社 2011 年版，第 36—37 页。

“毛泽东思想和中国特色社会主义理论体系概论”课教学需要重点解决的几个问题*

“05 方案”实施十年来，“毛泽东思想和中国特色社会主义理论体系概论”课（以下简称“概论”课）教学有了长足的发展和进步。总体来看，无论是教材编写、教师培训，还是教学方法改革等方面，都有了显著的变化。但是，回顾“05 方案”实施十年来走过的改革之路，有些问题仍需要我们在认真总结经验的基础上不断解决，进一步提高“概论”课教学水平。

一、正确处理教材编写和课堂教学的关系

过去十年来，在教材编写方面，从中宣部到教育部，集中了全国的优势力量，精心编写教材，多次征求一线教师意见不断完善和修订教材，而且纳入了中央马克思主义理论研究和建设工程，作为重点教材推广使用。“概论”课是一门理论性和现实性都很强的课程，从理论上把握教材的结构和基本内容是搞好教学的前提和基础，但是“概论”课教师又不能拘泥于教材本身的内容，还需要在教学过程中联系党的最新理论成果和一些现实热点问题，不断丰富课堂教学内容，提高课堂教学效果。

---

* 原载《思想理论教育》2015 年第 9 期。

第一，把握“概论”课教材的体系结构和基本内容。

“概论”课是根据2005年《中宣部教育部关于进一步加强和改进高等学校思想政治理论课的意见》及“实施方案”而设立的，是我国高校本专科学生必修的一门思想政治理论课。“概论”课教材于2007年出版，最初的教材名称是《毛泽东思想、邓小平理论和“三个代表”重要思想概论》，2007年10月党的十七大提出中国特色社会主义理论体系这一称谓后，教材名称改为《毛泽东思想和中国特色社会主义理论体系概论》。该教材先后于2008年、2009年、2010年和2013年进行了多次修订。为了充分体现党的十八大以来习近平总书记系列重要讲话精神，贯彻党的十八届三中、四中全会精神，体现党的最新理论成果，2015年再次进行了修订。

在2013年的修订中，一是将“马克思主义中国化的历史进程和理论成果”与“马克思主义中国化理论成果的精髓”两章内容，合并为“马克思主义中国化两大理论成果”一章；二是将经济、政治、文化、社会建设几部分内容合并，与生态文明建设一起，形成“建设中国特色社会主义总布局”一章，论述社会主义经济建设、政治建设、文化建设、社会建设和生态文明建设“五位一体”的总布局；三是增加了“社会主义建设道路初步探索的理论成果”一章，教材由原来的15章调整为12章。在2015年的修订中，保持原来的12章不变，增加和调整了部分内容。一是党的十八大以来，习近平总书记提出了一系列治国理政的重大思想观点，特别是形成了“四个全面”的战略布局，在第一章第三节“中国特色社会主义理论体系”部分，增加了“中国特色社会主义理论体系的最新成果”一目，论述中国特色社会主义理论体系的最新成果；二是增加了“全面深化改革”“全面依法治国”“把握经济发展新常态”等内容；三是在第十二章增加了一节，专门论述“全面从严治党”。应当说，教材经过多次修改，既体现了党的十八大以来党的理论创新的成果，也充分吸收了一线教师的意见，为进一步提高“概论”课教学水平奠定了重要基础。

第二，正确处理好马克思主义中国化理论成果的关系。

“概论”课教学的重点内容是中国特色社会主义理论体系。但是，为了让学生更好地理解党在初步探索中国社会主义建设道路过程中形成的重要思想成果，以及初步探索有何意义和经验教训，帮助学生全面理解毛泽东思想的主要内容，正确认识改革开放前后两个历史时期的关系，2013 版教材特别增加了“初步探索社会主义建设道路的理论成果”一章，对此进行了专门论述。毛泽东思想部分由原来的两章增加为三章，进一步丰富和加强了毛泽东思想的理论内容，同时也使马克思主义中国化的理论成果有机衔接起来。教师在授课时，既要把握毛泽东思想的理论体系和基本原理，又要讲清楚两大理论成果既一脉相承又与时俱进的关系，关于这一问题，在 2013 版教材中专门增加了一目。毛泽东思想和中国特色社会主义理论体系是马克思主义基本原理与中国革命、建设和改革实际以及时代特征相结合而产生的理论成果，毛泽东思想和中国特色社会主义理论体系在理论基础、理论精髓、价值取向、世界观和方法论等方面具有内在的一致性，中国特色社会主义理论体系是在新的历史条件下对毛泽东思想的继承和发展。

第三，教材编写是基础，教师教学是关键。

对于任何一门课程来说，教材编写是基础，而教师教学才是关键。教师在教学过程中不能拘泥于教材中的内容，而应在教材的基础上丰富课堂教学内容。教材只能为课堂教学提供一个基本框架和主要内容，既不可能覆盖党的所有理论成果，也不可能就某一理论进行更加细致入微的分析和阐释，这既给“概论”课教师提出了更高的要求，也给教师充分发挥自己的教学水平留下了空间。

教材的这些特点决定了“概论”课教师必须具备深厚的理论功底，要对党的基本理论有全面深入的把握。吃透教材，讲好“概论”课，首先要掌握中国化马克思主义的基本原理，还需要系统了解党领导人民进行革命、建设和改革的历史，了解中国化马克思主义理论形成的历史背景和时代条件。“概论”课教师在使用教材进行课堂教学的同时，还应当结合马克思主义经典著作的主要篇章，《建党以来重要文献选编》《建国以来重要文献选编》《三中全会以来重要文献选编》《十八大以来重要文献选编》等马克思主义中国化的文献资料,以及《毛泽东选集》《邓小平文选》《江泽民文选》《科学发展观学习读本》《习近平总书记系列重要讲话读本》《习近平谈治国理政》等著作,通过指导学生阅读原著来深刻领会基本理论。

尽管教材进行了多次修改,但教材的特点决定了不可能把党的全部最新理论成果及时反映到教材内容中来,而“概论”课又要求教学内容必须贴近现实,突出时效性,这就要求“概论”课教师必须全面掌握党的最新理论成果。《人民日报》、人民网、新华网等主流媒体是教师获取教材不可能体现的即时信息的主要渠道。因此,“概论”课教师要时刻关注这些主流媒体,同时,指导学生在关注现实的基础上开展研究性学习。注重课堂讲授与引导学生课外阅读有机结合。通过阅读主流媒体的文章,传播主流声音,用积极向上的主流舆论引导大学生,提高学生的理论素养,培养学生运用马克思主义的立场、观点、方法分析和研究现实问题的能力,坚定中国特色社会主义的道路自信、理论自信和制度自信。

这里需要指出的是,教材不是讲稿,课堂教学也不能机械地照本宣科,课堂教学是教师在吃透教材的基础上,运用生动活泼的语言、学生喜闻乐见的形式的再创造,也就是我们常说的教材体系向教学体系的有机转换。教师教学之所以是关键,就在于只有通过课堂教学,才能把教材内容讲生动,使学生领略到理论的魅力和真理的力量。编好教材只是搞好教学的基础,教材编得再好,也代替不了教师的课堂教学。在“概论”课教学过程中,不能只是追求教学体系的完整和知识的传授,思想政治理论课的实质在于抓住主要内容,深入进行马克思主义世界观、人生观和价值观教育。不能设想,一个没有坚定的理论信念、正确的价值观的教师,能够真正讲好“概论”课。这样的教师,即使语言再动听,恐怕也会“跑调”,也难真正打动学生。这也就是教师的关键作用之所在。

二、构建适应新形势的"概论"课教学话语

目前,影响"概论"课教学实效的一个重要原因在于,"概论"课教学的话语不能适应新的时代环境和大学生的思想实际,导致教学实践环节中的话语错位以及自说自话等问题。因此,"概论"课需要构建适应新形势的教学话语。

第一,以准确规范的话语表达主流的马克思主义意识形态。

思想政治理论课是巩固马克思主义在高校意识形态领域指导地位,坚持社会主义办学方向的重要阵地,这就决定了包括"概论"课在内的思想政治理论课的内容具有明显的意识形态性。一些教师的课堂教学只强调政治宣传的功能而显得呆板僵化和过于形式化,忽略了当代大学生思想独立、个性鲜明的特征,学生对这种形式化的宣传不太感兴趣甚至有一种抵触情绪,从而大大影响了思想政治理论课的教学效果。所以,对思想政治理论课教师,特别是对现实性更强的"概论"课的教师来讲,需要改变形式化和口号化的教学话语表达。其实,当代大学生对思想理论问题的研究抱有浓厚的兴趣。他们不喜欢浅层次的照本宣科,希望从理论层面和学术层面探究事物的本质。思想政治理论课作为一门课程,也是一门科学。因此,在"概论"课教学中,应做到学术话语与政治话语的统一,用准确规范的话语来讲述中国化马克思主义的基本原理,增强课堂教学的逻辑性。教师不仅要吃透教材,还要研究理论、研究现实,做到持之有故、言之成理,把最新的研究成果传授给学生。

当前,意识形态领域的斗争异常激烈,而高校作为意识形态斗争的前沿阵地,也是各种非马克思主义思潮影响青年大学生的重要领域,一些非马克思主义的社会思潮甚至通过流行的网络话语进行包装,或者借用马克思主义语言外壳裹挟"私货",对大学生进行价值渗透和意识形态影响。在这场旨在争夺高校意识形态话语权的没有硝烟的竞争中,如何使主流的马克思主义意识形

态立得住、站得稳、站得久，是对思想政治理论课教学提出的严峻挑战。在这样的背景下，思想政治理论课教学不能只是念报告、讲文件，也不能只讲教材知识点，而是要突出思想政治理论课的理想信念教育，用准确规范的话语阐释共产主义、中国特色社会主义和中国梦的理想信念，分析其科学性与价值性的统一，彰显马克思主义的科学逻辑和理论力量。

第二，以鲜活形象的语言讲授中国特色社会主义理论。

以鲜活语言讲授“概论”课要注意这样几个问题：一是话语内容要紧密联系中国社会现实，具体包括国情、党和国家重大方针政策以及改革开放面临的一系列重大理论和现实问题。离开中国实际和时代发展来谈中国特色社会主义没有意义，静止孤立地研究中国特色社会主义，把中国特色社会主义理论同生动发展的实践割裂开来、对立起来，不会得出正确的结论。二是话语形式要做到用中国特色社会主义理论而不是其他非马克思主义理论去阐释中国社会现实。通过对国内国际现实的马克思主义分析，引导学生正确认识人类社会的发展趋势，自觉抵制各种错误思潮的不良影响，坚定中国特色社会主义自信。三是话语语境要考虑到当今中国所面临的时代境遇，主要指以经济全球化为背景的国际境遇、以改革开放为背景的国内境遇和以继承发展为背景的历史境遇。把改革开放以来党的理论创新置于中国面临的时代境遇中，引导学生澄清模糊认识，统一思想，增强学生在党的领导下建设中国特色社会主义的信心。

第三，以通俗易懂的话语阐述教材的基本原理和内容体系。

“概论”课是一门政治性和理论性都很强的课程，教材较多地运用了文件话语和政策话语，包含许多具有特定内涵的概念、判断和命题。这种理论性、规范性的教材话语体系虽然有利于政策解读和理论诠释的系统性、严谨性，但在一定程度上缺乏对大学生的吸引力和感召力。因此，我们需要在课堂教学中实现教材话语体系向教学话语体系的转换：一方面，通过教案和课堂教学设置，把教材相关知识、基本原理展示给学生，增强学生学习“概论”课的积极性；另一方面，通过教师具有自身特点的话语风格、生动形象的语言阐述基本理论,但不能消解"概论"课的理论性和政治性,切忌把通俗变成庸俗。

在用课堂教学语言阐述教材内容时,还要善于依据教材提炼每一堂课的主题。主题的选取要有现实针对性,要有强烈的问题意识,能够引起学生的深思或共鸣,要把握住哪些内容既是教材的重点,又是学生关心的问题,从而实现学生对教材知识点掌握和现实问题理解的统一。

三、探索适应学生特点的"概论"课教学方法

"05 方案"实施以来,思想政治理论课教学方法改革取得了较好成效。在总结以往教学方法改革经验的同时,要立足于新媒体教学环境和学生的特点,积极探索和尝试有利于"概论"课教学的方式和方法。

第一,继续做好专题式教学改革。

专题式教学是依据教学大纲的基本要求,按照课程内容的内在逻辑关联对教学内容进行重新整合、安排,形成彼此关联又相对独立的系列专题,并围绕着专题确定教学方案、组织教学活动的一种课堂教学模式。自 2005 年中宣部、教育部颁布的《关于进一步加强和改进高等学校思想政治理论课的意见》提出"探索专题讲授的教学方法"建议以来,一些高校对"概论"课专题式教学进行了积极探索,积累了一些好的经验和做法。比如,配合教材章节体系,不断优化专题设置;以教研室为单位进行专题授课安排,发挥不同教师的研究专长,改变由某一位教师讲授所有专题的做法;选取一些问题进行专题式教学;开展参与式专题教学,鼓励和帮助大学生参与到专题教学中去。

专题式教学改变了按教材章节目进行授课的传统授课方式,结合教材内容体系和重点,从学生思想实际和当前的社会热点中选择、提炼和确立教学专题,建构新的教学体系。由于教材体系结构的需要,不可避免地存在着教学内容重复的问题,而采用专题式教学可以避免不必要的教学内容的机械重复;专题式教学重点非常突出,对一些重点的理论内容可以进行深入剖析和研究,既

可以使学生对理论有深刻把握,也更容易激发学生的学习兴趣;专题教学可以优化教师资源,任何一个教师都很难把每一堂课都讲得很精彩,但每位教师都有自己的专长和独到之处,通过专题式教学,可以发挥教师的积极性,改善整体教学效果。

采用专题式教学,需要注意这样几个问题:一是要选好专题。专题内容一定要针对重大的理论或者现实问题,否则专题式教学就失去了意义。二是在选择教学专题时,要注意各个专题之间的内在联系,不能因为采取专题式教学而割裂教学内容的整体性,从而削弱整体教学效果。三是专题式教学应是在掌握整个教学体系和教学内容的基础上进行的,避免教师只知其一不知其二的问题。

第二,探索研究性教学等参与式教学方法改革。

“90 后”大学生具有强烈的自主意识、思考意识和表现欲望,不再满足于传统的被动接受教师灌输的授课方式,他们敢于发表自己的观点,乐于参与到教学过程中。“明者因时而变,知者随事而制。”“概论”课教学可以尝试和探索各种参与式教学方法,以提高课程的针对性、实效性、吸引力、感染力。

研究性教学是一种典型的参与式教学方法。这种教学方法有助于培养大学生运用理论知识分析现实和解决问题的能力,是从注重“如何教”到“如何学”的转变。“概论”课采用研究性教学需要注意以下几点:一是教师对理论和教材要有深刻的理解和把握,并及时对学生进行理论和方法上的指导,引导学生通过课题研究完成教学任务,否则教师就有可能成为教学的旁观者;二是研究课题要与教材重要理论和知识点结合起来,尽量选取那些中国特色社会主义建设中遇到的重大理论和现实问题,或者是学生关注的热点话题,以调动学生参与课题的积极性;三是研究性教学要和传统课堂授课相结合,不能因为搞了研究性教学而抛弃或者忽视课堂上对教材内容的讲解。

研究性教学对教师提出了更高要求:教师一方面要将对教材重点内容的研究上升到学术层面,吃透教材的理论内容;另一方面,还要广泛深入地了解我国社会主义初级阶段的实际,对一些热点难点问题具有独到的见解,对一些社会问题作出符合实际的马克思主义的分析和解读。在研究性教学过程中,教师既要发挥主导作用,又要发挥学生的主体作用;既要培养学生的学习兴趣,又要激发学生的思维活力;既要使学生掌握中国化马克思主义的基本原理,也要培养学生分析问题和解决问题的能力。

需要注意的是,采用参与式教学方法要正确处理科学性、理论性与生动性的关系。“概论”课首先是一门理论课,理论课的特点就在于用真理的力量和逻辑的力量来教育学生,使大学生通过掌握科学的理论,树立正确的世界观,并用马克思主义的立场、观点和方法分析和认识问题。在“概论”课教学中,科学性、理论性是第一位的,是教学的根本。在教学过程中,通过一些易于为大学生所接受的教学方法和教学手段,能增加教学的生动性、趣味性,提高教学吸引力。但生动性、趣味性是为增强理论的吸引力服务的,不是理论课的根本,引导学生参与教学过程只是帮助学生理解、掌握教材理论知识,以及运用理论增强分析问题、解决问题的能力,不能单纯为了追求课堂的活泼而丧失了理论课的功能,使课堂教学沦为故事会、聊天室。

第三,利用新媒体新技术开展混合式教学改革。

随着网络、手机 APP 等新媒体新技术的广泛应用,当代大学生的阅读习惯和学习特点都发生了很大变化。清华大学等高校的思想政治理论课教学积极借鉴国外经验,利用新的教学技术推出了慕课平台,获得了较好的教学成效。“概论”课教学可以积极利用被学生普遍接受的新媒体新技术,尝试利用慕课、微课等开展混合式教学改革。

混合式教学指的是线上教学与线下教学的混合。线上教学环节主要通过慕课、微课的途径实现,侧重于教材理论知识的传授;线下教学环节主要通过面对面的沟通、社会实践完成,侧重于理想信念的内化。学生可以通过线上环节的慕课、微课平台阅读电子教案、观看授课视频、完成教学测验,也可以在线上参与教师设定的话题讨论。由于线上环节的学习,学生对“概论”课基本理论和知识点有了初步的理解,线下环节则可以开展“翻转课堂”教学,变课堂为师生之间或学生之间互动的场所,包括答疑解惑、知识的运用等,从而达到更好的教育效果。

总体而言,基于慕课、微课的混合式教学更符合"概论"课教学的本质需求,它具有如下几个特点:一是教学过程避免了"一言堂"填鸭式教学和"多媒体灌输"教学的弊端,有助于提高学习效率;二是教学资源整合了"概论"课教材资源、网络资源、实践资源等,丰富了教学内容,弥补了课程学时不足、知识传播有限的缺点;三是教学氛围较为宽松,通过师生互动和学生之间的互动,能够让学生更好地理解中国特色社会主义理论的科学内涵,并从情感上认同和接受中国特色社会主义理论等。但我们也要认识到,新媒体新技术应用到"概论"课教学,实质上仍然是教学手段和教学形式的改革,它要服从教学内容,服从理论教学,切忌喧宾夺主,否则就会影响到"概论"课的理论性和科学性。

关于2015版《毛泽东思想和中国特色社会主义理论体系概论》教材修订及其使用的几个问题*

“概论”课主要讲述马克思主义中国化的两大理论成果，即毛泽东思想和中国特色社会主义理论体系。中国特色社会主义理论体系是不断发展的理论体系，教材应及时修订，紧跟党的理论创新步伐，体现党的理论创新成果，将最新成果编入教材。教师要把握修订的连续性，解析十八大以来党的理论创新成果在新教材中的体现，把握两大理论成果的整体性，领会新教材的基本精神。

一、把握教材修改的连续性

“概论”课是根据2005年《中共中央宣传部教育部关于进一步加强和改进高等学校思想政治理论课的意见》及“实施方案”设立的一门思想政治理论课。教材自2007年出版以来，已经进行过6次修订。通过多次修改，日臻完善。弄清修订背景，把握修订意图，有利于一线师生了解来龙去脉，理清党的理论创新成果及时进教材的思路。

---

* 原载《思想教育研究》2015年第12期。本文第二作者龙兵，法学博士，湖南大学马克思主义学院党委书记，教授。中国人民大学复印报刊资料《高校思想政治理论课教学研究》2016年第1期全文转载。

为贯彻党的十七大精神,2008 年 1 月完成第一次修订。党的十七大报告指出:“中国特色社会主义理论体系,就是包括邓小平理论、‘三个代表’重要思想以及科学发展观等重大战略思想在内的科学理论体系。”①将邓小平理论、“三个代表”重要思想、科学发展观统称为中国特色社会主义理论体系。根据党的十七大报告第二部分“改革开放的伟大历史进程”,在第一章第一节增加“中国特色社会主义理论体系是马克思主义中国化的最新成果”。根据党的十七大报告第三部分“深入贯彻落实科学发展观”,对第一章“科学发展观”进行修改。

2008 年 8 月完成第二次修订,根据专家和一线教师提出的建议进行修改。将书名由《毛泽东思想、邓小平理论和“三个代表”重要思想概论》,改为《毛泽东思想和中国特色社会主义理论体系概论》。

为贯彻党的十七届三中全会精神和胡锦涛在纪念党的十一届三中全会召开 30 周年大会上重要讲话精神,2009 年 5 月完成第三次修订。修订反映了中国特色社会主义理论体系和社会主义核心价值体系等理论观点。一是修改第二章第三节有关中国特色社会主义理论体系的内容;二是第五章第三节重点强调深入学习贯彻科学发展观;三是改写第十章第二节建设社会主义核心价值体系等。

2009 年 9 月,党的十七届四中全会通过《关于加强和改进新形势下党的建设若干重大问题的决定》。根据全会精神,对原教材第十五章等进行修改,于 2010 年 5 月完成第四次修订。

2012 年党的十八大召开,2013 年党的十八届三中全会召开。2014 年 1 月完成第五次修订。相对于前几次,这次修改幅度最大,反映了党的理论创新成果,将党的十八大、十八届三中全会和习近平总书记系列重要讲话精神扩充进教材内容;调整教材框架,由原来 15 章改为 12 章;精简文字,由原来 35 万字精简为 23 万字。一是将原教材第一、二章整合为“马克思主义中国化两大理

---

① 《十七大以来重要文献选编》上,中央文献出版社 2009 年版,第 9 页。

论成果”一章，逻辑更为严谨，结构更为合理；二是结合习近平总书记关于“两个不能否定”的重要论述，以及在纪念毛泽东同志诞辰120周年座谈会上的讲话精神，将原教材第五章第一节独立成章，构成第四章“社会主义建设道路初步探索的理论成果”；三是将原教材的经济、政治、文化、和谐社会部分，与党的十八大报告提出的生态文明建设放在一起，整合为“建设中国特色社会主义总布局”一章，集中阐释“五位一体”总布局；四是将原教材第十四章改为第十一章“建设中国特色社会主义的根本目的和依靠力量”，增加第一节专门论述建设中国特色社会主义的根本目的。

纵观历次修订，都是紧跟时代，围绕党的理论创新成果和最新精神及时进行，最近一次也不例外。2015年8月完成第六次修订，形成2015版教材。

二、把握党的十八大以来党的理论创新成果在2015版教材中的体现

2015版教材以“四个全面”战略布局为统领，把习近平总书记系列重要讲话精神充实到相关章节。教师要把握党的十八大以来党的理论创新成果在教材中的体现，抓住修改的核心内容和重点。

（一）推动“四个全面”战略布局进教材

1.在原教材第一章第三节“中国特色社会主义理论体系”部分，新增“中国特色社会主义理论体系的最新成果”作为第三目，总述“四个全面”战略布局提出的背景、意义、定位，以及内在逻辑关系。教学中，还要讲清楚“四个全面”战略布局以及“全面”二字的深刻含义。“四个全面”战略布局适应我国发展需要，顺应人民群众期盼，是中国特色社会主义理论体系的最新成果，开拓了马克思主义发展的新境界，是当代中国最鲜活的马克思主义。党的十八大之前的文献，也曾出现建设小康社会、深化改革、依法治国、从严治党等词语，

党的十八大以来，以习近平同志为核心的党中央对此特别强调，并都冠以“全面”二字，既表明“四个全面”战略布局是对历届中央施政策略的延续，是对以往路线、方针、政策的承接，又把“四个全面”作为战略布局提高到战略高度，显示了覆盖面更广、力度更大、程度更深。应深刻把握“全面”二字，讲清讲透，讲出理论的魅力。

2.将“四个全面”战略布局，在具体章节中分述。一是对原教材第六章第三节“全面建成小康社会”进行充实，强调要以全面深化改革破解深层次矛盾，以全面依法治国确保现代化建设的有序进行，以全面从严治党确保领导力量和依靠力量，共绘全面小康宏图等；二是第七章第二节直接以“全面深化改革”为标题，从全面深化改革的目标、正确处理全面深化改革的重大关系等展开论述；三是结合习近平总书记系列重要讲话精神和十八届四中全会精神，将原教材第八章第二节第三目修改为“全面依法治国”；四是第十二章以“全面从严治党”为标题专门增加一节，从坚持党要管党、从严治党等方面，论述全面从严治党。

（二）全面深化改革

改革开放是决定当代中国命运的关键抉择，也是决定实现“两个一百年”奋斗目标、实现中华民族伟大复兴的关键一招。教学中，要结合《习近平总书记系列重要讲话读本》一书中“敢于啃硬骨头敢于涉险滩——全面深化改革”、习近平《在纪念邓小平同志诞辰110周年座谈会上的讲话》以及《中共中央关于全面深化改革若干重大问题的决定》，讲清楚改革开放只有进行时没有完成时，让学生理解“完善和发展中国特色社会主义制度，推进国家治理体系和治理能力现代化”这一总目标，掌握正确处理全面深化改革中解放思想和实事求是的关系、整体推进和重点突破的关系。

（三）扩大对外开放，建设“一带一路”

在全面建成小康社会、全面深化改革的过程中，必须毫不动摇地坚持对外开放，实施互利共赢的开放战略，全面提高对外开放水平。本次修订，第七章第三节直接以“扩大对外开放”为题，阐述如何实施互利共赢的开放战略，建设“一带一路”，实现与世界各国的互利共赢等内容。教学中，应结合教材，拓展“一带一路”的历史背景、时代特色、框架思路等知识，让学生全面了解“一带一路”。

（四）把握经济发展新常态

我国经济发展已经进入新常态，这是以习近平同志为核心的党中央作出的战略判断。修订中将原教材第八章第一节第四目的标题直接改为“把握经济发展新常态”。教学中，应结合从《人民日报》、《求是》、新华网、人民网等主流媒体上获取的有关经济发展新常态的即时信息，讲清楚经济发展新常态在推动经济持续健康发展，协调推进“四个全面”战略布局和实现中华民族伟大复兴中国梦中的重大意义、经济发展新常态的主要特点，以及经济新常态将给中国带来的发展机遇。

（五）全面依法治国

《中共中央关于全面推进依法治国若干重大问题的决定》明确提出了全面推进依法治国的总目标、重大任务，作出了一系列关于全面推进依法治国的新论断、新部署。“概论”“思想道德修养与法律基础”（以下简称“基础”）等课程都面临如何将全会精神进教材的课题。“基础”课教材第六章第四节和第七章，以较大篇幅展开详细论述。第六章第四节“建设中国特色社会主义法治体系”，重点从全面依法治国的基本格局来论述，其侧重点放在“科学立法、严格执法、公正司法、全民守法”的基本格局；第七章“树立法治观念尊重法律权威”，主要是从大学生自身出发，他们应当如何学习法律知识、增强法律意识、树立法律观念，侧重点放在受教育者身上。“概论”课第八章第二节“全面依法治国”的侧重点，则放在全面依法治国的重要性和必要性，以及主要任务等问题上。教学中，要把握不同课程各自的侧重点，避免机械重复。

（六）弘扬社会主义核心价值体系和核心价值观

社会主义核心价值观进教材，在4门思想政治理论课中均有体现，但侧重点各不相同。“基础”课教材绪论第三节“培育和践行社会主义核心价值观”，从社会主义核心价值观的基本内容、培育和践行核心价值观的重大意义两方面来论述。侧重点在于：一是社会主义核心价值观基本内容的阐析；二是国家、社会与公民3个不同层面的核心价值观，分别在整个社会主义核心价值观中的定位；三是大学生积极培育和践行核心价值观，对于推动国家发展、社会进步和自身成长有何意义，以及青年学生应当如何在学习生活中深化对核心价值观的理性认知，增进情感认同，注重实践履行。“马克思主义基本原理”（以下简称“原理”）课教材第二章第二节“真理与价值的辩证统一”，侧重点放在如何为大学生掌握社会主义核心价值观提供理论支撑。“概论”课第八章第三节第二目“弘扬社会主义核心价值体系和核心价值观”，同样涉及核心价值观的内容，其侧重点与“基础”课、“原理”课不同。它的侧重点放在社会主义核心价值观与核心价值体系两者的关系、如何把握两者的关系，以及如何通过教育引导、舆论宣传、文化熏陶、实践养成等途径，弘扬社会主义核心价值体系和核心价值观。教学中，要讲清楚“弘扬社会主义核心价值体系和核心价值观”与“基础”“原理”课教材中相关内容的联系和区别。诚然，在谈到社会主义核心价值体系与核心价值观的相互关系时，课程之间也存在着一定的重复与交叉，需要考虑学生在“基础”“原理”课上已学过的知识。当然，党的十八大以来理论创新成果在教材中的体现远不止这些，在此不一一详述。

三、把握马克思主义中国化理论成果的整体性

对于马克思主义中国化的理论成果，既要分别把握各自的形成背景、主要内容及历史地位，又要宏观把握它们的整体性，处理好两者的关系，找到两者

的衔接点。

（一）讲好马克思主义中国化第一次历史性飞跃的理论成果

教材中，涉及毛泽东思想的内容，主要集中在前四章。第一，第一章要重点讲清楚毛泽东思想的内容。教材第一章单列一节，论述毛泽东思想形成和发展的时代背景与实践基础，主要内容和活的灵魂以及历史地位。从新民主主义革命理论、社会主义革命和社会主义建设理论等方面，论述其主要内容。要结合《关于建国以来党的若干历史问题的决议》，江泽民、胡锦涛、习近平在纪念毛泽东同志诞辰座谈会上的讲话等开展教学。教育学生正确看待毛泽东的丰功伟绩以及晚年的失误和错误，正确评价毛泽东和毛泽东思想的历史地位，旗帜鲜明地反对“非毛化”，自觉抵制历史虚无主义思潮。习近平总书记指出：“毛泽东思想活的灵魂是贯穿其中的立场、观点、方法，它们有三个基本方面，这就是实事求是、群众路线、独立自主。新形势下，我们要坚持和运用好毛泽东思想活的灵魂，把我们党建设好，把中国特色社会主义伟大事业继续推向前进。”①新教材将原教材“毛泽东思想的主要内容”修改为“毛泽东思想的主要内容和活的灵魂”，突出强调了毛泽东思想活的灵魂。第二，教材用三章的篇幅，分别论述新民主主义革命理论、社会主义改造理论和社会主义建设理论。尤其值得一提的是，尽管中国特色社会主义理论体系是“概论”课的重点，2013年版教材针对“非毛化”思潮，还特别增加了“社会主义建设道路初步探索的理论成果”一章，让学生更好地理解党在初步探索中国社会主义建设道路过程中形成的重要思想成果，初步探索的意义、经验和教训，正确认识改革开放前后两个30年的关系。通过这一章的学习，要教育学生懂得毛泽东同志对适合中国情况的社会主义建设道路进行了艰苦探索，他的成功之处为最终开创中国特色社会主义道路提供了宝贵经验、理论准备、物质基础；即使是他的失误，也为开创中国特色社会主义道路提供了重要借鉴。不要因为毛泽

① 《十八大以来重要文献选编》上，中央文献出版社2014年版，第695页。

东的失误和错误，就抹杀他的历史功绩，陷入虚无主义的泥潭。

从教材体例来看，原教材只有两章讲述毛泽东思想，从“社会主义改造理论”直接进入“社会主义本质和根本任务”，中间缺乏衔接，显得较为突然。通过增加这一章，找到了两大理论成果之间的有机衔接点，过渡更为自然。

（二）讲清楚毛泽东思想与中国特色社会主义理论体系的关系

2013 年版教材在第一章增加一个目，专门论述两大理论成果及其关系。它们形成于不同的历史时期，有着不同的时代背景、面对着不同的历史任务、包含着不同的具体内容，如何把握两者的关系，是教学中的难点。教学中，可以参考《习近平总书记系列重要讲话读本》一书中有关“正确认识改革开放前后两个 30 年”的论述。该书指出，对改革开放前的历史时期要正确评价，不能用改革开放后的历史时期否定改革开放前的历史时期，也不能用改革开放前的历史时期否定改革开放后的历史时期。这个论述对于正确理解两大理论成果的关系，有着重要的方法论意义，我们既不能用毛泽东思想来否定中国特色社会主义理论体系，也不能用中国特色社会主义理论体系来否定毛泽东思想，它们之间既一脉相承，又与时俱进。教学中，还要结合《中国特色社会主义学习读本》一书中“马克思主义发展的新境界——关于中国特色社会主义理论体系”的相关论述，讲清楚几个问题：第一，毛泽东带领我们党在社会主义建设艰辛探索中形成的关于正确处理社会主义建设的重大关系、正确处理人民内部矛盾等诸多重要思想，是中国特色社会主义理论体系的重要理论来源。毛泽东思想所蕴含的马克思主义的立场、观点、方法，为中国特色社会主义理论体系提供了基本遵循。第二，中国特色社会主义理论体系，既继承毛泽东同志探索社会主义建设规律留给我们的重要思想成果，又以改革开放新的实践为基础发展了这些思想成果，是对毛泽东思想的继承、丰富和发展。第三，毛泽东思想和中国特色社会主义理论体系理论基础、理论精髓、价值取向等方面具有内在的一致性。

“毛泽东思想和中国特色社会主义理论体系概论”课教学贯彻党的十九大精神的几个问题*

“毛泽东思想和中国特色社会主义理论体系概论”（以下简称“概论”）课教学的主旨在于帮助大学生系统掌握中国化马克思主义的形成发展、主要内容和精神实质，不断增强中国特色社会主义道路自信、理论自信、制度自信、文化自信，努力做担当民族复兴大任的时代新人。为了更好地回应和满足青年大学生的政治热情和理论诉求，立足课程内容和教学目标，“概论”课教学必须格外重视“在理论上跟上时代”①。基于此，本文就“概论”课教学贯彻党的十九大精神提出一些思考。

一、深刻认识中国特色社会主义进入新时代的政治判断

从实际出发、从世界大势出发、从国情出发，党的十九大报告郑重提出：

---

* 原载《思想教育研究》2018 年第 2 期。本文第二作者武传鹏，法学博士，青海大学马克思主义学院副院长，副教授。

① 习近平：《决胜全面建成小康社会　夺取新时代中国特色社会主义伟大胜利——在中国共产党第十九次全国代表大会上的报告》，人民出版社 2017 年版，第 26 页。

“经过长期努力，中国特色社会主义进入了新时代，这是我国发展新的历史方位。”①这一重大政治判断构成了党的十九大报告的立论基础，明确了我国社会发展新的历史起点。“概论”课教学要引导学生全面理解中国特色社会主义进入新时代的重大意义、我国社会发展的阶段性特征、社会主义初级阶段不断变化的特点，深入把握新时代命题的丰富内涵。

（一）中国特色社会主义进入新时代的重大意义

党的十九大报告用“三个意味着”准确概括了中国特色社会主义进入新时代对于中华民族复兴史、世界社会主义发展史以及人类文明发展史的重大意义。

习近平总书记指出：“实现中华民族伟大复兴是中华民族近代以来最伟大的梦想”②。近代以来，久经磨难的中华民族一直面临争取民族独立、人民解放和实现国家富强、人民富裕的两大历史任务。在中国共产党的领导下，第一个历史任务已经完成，第二个历史任务正在有序推进。新时代“是全体中华儿女勠力同心、奋力实现中华民族伟大复兴中国梦的时代”。“迎来了从站起来、富起来到强起来的伟大飞跃”③极大地增强了中华民族的自尊心、自信心和自豪感。

苏东剧变使世界社会主义事业遭受了严重挫折。一时之间，“社会主义行将终结，资本主义一统天下”的观点甚嚣尘上。20 多年过去了，进入了新时代的中国特色社会主义向世界昭示：科学社会主义不仅没有终结于苏东剧变，反而在 21 世纪的中国大地上焕发出前所未有的生机和活力。新时代中国特色社会主义是世界社会主义 500 年的最新成果，已然成为当今世界社会主义

① 习近平：《决胜全面建成小康社会　夺取新时代中国特色社会主义伟大胜利——在中国共产党第十九次全国代表大会上的报告》，人民出版社 2017 年版，第 10 页。

② 《习近平谈治国理政》第一卷，外文出版社 2018 年版，第 35 页。

③ 习近平：《决胜全面建成小康社会　夺取新时代中国特色社会主义伟大胜利——在中国共产党第十九次全国代表大会上的报告》，人民出版社 2017 年版，第 11、10 页。

的中流砥柱。

现代化不等于西方化。人类历史上率先完成现代化的是西方国家，于是出现了一种假象——似乎后发国家走向现代化唯有仿效西方，别无他路。其实，英法德美等西方国家的现代化道路亦是根据自身历史进程而做出的独特选择，标准的西方现代化模式本不存在。中国特色社会主义进入新时代表明，中国已经独立自主地探索出一条符合国情的现代化道路，其基本结论正在于走自己的道路，从而为解答现代化这个人类文明发展中的重大课题贡献了中国智慧和中国方案。

（二）我国社会发展的阶段性特征

发展阶段决定历史方位。中国特色社会主义进入新时代的现实依据和实践基础是改革开放以来党和国家事业发生的历史巨变，特别是党的十八大以来取得的历史性成就、发生的历史性变革，为此，必须及时而准确地把握我国社会发展呈现出来的阶段性特征。

第一，生产力水平显著提高。改革开放40多年来，党和国家始终坚持以经济建设为中心，不断变革阻碍生产力发展的生产关系，经济发展迅速，满足人民物质文化需要的程度逐步提高。与此同时，科学技术事业突飞猛进，教育文化事业不断进步，劳动者素质日益提升，社会生产能力在很多方面已进入世界前列。第二，人民生活得到根本改善。40多年来，党和国家始终坚持在发展中改善民生，人民生活已完成从贫困到温饱再到总体小康的历史性跨越，正日益实现全面小康。当前，我国正通过打赢脱贫攻坚战、促进社会性流动、完善公共服务体系等一系列战略举措，全面提升人民群众的获得感和幸福感。第三，综合国力及国际影响力大幅度跃升。当今中国是世界第二大经济体、第一制造大国、第一货物出口大国，GDP总量超过80万亿，已进入中上等收入国家行列，是世界经济增长的主要动力源和稳定器。中国正日益走近世界舞台中央，深度参与全球治理，正引领世界构建持久和平、普遍繁荣、开放包容、清洁美丽的人类命运共同体。

唯物辩证法指引我们既要准确评估成就，更要及时总结问题。马克思指出：“问题就是时代的口号，是它表现自己精神状态的最实际的呼声。”①新时代的中国仍然面临发展不平衡不充分、民生短板、国家治理能力有待提高、改革决策部署进一步落实问题等多方面的困难和挑战。为此，“只有立足于时代去解决特定的时代问题，才能推动这个时代的社会进步”②。

（三）社会主义初级阶段不断变化的特点

马克思指出：“现在的社会不是坚实的结晶体，而是一个能够变化并且经常处于变化过程中的有机体。”③新中国成立以来探索社会主义建设的正反两方面经验教训使我们认识到：社会主义初级阶段是长期性与阶段性的辩证统一。也就是说，社会主义初级阶段是很长的历史进程，并非可以轻易跨越的；社会主义初级阶段是递次推进的动态发展过程，并非一成不变的。因此，理解新时代，必须准确把握蕴含其中的“变”与“不变”的辩证法，“牢牢把握社会主义初级阶段这个最大国情，牢牢立足社会主义初级阶段这个最大实际，更准确地把握我国社会主义初级阶段不断变化的特点”④。

一方面，我国社会主义建设已经取得了举世瞩目的卓越成就，更加需要冷静地分辨出，由进入社会主义的历史条件和建成社会主义所需要的物质基础决定的社会主义初级阶段的基本特征和根本任务并未改变。因此，必须旗帜鲜明地坚持党在社会主义初级阶段的基本路线。另一方面，必须及时把握社会主义初级阶段不断变化的特点，准确判断我国所处的具体历史方位，贯彻落实新时代中国特色社会主义基本方略，“更好解决我国社会出现的各种问题，更好实现各项事业全面发展，更好发展中国特色社会主义事业，更好推动人的全面发展、社会全面进步”⑤。

---

① 《马克思恩格斯全集》第四十卷，人民出版社 1982 年版，第 289—290 页。
② 习近平：《之江新语》，浙江人民出版社 2007 年版，第 235 页。
③ 《马克思恩格斯选集》第二卷，人民出版社 2012 年版，第 84 页。
④ 《习近平谈治国理政》第二卷，外文出版社 2017 年版，第 61 页。
⑤ 《习近平谈治国理政》第二卷，外文出版社 2017 年版，第 62 页。

二、准确把握我国社会主要矛盾的客观变化

党的十九大报告明确提出:“我国社会主要矛盾已经转化为人民日益增长的美好生活需要和不平衡不充分的发展之间的矛盾。”①新时代社会主要矛盾是社会主义初级阶段主要矛盾的新形式和新表现,是原有社会主要矛盾的深化和发展。

(一)确定社会主要矛盾的重要性

分析社会主要矛盾是党制定理论、路线、方针和政策的基础。“对于矛盾的各种不平衡情况的研究,对于主要的矛盾和非主要的矛盾、主要的矛盾方面和非主要的矛盾方面的研究”②为党取得新民主主义革命的胜利发挥了重要作用。新中国成立以后,党的八大曾作出正确判断:“我们国内的主要矛盾,已经是人民对于建立先进的工业国的要求同落后的农业国的现实之间的矛盾,已经是人民对于经济文化迅速发展的需要同当前经济文化不能满足人民需要的状况之间的矛盾。”③然而,此后党的实践却逐渐走向背离,最终导致“文化大革命”的发生。1981 年,党的十一届六中全会再次明确指出人民日益增长的物质文化需要同落后的社会生产之间的矛盾是我国社会主要矛盾,开启了改革开放的成功实践。确定社会主要矛盾的重要性已为我国革命、建设、改革的实践所证明。

(二)判断社会主要矛盾的国情依据

判断社会主要矛盾的客观依据是国情。改革开放之初对社会主要矛盾的

① 习近平:《决胜全面建成小康社会 夺取新时代中国特色社会主义伟大胜利——在中国共产党第十九次全国代表大会上的报告》,人民出版社 2017 年版,第 11 页。

② 《毛泽东选集》第一卷,人民出版社 1991 年版,第 326 页。

③ 《建国以来重要文献选编》第九册,中央文献出版社 2011 年版,第 293 页。

判断符合我国国情，顺应时代发展要求，推动党和国家事业跃上了一个新台阶。40 多年的快速发展使长期存在的短缺经济和供给不足状况彻底成为历史，生产力水平显著提高，已经从“落后的社会生产”转变为不平衡不充分的发展。现阶段我国已经基本能够满足人民的物质文化需要，人民对美好生活的向往指向了法治、民主、公正、安全、生态等方面平衡而充分的发展。“人民日益增长的物质文化需要同落后的社会生产之间的矛盾”已经不能准确反映当今时代和我国国情发生的巨大而深刻的变化，必须相应地调整对社会主要矛盾的判断。

党的十九大报告对新时代社会主要矛盾的判断是对现阶段我国社会生产力发展水平、发展不平衡不充分问题、人民群众的美好生活需要等客观情况的把握和确认。同时，强调“两个没有变”“三个牢牢”表明，社会主要矛盾的变化并不意味着党对社会主义所处历史阶段的判断以及社会主义初级阶段基本路线产生认识动摇。对国情的深入分析和准确判断集中体现了党的实事求是思想路线。

（三）处理新时代社会主要矛盾的基本理念

习近平总书记指出：“抓住重点带动面上工作，推动事物发展不断从不平衡到平衡，是唯物辩证法的要求，也是我们党在革命、建设、改革历史进程中一贯倡导和坚持的。”①社会主要矛盾的转化指明了新时代党和国家事业发展面临的主要任务和工作重点，即解决发展不平衡不充分问题。理念是行动的先导。党的十八届五中全会适时提出了创新、协调、绿色、开放、共享的发展理念。习近平总书记在十八届中央政治局第三十次集体学习时强调：“创新、协调、绿色、开放、共享的发展理念，集中体现了‘十三五’乃至更长时期我国的

---

① 《准确把握和抓好我国发展战略重点　扎实把“十三五”发展蓝图变为现实》，《人民日报》2016 年 1 月 31 日。

发展思路、发展方向、发展着力点,是管全局、管根本、管长远的导向。”①新发展理念不是凭空而来的,而是根据社会主要矛盾作出的;不是空洞的口号,而是真正要“着力解决好发展不平衡不充分问题,大力提升发展质量和效益,更好满足人民在经济、政治、文化、社会、生态等方面日益增长的需要”②的深刻变革;不仅仅局限于“十三五”时期,还要持续一个更长时期。

三、正确理解习近平新时代中国特色社会主义思想的丰富内涵

党的十九大将习近平新时代中国特色社会主义思想同马克思列宁主义、毛泽东思想、邓小平理论、“三个代表”重要思想、科学发展观一道确立为党和国家事业发展必须长期坚持的指导思想,实现了指导思想上的又一次与时俱进。“概论”课教学贯彻党的十九大精神的重中之重就在于科学揭示、评价习近平新时代中国特色社会主义思想的核心要义、历史地位,扎扎实实推进入耳入脑入心并日益转化为认识世界、改造世界的强大精神力量。

(一)新时代坚持和发展什么样的中国特色社会主义

新时代坚持和发展什么样的中国特色社会主义是青年大学生热切关注的重大问题,“概论”课教学必须有根有据地答疑解惑。党的十八大以来,习近平总书记先后提出了一系列重要论述:“中国特色社会主义是由道路、理论体系、制度三位一体构成的”,“中国特色社会主义特就特在其道路、理论体系、制度上,特就特在其实现途径、行动指南、根本保障的内在联系上,特就特

---

① 《准确把握和抓好我国发展战略重点　扎实把“十三五”发展蓝图变为现实》,《人民日报》2016 年 1 月 31 日。

② 习近平:《决胜全面建成小康社会　夺取新时代中国特色社会主义伟大胜利——在中国共产党第十九次全国代表大会上的报告》,人民出版社 2017 年版,第 11—12 页。

在这三者统一于中国特色社会主义伟大实践上”；“总依据是社会主义初级阶段，总布局是五位一体，总任务是实现社会主义现代化和中华民族伟大复兴。这‘三个总’的概括，高屋建瓴，提纲挈领，言简意赅。深刻领会和把握这个新概括，有助于我们深刻领会和把握中国特色社会主义的真谛和要义”①；“中国特色社会主义，是科学社会主义理论逻辑和中国社会发展历史逻辑的辩证统一”；“中国特色社会主义是社会主义而不是其他什么主义，科学社会主义基本原则不能丢，丢了就不是社会主义”②；“中国共产党的领导是中国特色社会主义最本质的特征”③。经过了一个拓展深化的认识过程，党的十九大报告提出“八个明确”。“八个明确”全面解答了“新时代坚持和发展中国特色社会主义的总目标、总任务、总体布局、战略布局和发展方向、发展方式、发展动力、战略步骤、外部条件、政治保证等基本问题”④，构成了涵盖改革发展稳定、内政国防外交、治党治国治军的习近平新时代中国特色社会主义思想的总体框架。

（二）新时代怎样坚持和发展中国特色社会主义

作为系统讲解党的基本理论的核心课程，“概论”课必须充分发挥主渠道作用，进一步讲明新时代中国特色社会主义的基本方略，引导青年大学生在学思践悟中坚持和发展中国特色社会主义。

第一，基本方略的科学内涵以及各个方略的具体内容。基本方略是对党的十八大以来以习近平同志为核心的党中央治国理政新理念新思想新战略的概括和提炼，是根据新的实践而作出的“对经济、政治、法治、科技、文化、教育、民生、民族、宗教、社会、生态文明、国家安全、国防和军队、‘一国两制’和

---

① 《习近平谈治国理政》第一卷，外文出版社 2018 年版，第 8、9、10 页。

② 《习近平谈治国理政》第一卷，外文出版社 2018 年版，第 21、22 页。

③ 《习近平谈治国理政》第二卷，外文出版社 2017 年版，第 18 页。

④ 习近平：《决胜全面建成小康社会　夺取新时代中国特色社会主义伟大胜利——在中国共产党第十九次全国代表大会上的报告》，人民出版社 2017 年版，第 18 页。

祖国统一、统一战线、外交、党的建设等各方面”①的顶层设计。“十四个坚持”的具体内容与当前“概论”课的7—12章教学内容密切相关,前者在融会贯通、传承创新中体现了后者的精髓要义。

第二,指导思想与基本方略的关系。习近平总书记指出,新时代中国特色社会主义思想是指导思想层面的表述,在行动纲领层面的表述称之为新时代坚持和发展中国特色社会主义的基本方略。② 基本方略体现指导思想,指导思想通过基本方略回归实践,二者共同回答了“新时代坚持和发展什么样的中国特色社会主义,怎样坚持和发展中国特色社会主义”的重大时代课题。作为行动纲领的基本方略,本身就是习近平新时代中国特色社会主义思想的重要组成部分。

第三,基本方略与基本理论、基本路线、基本纲领、基本经验、基本要求的关系。“五个基本”一直是党的理论的重要组成部分,是坚持和发展中国特色社会主义的重要遵循。随着时代变化和社会发展,不同时期形成的基本纲领、基本经验、基本要求中的一些内容已不适应于时代。因此,在继承与发展的基础上,党的十九大报告将“五个基本”进一步整合为基本理论、基本路线、基本方略。

(三)习近平新时代中国特色社会主义思想的历史地位

置之于党的理论创新成果的历史逻辑和内在联系之中,明确习近平新时代中国特色社会主义思想的历史地位,是“概论”课贯彻党的十九大精神的题中之义。

第一,是新时代全党全国人民为实现中华民族伟大复兴中国梦而奋斗的行动指南。为实现中国梦而奋斗是近代以来我国历史发展的主题主线。实践证明,习近平新时代中国特色社会主义思想已成为能够把全党全国人民紧密

---

① 习近平:《决胜全面建成小康社会 夺取新时代中国特色社会主义伟大胜利——在中国共产党第十九次全国代表大会上的报告》,人民出版社2017年版,第18页。

② 《党的十九大报告辅导读本》,人民出版社2017年版,第159页。

团结在一起的坚实思想基础,是全面实现“两个一百年”奋斗目标的理论指导。

第二,是马克思主义中国化的最新理论成果。习近平新时代中国特色社会主义思想是以习近平同志为核心的党中央把马克思主义基本原理与新时代中国具体实际紧密结合起来,运用马克思主义的立场、观点、方法研究和解决中国实际问题而取得的具有历史性飞跃性质的重大理论创新成果,与马克思列宁主义、毛泽东思想、邓小平理论、“三个代表”重要思想、科学发展观既一脉相承又与时俱进,谱写了马克思主义中国化新篇章。

第三,是新时代中国为发展21世纪马克思主义作出的原创性贡献。党的十八大以来,党中央立足中国,放眼世界,面向未来,深刻把握共产党执政规律、社会主义建设规律、人类社会发展规律,不断开拓马克思主义中国化的世界维度和时代视野,参照和借鉴当今世界各国各地区马克思主义发展的有益经验,以高度的理论自觉和理论自信使中国智慧、中国经验、中国方案在应对人类文明进程的新形势新特点新问题中放射出真理光芒。

四、科学阐释建设社会主义现代化强国的战略安排

党的十九大报告从党和国家事业发展全局高度提出:“从全面建成小康社会到基本实现现代化,再到全面建成社会主义现代化强国,是新时代中国特色社会主义发展的战略安排”①。“概论”课教学要科学阐释这一战略安排,坚定青年大学生全过程参与建设社会主义现代化强国的信心和决心。

(一)“分两步走”的新目标

党的十九大站在时代前沿思考问题,把社会主义现代化事业放到历史长

① 习近平:《决胜全面建成小康社会 夺取新时代中国特色社会主义伟大胜利——在中国共产党第十九次全国代表大会上的报告》,人民出版社2017年版,第29页。

河和全球视野中加以谋划：“第一个阶段，从二〇二〇年到二〇三五年，在全面建成小康社会的基础上，再奋斗十五年，基本实现社会主义现代化。第二个阶段，从二〇三五年到本世纪中叶，在基本实现现代化的基础上，再奋斗十五年，把我国建成富强民主文明和谐美丽的社会主义现代化强国。”①建设社会主义现代化强国是一个由量变到质变的发展过程，是阶段性和连续性的辩证统一。开启新征程首先要全面建成小康社会。从“全面小康”到“全面现代化”的历史性跨越就是要通过以上步骤，随着一个个“小目标”的达成而最终实现。

（二）“一张好的蓝图一干到底”

实现现代化是全体中国人的夙愿。党的十三大正式将邓小平提出的“三步走”发展战略确立为党对社会主义现代化建设的战略安排。在提前完成解决人民温饱问题、人民生活总体上达到小康水平前两步战略目标的基础上，党的十五大将第三步目标——基本实现现代化具体化，“两个一百年”的奋斗目标由此而生。习近平总书记指出：“一张好的蓝图，只要是科学的、切合实际的、符合人民愿望的，大家就要一茬一茬接着干”②。新时代中国特色社会主义的战略安排是对“三步走”发展战略的继承和发展。主要变化在于基本实现现代化目标的提前和第二个百年奋斗目标的升级。调整的原因可归纳为4个方面：一是对时代特征、世界大势、我国国情以及战略机遇期的判断，二是习近平新时代中国特色社会主义思想的理论指导，三是改革开放40年来党和国家事业取得的伟大历史性胜利，四是党对于领导社会主义现代化建设的规律性认识。

（三）新时代中国共产党人的初心和使命

建设社会主义现代化强国以“我国人民将享有更加幸福安康的生活，中

---

① 《中国共产党第十九次全国代表大会文件汇编》，人民出版社2017年版，第61页。

② 《习近平谈治国理政》第一卷，外文出版社2018年版，第400页。

华民族将以更加昂扬的姿态屹立于世界民族之林"为出发点和落脚点，集中体现了中国共产党人"为中国人民谋幸福，为中华民族谋复兴"①的初心和使命。

习近平总书记突出强调以人民为中心的发展思想。"中国梦是人民的梦，必须同中国人民对美好生活的向往结合起来才能取得成功。""发展依然是当代中国的第一要务，中国执政者的首要使命就是集中力量提高人民生活水平，逐步实现共同富裕。"②中国特色社会主义的根本原则是共同富裕。新时代中国特色社会主义发展的战略安排中，共同富裕一以贯之：基本实现现代化时"全体人民共同富裕迈出坚实步伐"，全面现代化时"全体人民共同富裕基本实现"③，体现出中国共产党人的价值坚守。

① 习近平：《决胜全面建成小康社会　夺取新时代中国特色社会主义伟大胜利——在中国共产党第十九次全国代表大会上的报告》，人民出版社 2017 年版，第 29、1 页。

② 《习近平谈治国理政》第二卷，外文出版社 2017 年版，第 30 页。

③ 习近平：《决胜全面建成小康社会　夺取新时代中国特色社会主义伟大胜利——在中国共产党第十九次全国代表大会上的报告》，人民出版社 2017 年版，第 28、29 页。

习近平总书记“七一”重要讲话精神融入“毛泽东思想和中国特色社会主义理论体系概论”课的几个问题*

习近平总书记在庆祝中国共产党成立100周年大会上的重要讲话（以下简称“‘七一’重要讲话”）高屋建瓴、思想深刻、内涵丰富，具有很强的政治性、思想性、理论性，体现了深远的战略思维、强烈的历史担当、真挚的为民情怀，是一篇马克思主义的纲领性文献，是新时代中国共产党人不忘初心、牢记使命的政治宣言，是党团结带领人民以史为鉴、开创未来的行动指南，为全党全国各族人民向第二个百年奋斗目标迈进指明了方向，也为“毛泽东思想和中国特色社会主义理论体系概论”课（以下简称“‘概论’课”）的教学提供了丰厚的精神滋养。“概论”课教师应主动而为，将习近平总书记“七一”重要讲话精神融入“概论”课的教学实践中。

一、深度展现全面建成小康社会的伟大成就和历史意义

“小康”一词源于《诗经·大雅·民劳》中的“民亦劳止，汔可小康”。古

* 原载《思想教育研究》2021年第8期。中国人民大学复印报刊资料《高校思想政治理论课教学研究》2022年第1期全文转载。

人对于理想生活的美好愿景在中国特色社会主义新时代成为现实。习近平总书记在“七一”重要讲话中庄严宣告，我们实现了第一个百年奋斗目标，在中华大地上全面建成了小康社会。这一历史性成就的取得具有伟大的历史意义，“概论”课教师应当联系改革开放的历史进程，把全面建成小康社会作为重点内容进行讲授，重点阐述全面建成小康社会的辉煌成就和伟大意义，激发新时代青年学生的民族自豪感和爱国情怀。

（一）全面建成小康社会彻底改变了中国的面貌

全面建成小康社会，标志着我国进入了一个新的发展阶段，我国经济社会发生了翻天覆地的变化，取得了彪炳史册的辉煌成就。“概论”课教学要深度展现全面建成小康社会取得的辉煌成就。第一，我国经济持续快速增长。1979 年到 2020 年间国内生产总值年均增长 9.2%，同期世界经济增长幅度为 2.7%左右。综合国力显著增强，国内生产总值从 1952 年的 679 亿元至 2020 年超过 100 万亿元大关，人均国内生产总值连续两年超过 1 万美元，已经从低收入国家迈进中高收入国家行列。第二，人民生活水平不断提高。2020 年全国居民人均可支配收入为 32189 元，实现了与经济发展同步增长。中等收入群体不断扩大，人民群众的获得感、幸福感、安全感不断增强。社会保障体系不断完善，截至 2020 年基本医疗保险覆盖 13.6 亿人，基本养老保险覆盖近 10 亿人，人均预期寿命由解放前的 35 岁提升至 2019 年的 77.3 岁。[①] 第三，经济结构不断优化，基础设施日益完善，创新型国家建设成果丰硕，科技进步对经济增长的贡献率持续攀升，区域城乡协调发展水平不断提升，实现了从农业大国到工业大国的历史性转变。第四，脱贫攻坚取得伟大胜利，现行标准下的农村贫困人口全部脱贫，贫困县全部摘帽，贫困村全部出列，绝对贫困问题已经得到彻底解决。第五，中国特色社会主义制度体系日趋完善，国家治理体系和

① 《2020 年我国卫生健康事业发展统计公报》，中国政府网，见 http://www.gov.cn/guoqing/2021-07/22/content_5626526.htm。

治理能力现代化水平明显提高，制度优势不断转化为国家治理效能，主要领域基础性制度体系基本形成，经济社会发展的制度基础更加稳固。

（二）全面建成小康社会具有伟大的历史意义

在中华大地上全面建成小康社会，这是前所未有的历史奇迹。要通过深度阐释全面建成小康社会的伟大历史意义，使学生增强中国特色社会主义“四个自信”、自觉为第二个百年奋斗目标努力奋斗。

第一，全面建成小康社会印证了中国共产党为什么能，中国特色社会主义为什么好，马克思主义为什么行。“概论”课的教学目的是要让学生系统掌握马克思主义中国化的历史进程和理论成果，全面建成小康社会是向学生进行马克思主义中国化理论教育、坚定理论自信的典型案例。“中国共产党为什么能，中国特色社会主义为什么好，归根到底是因为马克思主义行！”①习近平总书记深刻阐释了曾经历经磨难的中国为什么能够取得全面建成小康社会的历史性成就。百年党史也是一部马克思主义中国化的历史，中国革命、建设、改革成功的根本原因就在于中国共产党人运用马克思主义的立场、观点和方法，分析、研究和解决中国革命、建设、改革的实际问题，不断推进马克思主义中国化。全面建成小康社会是马克思主义中国化的光辉典范。中国共产党把为人民谋幸福、为民族谋复兴作为自己的初心使命，砥砺奋斗，不断推进小康生活向小康社会再到全面小康社会的跃升。1979 年邓小平在会见日本首相大平正芳时指出，我们的四个现代化是指“小康之家”，②开启了小康社会建设的历史征程。党的十八大以来，以习近平同志为核心的党中央继续推进全面建成小康社会的历史任务，坚持新发展理念，统筹推进“五位一体”总体布局，协调推进“四个全面”战略布局，不断破除影响小康社会建设的各种体制机制障碍，经济社会发展不断取得新的成就。全面建成小康社会是中国人民

---

① 习近平：《在庆祝中国共产党成立 100 周年大会上的讲话》，人民出版社 2021 年版，第 13 页。

② 《邓小平文选》第二卷，人民出版社 1994 年版，第 237 页。

接续奋斗的结果,也是中国共产党人实现马克思主义中国化的成果。

第二,全面建成小康社会充分彰显了中国特色社会主义制度的优势。党的十九届四中全会报告指出:“中国特色社会主义制度是当代中国发展进步的根本保证。”①随着改革开放的不断发展,中国特色社会主义制度日趋成型,为全面建成小康社会提供了根本制度保障。“概论”课教师要深刻阐明全面建成小康社会所彰显的制度优势。“制度优势是一个国家的最大优势,制度竞争是国家间最根本的竞争。”②党的十九届四中全会对中国特色社会主义制度优势进行了系统概括,在“概论”课教学过程中,要结合全面建成小康社会的事实,深度阐述中国特色社会主义制度优势。在全面建成小康社会的过程中,我们的制度优势一方面表现为坚持党的集中统一领导。党是中国特色社会主义事业的领导核心,是全面建成小康社会的“主心骨”,只有党才能团结全国各族人民一道为实现小康社会努力奋斗。另一方面表现为坚持集中力量办大事。脱贫攻坚是一个典型案例,没有全国人民上下同心,没有各方面的大力支援,没有数量众多的驻村工作队和驻村干部,就难以取得脱贫攻坚的胜利。我们的制度优势还表现为坚持以人民为中心。坚持人民立场,把消除贫困、改善民生、实现共同富裕作为制度建设的根本要求,践行以人民为中心的发展思想,全面建成小康社会才能取得如此辉煌的成就。

第三,全面建成小康社会奠定了中华民族伟大复兴的坚实基础。全面建成小康社会是实现中华民族伟大复兴中国梦的关键一步,中华民族几千年来对小康社会的憧憬成为现实,这在实现中华民族伟大复兴的历史进程中具有重要的里程碑意义。全面建成小康社会、实现第一个百年奋斗目标,“为开启全面建设社会主义现代化国家新征程奠定坚实基础”③。全面建成小康社会是中华民族伟大复兴的一次历史性跨越,是迈向全面建成社会主义现代化强

---

① 《习近平谈治国理政》第三卷,外文出版社2020年版,第109页。

② 《习近平谈治国理政》第三卷,外文出版社2020年版,第119页。

③ 《中共中央关于制定国民经济和社会发展第十四个五年规划和二〇三五年远景目标的建议》,《人民日报》2020年11月4日。

国第二个百年奋斗目标的新起点。中华民族伟大复兴已经进入不可逆转的历史进程,任何势力、任何艰难险阻都难以阻挡这一历史进程。"概论"课教学要通过讲解全面建成小康社会对于实现中华民族伟大复兴的重大意义,使学生增强民族自信心和自豪感,自觉投身到实现中华民族复兴的伟大事业之中。

第四,全面建成小康社会为人类社会发展提供了新的方案。"概论"课教学要使学生认识到全面建成小康社会对于人类社会发展的重大意义。全面建成小康社会是人类社会发展史上的伟大壮举,创造了人类消灭贫困史上的奇迹,为世界各国人民提供了消除贫困的中国方案。习近平总书记在中国共产党与世界政党领导人峰会上的主旨讲话中指出:"中国共产党愿为人类减贫进程贡献更多中国方案和中国力量。"①改革开放以来,按照现行贫困标准计算,我国 7.7 亿农村贫困人口摆脱贫困;按照世界银行国际贫困标准,我国减贫人口占同期全球减贫人口 70%以上。中国脱贫攻坚成就世所罕见、前所未有,必将载入中华民族发展史册、人类文明发展史册。

二、深入解读实现中华民族伟大复兴的历史主题

习近平总书记在"七一"重要讲话中指出:"一百年来,中国共产党团结带领中国人民进行的一切奋斗、一切牺牲、一切创造,归结起来就是一个主题:实现中华民族伟大复兴。"②"概论"课教师要讲好习近平总书记"七一"重要讲话精神,需要深入解读实现中华民族伟大复兴的历史主题,讲清楚实现中华民族伟大复兴既是中国共产党的初心使命,也是贯穿中国共产党百年历史的逻辑主线。

---

① 《习近平出席中国共产党与世界政党领导人峰会并发表主旨讲话》,《人民日报》2021 年 7 月 7 日。

② 习近平:《在庆祝中国共产党成立 100 周年大会上的讲话》,人民出版社 2021 年版,第 3 页。

（一）新民主主义革命为实现中华民族伟大复兴创造了根本社会条件

中国共产党一经成立，就领导中国人民进行新民主主义革命，在这一斗争过程中形成的新民主主义革命理论是毛泽东思想的重要组成部分，也是“概论”课教学的重要内容。讲好实现中华民族伟大复兴的主题，这一部分内容需要重点阐释好新民主主义革命的总路线和纲领。在半殖民地半封建社会的旧中国，只有通过无产阶级领导的社会革命推翻帝国主义和封建主义的统治，才能为民族复兴扫清障碍。新民主主义革命的胜利彻底结束了旧中国半殖民地半封建社会的历史，彻底结束了旧中国一盘散沙的局面，彻底废除了列强强加给中国的不平等条约和帝国主义在中国的一切特权，为实现中华民族伟大复兴创造了根本社会条件。新民主主义革命的胜利，拉开了实现中华民族伟大复兴的序幕。

（二）社会主义革命为实现中华民族伟大复兴奠定了根本政治前提和制度基础

“中国人民不但善于破坏一个旧世界、也善于建设一个新世界”①。中华人民共和国的成立，标志着中华民族伟大复兴进入了一个新的历史阶段，中国共产党领导中国人民恢复国民经济，并逐步完成对个体农业、手工业和资本主义工商业的社会主义改造。党坚持把马克思主义基本原理同中国具体实际相结合，形成了具有中国特色的社会主义改造理论。这一部分要讲好实现中华民族伟大复兴的主题，需要重点阐释好社会主义改造的完成及意义，它的实现消灭了在中国延续几千年的封建剥削压迫制度，确立了社会主义基本制度，实现了中华民族有史以来最为广泛而深刻的社会变革，为实现中华民族伟大复

① 习近平：《在庆祝中国共产党成立 100 周年大会上的讲话》，人民出版社 2021 年版，第 5 页。

兴奠定了根本政治前提和制度基础。

（三）社会主义建设为实现中华民族伟大复兴进行了艰辛探索

社会主义制度基本确立以后，中国共产党领导中国人民探索适合中国特点的社会主义建设道路，形成了初步探索社会主义建设道路的理论成果。要讲好实现中华民族伟大复兴的主题，就要阐释好社会主义建设对巩固社会主义制度以及对改革开放后开辟中国特色社会主义道路的重要意义。一方面，社会主义基本制度刚刚确立，还面临着国内外各方面的挑战。党在这一时期提出了调动一切积极因素为社会主义事业服务、正确分析社会主义社会基本矛盾的性质和特点、走中国式工业化道路等思想。另一方面，社会主义建设时期的艰难探索和曲折发展，为中国特色社会主义道路的开辟提供了物质基础、宝贵经验教训和理论准备。

（四）改革开放和社会主义现代化建设为实现中华民族伟大复兴提供了充满新的活力的体制保证和快速发展的物质条件

党的十一届三中全会实现了中华人民共和国成立以来具有深远意义的伟大转折，实现中华民族伟大复兴进入加速阶段。讲好实现中华民族伟大复兴的主题，就要讲清楚改革开放后中国特色社会主义道路的开辟和改革开放取得的辉煌成就。一方面，改革开放为实现中华民族伟大复兴找到了一条正确的道路。在正确总结国内外发展经验教训的基础上，邓小平提出建设有中国特色的社会主义，形成社会主义初级阶段理论、确立党在社会主义初级阶段的基本路线，在实践中坚定不移推进改革开放，不断战胜来自各方面的风险挑战，坚持、捍卫、发展中国特色社会主义。另一方面，在改革开放和社会主义现代化建设过程中，实现了从高度集中的计划经济体制到充满活力的社会主义市场经济体制、从封闭半封闭到全方位开放的历史性转变，实现了从生产力相对落后的状况到经济总量跃居世界第二的历史性突破，实现了人民生活从温饱不足到总体小康、奔向全面小康的历史性跨越。这些历史性成就为实现中华民族伟大复兴提供了充满新的活力的体制保证和快速发展的物质条件。

（五）新时代中国特色社会主义的伟大成就为实现中华民族伟大复兴提供了更为完善的制度保证、更为坚实的物质基础、更为主动的精神力量

党的十八大以来，中国特色社会主义进入新时代，以习近平同志为核心的党中央团结带领中国人民，统揽伟大斗争、伟大工程、伟大事业、伟大梦想，创造了新时代中国特色社会主义的伟大成就，创立了习近平新时代中国特色社会主义思想。习近平新时代中国特色社会主义思想具有丰富的理论内涵，在“概论”课教学中占有极为重要的地位。这一部分要讲好实现中华民族伟大复兴的主题，一方面，要讲好党的十八大以来我国取得的伟大成就。党的十八大以来，中国共产党坚持和加强党的全面领导，统筹推进“五位一体”总体布局、协调推进“四个全面”战略布局，坚持和完善中国特色社会主义制度、推进国家治理体系和治理能力现代化，坚持依规治党、形成比较完善的党内法规体系，战胜一系列重大风险挑战，胜利实现第一个百年奋斗目标，党和国家事业取得了历史性成就、发生了历史性变革，为实现中华民族伟大复兴提供了更为完善的制度保证、更为坚实的物质基础、更为主动的精神力量。另一方面，要讲好第二个百年奋斗目标的战略安排，党的十九大明确了实现第二个百年奋斗目标的两个发展阶段的战略安排，擘画了实现中华民族伟大复兴的蓝图，是党带领中国人民朝着实现中华民族伟大复兴继续前进的行动纲领。

三、深情讲述伟大建党精神的内在逻辑

中国共产党人的精神谱系是“概论”课教学的重要内容。习近平总书记在“七一”重要讲话中精辟概括了伟大建党精神，深刻阐明伟大建党精神是中国共产党的精神之源。伟大建党精神体现了中国共产党这一马克思主义政党

的先进性和政治品格，是中国共产党精神形成、发展的“基因”。在100年奋斗历程中，伟大建党精神建构起中国共产党人的精神谱系，锤炼出鲜明的政治品格。讲好伟大建党精神，对于引导学生系统理解党的精神谱系具有重要意义。

（一）立足党的百年历史讲述伟大建党精神

在党波澜壮阔的百年征程中，先后涌现了一大批视死如归的革命烈士、一大批顽强奋斗的英雄人物、一大批忘我奉献的先进模范，形成了中国共产党人的伟大精神，构建起中国共产党人的精神谱系，伟大建党精神是党百年辉煌的精神动力。“概论”课教学不仅需要讲述伟大建党精神的内涵，更需要站在党的百年奋斗史、理论创新史的角度，对学生讲清楚伟大建党精神的价值和意义，使学生明白伟大建党精神从何而来、中国共产党人的精神谱系因何而生。

第一，讲清楚伟大建党精神的生成逻辑。伟大的精神产生于伟大的实践，要向学生讲清楚伟大建党精神生成的实践基础。鸦片战争后，中国逐步成为半殖民地半封建社会，中华民族面对着“求得民族独立和人民解放”“实现国家繁荣富强和人民共同富裕”①两大历史任务。围绕这两大历史任务，无数仁人志士前赴后继，各种救国方案、各种思潮主义你方唱罢我登场，但都没能改变近代中国社会的性质。五四运动后，马克思列宁主义在中国的广泛传播、中国工人阶级登上政治舞台，为中国共产党的成立奠定了思想基础和组织基础。伟大建党精神与近代中国的历史命运紧密相连、与实现中华民族伟大复兴的目标紧密相连，成为中国共产党百年奋斗的精神标识。

第二，讲清楚弘扬伟大建党精神的百年历程。“一百年来，中国共产党弘扬伟大建党精神，在长期奋斗中构建起中国共产党人的精神谱系，锤炼出鲜明的政治品格。”②伟大建党精神既是中国共产党人精神谱系的重要组成部分，

---

① 《十五大以来重要文献选编》上，中央文献出版社2000年版，第2页。

② 习近平：《在庆祝中国共产党成立100周年大会上的讲话》，人民出版社2021年版，第8页。

又是不同历史时期形成的精神谱系的源头。新民主主义革命时期，在革命实践中形成了井冈山精神、苏区精神、长征精神、延安精神、抗战精神、西柏坡精神等精神形态；社会主义革命和建设时期，以伟大建党精神为源头，抗美援朝精神、大庆精神、“两弹一星”精神、雷锋精神、焦裕禄精神等精神形态也先后涌现；改革开放和社会主义现代化建设新时期，以特区精神、女排精神、抗洪精神、抗震救灾精神为代表的精神形态同样建立在伟大建党精神基础之上；在中国特色社会主义新时代的奋斗实践中形成的抗疫精神、脱贫攻坚精神同样也与伟大建党精神有着紧密的联系。伟大建党精神和中国共产党人精神谱系，是教学的重要内容。教学过程中，既要注重理论性又要突出引领性，让学生在理解内涵和内容的过程中受到深刻的教育与鼓舞。

（二）从学理层面系统阐释伟大建党精神的深刻内涵

讲好伟大建党精神的内涵，既是教学的重点也是难点。“一百年前，中国共产党的先驱们创建了中国共产党，形成了坚持真理、坚守理想，践行初心、担当使命，不怕牺牲、英勇斗争，对党忠诚、不负人民的伟大建党精神”①。习近平总书记在“七一”重要讲话中对伟大建党精神的内涵作了 4 个方面的概括，4 个方面的内容相辅相成，构成了中国共产党人精神谱系的核心内容和精髓。面向学生讲好伟大建党精神，首先就要从 4 个方面入手，从学理层面阐释好伟大建党精神的深刻内涵。

第一，坚持真理、坚守理想是伟大建党精神之灵魂。中国共产党是用马克思主义武装起来的工人阶级政党，实现共产主义是党的最高理想。100 年来，党始终坚持马克思主义的指导地位，并在实践中将马克思主义同中国革命、建设、改革的具体实际相结合。在 100 年的接续奋斗中，党始终没有动摇过对共产主义理想的追求。党的一大通过的《中国共产党第一个纲领》即提出了“承

---

① 习近平：《在庆祝中国共产党成立 100 周年大会上的讲话》，人民出版社 2021 年版，第 8 页。

认无产阶级专政，直到阶级斗争结束，即直到消灭社会的阶级区分”①等内容，表达了党对共产主义理想的追求。在此后的革命、建设、改革实践中，虽然党先后提出了包括民主革命时期的“最低纲领”与不同历史时期的具体纲领，但是实现共产主义始终是党的“最高理想”。

第二，践行初心、担当使命是伟大建党精神之本色。“无产阶级的运动是绝大多数人的，为绝大多数人谋利益的独立的运动。”②《共产党宣言》的这句话，在党的百年历程中得到了充分印证。100 年前，党诞生在半殖民地半封建的近代中国。“中国共产党一经诞生，就把为中国人民谋幸福、为中华民族谋复兴确立为自己的初心使命。”③党既是中国工人阶级的先锋队，同时也是中国人民和中华民族的先锋队。100 年来，党始终站稳人民立场，将全心全意为人民服务作为自己的宗旨，将人民的利益放在最高的位置上；党始终牢记民族复兴使命，为完成近代中国的两大历史任务、实现中华民族的复兴梦想奋斗始终。党的初心和使命“是激励中国共产党人不断前进的根本动力”④，也是伟大建党精神形成和发展的动力来源。

第三，不怕牺牲、英勇斗争是伟大建党精神之基础。“世界上没有哪个党像我们这样，遭遇过如此多的艰难险阻，经历过如此多的生死考验，付出过如此多的惨烈牺牲。”⑤党的百年征程并不是一帆风顺的坦途，党的百年历史就是一部不懈斗争史；而斗争就一定伴随着牺牲。新民主主义革命时期，广大共产党员勇敢面对内外反动敌人，以斗争求胜利、以斗争求解放。在一次又一次的革命斗争中，无数共产党员用壮烈的牺牲换来了“可爱的中国”。中华人民共和国成立后，无数党员更是为了捍卫祖国的和平与安宁、为了人民的幸福生活，付出了自己宝贵的生命。这些共产党员用自己的牺牲换来抗美援朝的伟

---

① 《建党以来重要文献选编（1921—1949）》第一册，中央文献出版社 2011 年版，第 1 页。

② 《马克思恩格斯选集》第一卷，人民出版社 2012 年版，第 411 页。

③ 习近平：《在庆祝中国共产党成立 100 周年大会上的讲话》，人民出版社 2021 年版，第 3 页。

④ 《十九大以来重要文献选编》上，中央文献出版社 2019 年版，第 1 页。

⑤ 习近平：《在党史学习教育动员大会上的讲话》，《求是》2021 年第 7 期。

大胜利、换来兰考风沙的有效治理、换来“两弹一星”的伟大成就……中国共产党人不怕牺牲、英勇斗争的精神品质，成为构筑伟大建党精神的坚强基石。

第四，对党忠诚、不负人民是伟大建党精神之根脉。作为无产阶级政党，中国共产党具有严密的组织、严明的纪律。其中，对党忠诚是党员的首要政治品格。1927 年 10 月，毛泽东在酃县水口叶家祠主持新党员欧阳健、赖毅、李恒、鄢辉等 6 人入党宣誓仪式，并带领新党员宣读入党誓词：“牺牲个人，阶级斗争，服从组织，严守秘密，永不叛党……”①“永不叛党”成为入党誓词的内容之一。在艰苦的革命斗争中，“永不叛党”是无数共产党员用生命践行的铿锵誓言。“忠诚就是将全部真情率直而老实地向党坦白出来，就是要忠实于党的事业，忠实于人民的事业。”②党的事业与人民的事业是一致的，忠诚于党就是忠诚于人民。不负人民，彰显的是一份赤子之心也是一份崇高情怀。“对党忠诚、不负人民”既是坚守百年的誓言，也是建党立党的根脉。

四、深刻阐释“九个必须”的核心要义

习近平总书记“七一”重要讲话系统阐述了以史为鉴、开创未来的“九个必须”，对于开启社会主义现代化国家新征程，建设富强民主文明和谐美丽的社会主义现代化国家，实现中华民族伟大复兴具有十分重要的意义。如何将这“九个必须”融入教学中，阐释好“九个必须”的核心要义，同样也是值得我们思考的问题。“从中国共产党的百年奋斗中看清楚过去我们为什么能够成功、弄明白未来我们怎样才能继续成功，从而在新的征程上更加坚定、更加自觉地牢记初心使命、开创美好未来。”③习近平总书记“七一”重要讲话提出的

① 《毛泽东年谱（1893—1949）》上，中央文献出版社 2013 年版，第 222 页。

② 《邓小平年谱（1904—1974）》中，中央文献出版社 2009 年版，第 842 页。

③ 习近平：《在庆祝中国共产党成立 100 周年大会上的讲话》，人民出版社 2021 年版，第 10 页。

“九个必须”,既是对中国共产党领导革命、建设、改革百年历史经验的科学总结,也是新时代中国共产党人不忘初心、牢记使命的政治宣言和行动指南。讲述“九个必须”,要从过去和未来两个层面展开,深刻解读“九个必须”的历史意义与现实意义。

(一)从总结经验的角度讲好“九个必须”的历史意义

“九个必须”是对党百年历史经验的系统总结,昭示着百年大党的成功密码。要讲好“九个必须”,首先就要从理论层面讲好党领导革命、建设、改革百年奋斗的宝贵经验。

第一,讲深讲透中国共产党领导的历史经验。坚持中国共产党领导是革命、建设、改革百年辉煌的基本经验。党的领导是历史的选择、人民的选择,党的领导是中国特色社会主义最本质的特征,也是中国特色社会主义制度的最大优势。在教学过程中,要把坚持党的领导的历史经验作为教学的重点,在理论上讲清楚坚持党的领导的历史必然性。

第二,讲深讲透党的人民立场。作为从人民中走出来的执政党,“中国共产党始终代表最广大人民根本利益,与人民休戚与共、生死相依,没有任何自己特殊的利益,从来不代表任何利益集团、任何权势团体、任何特权阶层的利益。”①江山就是人民,人民就是江山——这是中国共产党百年初心的最好诠释。中国共产党之所以能够成功,关键就在于赢得了最广大人民群众的拥护和支持。“概论”课教学要从党的百年为民造福史中,讲清楚党的根本宗旨和根本立场,从党的百年不懈奋斗史中讲述党的为民情怀。

第三,讲深讲透中国共产党百年理论创新的经验。马克思主义是我们立党立国的指导思想,中国共产党人不是机械地、教条地对待马克思主义,而是结合中国实际不断推进理论创新。要讲清楚党是在推动马克思主义与中国革

① 习近平:《在庆祝中国共产党成立100周年大会上的讲话》,人民出版社2021年版,第11—12页。

命、建设、改革实际相结合的过程中,开辟了中国式现代化新道路,创造了人类文明新形态,为人类社会发展贡献了中国智慧和中国方案。“概论”课教师既要注重对马克思主义中国化发展进程系统讲授,也要注重对中国化马克思主义基本原理的讲述。讲好马克思主义基本原理同中国具体实际相结合、同中华优秀传统文化相结合,不断创新发展马克思主义,讲好党的百年理论创新的故事。

第四,讲深讲透党治国理政的经验。在“九个必须”中,关于国防和军队现代化、构建人类命运共同体、加强中华儿女大团结、加强党的建设等内容同样也是党治国理政的经验。这些宝贵的历史经验都应该成为“概论”课的重要内容,从而使学生明白“中国共产党为什么能”。在“概论”课教材中,第十二章“全面推进国防和军队现代化”、第十三章“中国特色大国外交”等内容分别与“必须加快国防和军队现代化”“必须不断推动构建人类命运共同体”相对应。要结合构建人类命运共同体,讲述习近平总书记“七一”重要讲话提出的弘扬和平、发展、公平、正义、民主、自由的全人类共同价值的意义。

(二)从开创未来的角度讲好“九个必须”的现实意义

对“九个必须”的讲述,不能只停留在“过去式”的经验讲述,而是要立足第二个百年全面建成社会主义现代化强国的实际,讲好“九个必须”对于未来发展的深刻意义。

具体来看,讲授“必须坚持中国共产党坚强领导”“必须不断推进党的建设新的伟大工程”等问题,要结合新的征程上如何加强和改善党的领导这个问题展开,引导学生思考如何更好加强党的集中统一领导、发挥党的领导核心作用;讲述“必须团结带领中国人民不断为美好生活而奋斗”,要结合党的初心使命和新时代社会主要矛盾的转化,引导学生思考新的征程上如何紧紧依靠人民创造历史等问题;讲述“必须继续推进马克思主义中国化”“必须坚持和发展中国特色社会主义”,需要结合习近平新时代中国特色社会主义思想这一当代中国马克思主义、21 世纪马克思主义的理论逻辑和实践逻辑,讲清楚新时代坚持和发展什么样的中国特色社会主义、怎样坚持和发展中国特色社会主义等问题。

同时，对于“必须加快国防和军队现代化”“必须不断推动构建人类命运共同体”“必须进行具有许多新的历史特点的伟大斗争”“必须加强中华儿女大团结”等内容的讲授，要从中华民族伟大复兴战略全局和世界百年未有之大变局出发，引导学生深刻认识当前国内国际复杂形势，坚定实现中华民族伟大复兴的信心。

党的十九届六中全会精神融入“概论”课的教学建议*

在中国共产党成立一百周年的重要历史时刻，在党带领全国各族人民全面建成小康社会，实现了第一个百年奋斗目标，继而开启全面建设社会主义现代化国家新征程，奋力实现中华民族伟大复兴的第二个百年奋斗目标的新的历史起点上，党的十九届六中全会通过了《中共中央关于党的百年奋斗重大成就和历史经验的决议》（以下简称《决议》）。这一历史决议全面总结了党的百年奋斗重大成就和历史经验，生动呈现了马克思主义中国化的百年历程，进一步概括了中国化马克思主义理论成果，提出了许多新的重大的思想论断，需要及时补充更新至“毛泽东思想和中国特色社会主义理论体系概论”（以下简称“概论”）课教学之中。本文将重点围绕党的十九届六中全会精神如何融入“概论”课一至七章的教学，提供一些思考和建议。

一、准确把握《决议》对马克思主义中国化的历史进程与理论成果的新概括

中国共产党的历史，是一部不断推进马克思主义中国化的历史，是一部不

* 原载《北京教育（德育）》2022 年第 2 期。

断推进理论创新、进行理论创造的历史。《决议》对百年来中国共产党推进马克思主义中国化的历史进程及其重大理论成果进行了全面总结。“概论”课导论部分要重点将这些内容反映进来。

(一)《决议》反映了党对马克思主义中国化主题和内涵认识的深化

《决议》将实现中华民族伟大复兴定位为党的百年奋斗的主题,这同时也是百年来中国共产党不断推进马克思主义中国化进程的主题。《决议》分别从新民主主义革命时期争取民族独立、人民解放,为实现中华民族伟大复兴创造了根本社会条件;社会主义革命和建设时期通过进行社会主义革命和推进社会主义建设,为实现中华民族伟大复兴奠定根本政治前提和制度基础;改革开放和社会主义现代化建设新时期通过解放和发展生产力,为实现中华民族伟大复兴提供充满新的活力的体制保证和快速发展的物质条件;中国特色社会主义进入新时代,在实现第一个百年奋斗目标基础上,开启实现第二个百年奋斗目标新征程,朝着实现中华民族伟大复兴的宏伟奋斗目标继续前进。这四个时期阐释了党所面临和需要解决的主要任务,并且都集中围绕主要任务与实现中华民族伟大复兴的关系进行了论述,充分体现了百年奋斗主题的一脉相承性。同时,《决议》关于“坚持把马克思主义基本原理同中国具体实际相结合、同中华优秀传统文化相结合”①的论断进一步丰富和扩展了对马克思主义中国化内涵的阐释,体现了党对理论创新认识的深化。“概论”课导论部分在讲述马克思主义中国化概念及内涵时,要把这些新内容融入其中。

(二)《决议》阐明了马克思主义中国化的实践基础

《决议》用“夺取新民主主义革命伟大胜利”“完成社会主义革命和推进社

① 《中国共产党第十九届中央委员会第六次全体会议文件汇编》,人民出版社 2021 年版,第 45—46 页。

会主义建设”“进行改革开放和社会主义现代化建设”“开创中国特色社会主义新时代”四个部分对党的四个历史时期任务和成就进行了梳理，充分体现了百年来马克思主义中国化发展的实践逻辑。在对每个历史时期成就的总结中，凸显了中国化马克思主义对实践发展的指导作用，生动展现了马克思主义中国化理论与实践的双向互动过程。在“概论”课导论部分关于马克思主义中国化历史进程的教学中，可以重点围绕马克思主义中国化的实践基础将《决议》的这些内容反映进来。

（三）《决议》概括了马克思主义中国化飞跃的重大理论成果

《决议》对在中国革命、建设、改革的历史进程中，马克思主义中国化不断实现了飞跃这一问题进行了新的概括。指出：毛泽东思想是马克思主义中国化的第一次历史性飞跃；中国特色社会主义理论体系，实现了马克思主义中国化新的飞跃；习近平新时代中国特色社会主义思想是当代中国马克思主义、二十一世纪马克思主义，是中华文化和中国精神的时代精华，实现了马克思主义中国化新的飞跃。这也是《决议》在党的十九大报告的基础上，作出的新的理论概括。在“概论”课导论教学中，要把这三大理论成果在马克思主义中国化进程的地位及其一脉相承而又与时俱进的理论品质讲清楚。

二、充分吸收《决议》对毛泽东思想的认识和概括

《决议》展示了毛泽东思想对马克思列宁主义在中国创造性运用和发展所作出的重大贡献，明确了毛泽东思想是“马克思主义中国化的第一次历史性飞跃”的重要地位，充分肯定其在马克思主义中国化进程中的奠基性作用。在“概论”课关于毛泽东思想的教学中，可将《决议》的相关内容从以下方面融入。

(一)融入第一章“毛泽东思想及其历史地位”

一是毛泽东思想的形成和发展。在讲授毛泽东思想形成发展的历史条件时,结合《决议》中指出的“一八四〇年鸦片战争以后,由于西方列强入侵和封建统治腐败,中国逐步成为半殖民地半封建社会,国家蒙辱、人民蒙难、文明蒙尘,中华民族遭受了前所未有的劫难”①的分析表述,揭示出近代中国社会的特殊国情和中国革命的特殊性。各种救国方案轮番出台,均以失败告终,“中国迫切需要新的思想引领救亡运动”。毛泽东思想正是在对国情深刻认识的基础上,为了追求民族独立和人民解放,实现国家富强而形成的。在讲授毛泽东思想形成的实践基础时,结合《决议》对党团结带领人民“夺取新民主主义革命伟大胜利”艰辛曲折的奋斗过程的阐述,揭示出毛泽东思想正是对这些经验教训进行深刻总结形成的理论概括。

在讲授毛泽东思想形成发展的过程时,结合《决议》在第一部分“夺取新民主主义革命伟大胜利”中指出的“在革命斗争中,以毛泽东同志为主要代表的中国共产党人,把马克思列宁主义基本原理同中国具体实际相结合,对经过艰苦探索、付出巨大牺牲积累的一系列独创性经验作了理论概括,开辟了农村包围城市、武装夺取政权的正确革命道路,创立了毛泽东思想,为夺取新民主主义革命胜利指明了正确方向”和第二部分“完成社会主义革命和推进社会主义建设”中指出的“在这个时期,毛泽东同志提出把马克思列宁主义基本原理同中国具体实际进行‘第二次结合’,以毛泽东同志为主要代表的中国共产党人,结合新的实际丰富和发展毛泽东思想”②,分别融入充实到毛泽东思想形成和成熟以及继续发展的历程之中。

二是毛泽东思想活的灵魂。毛泽东思想活的灵魂是贯穿各个组成部分的

---

① 《中国共产党第十九届中央委员会第六次全体会议文件汇编》,人民出版社2021年版,第22页。

② 《中国共产党第十九届中央委员会第六次全体会议文件汇编》,人民出版社2021年版,第26、32—33页。

立场、观点、方法，体现为实事求是、群众路线、独立自主三个基本方面，为党和人民事业发展提供了科学指引。在讲授这一内容时，需要重点围绕毛泽东思想活的灵魂，阐述好毛泽东思想立场、观点、方法在今天仍旧发挥的重要指导作用。尤其是《决议》将“坚持独立自主”作为中国共产党百年奋斗的历史经验之一，指出：“独立自主是中华民族精神之魂，是我们立党立国的重要原则。走自己的路，是党百年奋斗得出的历史结论。党历来坚持独立自主开拓前进道路，坚持把国家和民族发展放在自己力量的基点上，坚持中国的事情必须由中国人民自己作主张、自己来处理。人类历史上没有一个民族、一个国家可以通过依赖外部力量、照搬外国模式、跟在他人后面亦步亦趋实现强大和振兴。那样做的结果，不是必然遭遇失败，就是必然成为他人的附庸。只要我们坚持独立自主、自力更生，既虚心学习借鉴国外的有益经验，又坚定民族自尊心和自信心，不信邪、不怕压，就一定能够把中国发展进步的命运始终牢牢掌握在自己手中。”①需要重点结合党的百年历史，充分讲清楚“独立自主”所蕴含的时代内涵的发展以及将其作为党克服困难挑战、取得重大成就的重要历史经验的意义所在。在讲授群众路线内容时，可重点结合《决议》把“坚持人民至上”作为党的百年奋斗的一个重要历史经验，阐释坚持群众路线所体现的中国共产党“人民至上”的价值观。

三是毛泽东思想的历史地位。《决议》指出：“毛泽东思想是马克思列宁主义在中国的创造性运用和发展，是被实践证明了的关于中国革命和建设的正确的理论原则和经验总结，是马克思主义中国化的第一次历史性飞跃。”②可结合这一表述，重点讲清楚毛泽东思想作为马克思主义中国化的第一个重大理论成果，以独创性理论丰富和发展了马克思列宁主义，为党领导的革命和建设事业的发展奠定了坚实的思想理论基础，不仅在新民主主义革命、社会主

① 《中国共产党第十九届中央委员会第六次全体会议文件汇编》，人民出版社 2021 年版，第 97 页。

② 《中国共产党第十九届中央委员会第六次全体会议文件汇编》，人民出版社 2021 年版，第 33 页。

义革命、社会主义建设时期发挥了作用，也为新的历史时期开创和建设中国特色社会主义发挥了重要作用。

（二）融入第二章“新民主主义革命理论”

一是新民主主义革命理论形成的主要依据和实践基础。中国逐渐成为半殖民地半封建社会，这一基本国情决定了近代中国主要矛盾是帝国主义和中华民族的矛盾、封建主义和人民大众的矛盾。《决议》指出：“实现中华民族伟大复兴，必须进行反帝反封建斗争。”①近代中国社会和革命的发展迫切期待新的阶级及其政党领导新的革命，呼唤新的革命理论的产生。“在中国人民和中华民族的伟大觉醒中，在马克思列宁主义同中国工人运动的紧密结合中，一九二一年七月中国共产党应运而生。中国产生了共产党，这是开天辟地的大事变，中国革命的面貌从此焕然一新。”②中国共产党在领导中国革命的艰辛探索中，不断总结实践的经验教训，形成了新民主主义革命理论。在讲授党领导革命的艰辛探索时，可结合《决议》对党领导新民主主义革命过程中取得的胜利与挫折，阐释这一理论形成的实践基础。

二是新民主主义革命的基本经验。统一战线、武装斗争和党的建设是中国革命走向胜利的“三大法宝”。在讲授第一个法宝“统一战线”时，融入《决议》将“坚持统一战线”作为党百年奋斗的一条重要历史经验相关内容。《决议》指出：“团结就是力量。建立最广泛的统一战线，是党克敌制胜的重要法宝，也是党执政兴国的重要法宝。党始终坚持大团结大联合，团结一切可以团结的力量，调动一切可以调动的积极因素，促进政党关系、民族关系、宗教关系、阶层关系、海内外同胞关系和谐，最大限度凝聚起共同奋斗的力量。只要我们不断巩固和发展各民族大团结、全国人民大团结、全体中华儿女大团结，

① 《中国共产党第十九届中央委员会第六次全体会议文件汇编》，人民出版社 2021 年版，第 23 页。

② 《中国共产党第十九届中央委员会第六次全体会议文件汇编》，人民出版社 2021 年版，第 22 页。

铸牢中华民族共同体意识，形成海内外全体中华儿女心往一处想、劲往一处使的生动局面，就一定能够汇聚起实现中华民族伟大复兴的磅礴伟力。”①教学中可重点围绕上述内容，着重讲述“统一战线”形式及内容的发展演进。在讲授第三个法宝“党的建设”时，可结合《决议》指出的：“在革命斗争中，党弘扬坚持真理、坚守理想，践行初心、担当使命，不怕牺牲、英勇斗争，对党忠诚、不负人民的伟大建党精神，实施和推进党的建设伟大工程，提出着重从思想上建党的原则，坚持民主集中制，坚持理论联系实际、密切联系群众、批评和自我批评三大优良作风，形成统一战线、武装斗争、党的建设三大法宝，努力建设全国范围的、广大群众性的、思想上政治上组织上完全巩固的马克思主义政党。”②这里面讲到了中国共产党在加强自身建设中所积累的党的思想建设、组织建设、作风建设等重要经验。

三是新民主主义革命的意义。新民主主义革命理论是毛泽东思想的重要内容，在毛泽东思想科学体系中占有重要地位。这一理论是在深刻总结中国革命实践经验基础上形成的具有独创性的理论成果，开辟了马克思主义中国化的发展道路，为中国革命走向胜利指明了正确方向。对此，《决议》突出强调新民主主义革命的胜利“为实现中华民族伟大复兴创造根本社会条件”，并具体指出：“在革命斗争中，以毛泽东同志为主要代表的中国共产党人，把马克思列宁主义基本原理同中国具体实际相结合，对经过艰苦探索、付出巨大牺牲积累的一系列独创性经验作了理论概括，开辟了农村包围城市、武装夺取政权的正确革命道路，创立了毛泽东思想，为夺取新民主主义革命胜利指明了正确方向。”③《决议》用四个“结束了”和一个“实现了”揭示新民主主义革命的重大意义，即“彻底结束了旧中国半殖民地半封建社会的历史，彻底结束了极

---

① 《中国共产党第十九届中央委员会第六次全体会议文件汇编》，人民出版社 2021 年版，第 100 页。

② 《中国共产党第十九届中央委员会第六次全体会议文件汇编》，人民出版社 2021 年版，第 27 页。

③ 《中国共产党第十九届中央委员会第六次全体会议文件汇编》，人民出版社 2021 年版，第 21、26 页。

少数剥削者统治广大劳动人民的历史，彻底结束了旧中国一盘散沙的局面，彻底废除了列强强加给中国的不平等条约和帝国主义在中国的一切特权，实现了中国从几千年封建专制政治向人民民主的伟大飞跃”。① 同时也进一步指明了其世界意义，“极大改变了世界政治格局，鼓舞了全世界被压迫民族和被压迫人民争取解放的斗争”。

（三）融入第三章“社会主义改造理论”

一是社会主义基本制度的确立。以毛泽东同志为主要代表的中国共产党人关于社会主义基本制度的探索，通过“五四宪法”确立了新中国的国体、根本政治制度、基本政治制度以及社会主义公有制的经济制度，为实现中华民族伟大复兴奠定了根本政治前提和制度基础。在讲授这部分内容时，可结合《决议》关于“党领导建立和巩固工人阶级领导的、以工农联盟为基础的人民民主专政的国家政权，为国家迅速发展创造了条件”和这些社会主义基本制度的确立，“为实现中华民族伟大复兴奠定根本政治前提和制度基础”②进行重点分析阐释。

二是确立社会主义基本制度的重大意义。《决议》指出：“从新中国成立到改革开放前夕，党领导人民完成社会主义革命，消灭一切剥削制度，实现了中华民族有史以来最为广泛而深刻的社会变革，实现了一穷二白、人口众多的东方大国大步迈进社会主义社会的伟大飞跃。”③社会主义基本制度的确立是中国历史上最深刻最伟大的社会变革，为当代中国一切发展进步奠定了制度基础，也为中国特色社会主义制度的创新和发展提供了重要前提。在讲授本部分内容时，可重点将《决议》的相关观点融入教学内容中。

---

① 《中国共产党第十九届中央委员会第六次全体会议文件汇编》，人民出版社 2021 年版，第 27—28 页。

② 《中国共产党第十九届中央委员会第六次全体会议文件汇编》，人民出版社 2021 年版，第 29、28 页。

③ 《中国共产党第十九届中央委员会第六次全体会议文件汇编》，人民出版社 2021 年版，第 34 页。

（四）融入第四章“社会主义建设道路初步探索的理论成果”

一是社会主义建设道路初步探索的重要理论成果。社会主义建设不能照搬照抄其他国家的经验，只能结合自己的国情，走适合中国国情的社会主义道路。《决议》指出：“在这个时期，毛泽东同志提出把马克思列宁主义基本原理同中国具体实际进行‘第二次结合’，以毛泽东同志为主要代表的中国共产党人，结合新的实际丰富和发展毛泽东思想，提出关于社会主义建设的一系列重要思想，包括社会主义社会是一个很长的历史阶段，严格区分和正确处理敌我矛盾和人民内部矛盾，正确处理我国社会主义建设的十大关系，走出一条适合我国国情的工业化道路，尊重价值规律，在党与民主党派的关系上实行‘长期共存、互相监督’的方针，在科学文化工作中实行‘百花齐放、百家争鸣’的方针等。这些独创性理论成果至今仍有重要指导意义。”①这些根据自己的实践形成的独创性成果，深化了对社会主义的认识，丰富了中国的社会主义理论与实践，也丰富了科学社会主义的理论与实践，为其他国家的社会主义建设提供了经验和借鉴。

二是正确认识改革开放前后两个历史时期的关系。如何正确认识改革开放前后党领导人民进行社会主义建设的两个历史时期的关系，是百年党史评价中的一个重大问题。当前，有些人仍旧把两个历史时期对立起来、割裂开来。对此，习近平总书记明确指出：“虽然这两个历史时期在进行社会主义建设的思想指导、方针政策、实际工作上有很大差别，但两者决不是彼此割裂的，更不是根本对立的”②。既不能用改革开放后的历史时期否定改革开放前的历史时期，也不能用改革开放前的历史时期否定改革开放后的历史时期。这些论述对于正确理解马克思主义中国化重大理论成果之间的关系，有着重要的方法论意义。《决议》指出：“党在社会主义革命和建设中取得的独创性理论成果和巨大成就，为在新的历史时期开创中国特色社会主义提供了宝贵经

① 《中国共产党第十九届中央委员会第六次全体会议文件汇编》，人民出版社 2021 年版，第 32—33 页。

② 《习近平谈治国理政》第一卷，外文出版社 2018 年版，第 22—23 页。

验、理论准备、物质基础。”①在讲到改革开放和社会主义现代化建设新时期主要任务时，进一步指出“党面临的主要任务是，继续探索中国建设社会主义的正确道路”。② 这里用的是“继续探索”，就讲到了毛泽东时代的探索。在教学中，要重点讲好中国特色社会主义是在改革开放历史新时期开创的，但也是在新中国已经建立起社会主义基本制度并进行了二十多年建设的基础上开创的，讲好其中的继承与发展的内在联系。

三、深刻认识《决议》对中国特色社会主义理论体系的总结和论述

《决议》把中国特色社会主义理论体系定位为“实现了马克思主义中国化新的飞跃”，充分肯定其在马克思主义中国化史上的重要地位。《决议》还进一步明确了中国特色社会主义理论体系是由邓小平理论、“三个代表”重要思想、科学发展观三个理论成果所共同构成的科学理论体系，从新的实践和时代特征出发坚持和发展马克思主义，科学回答了建设中国特色社会主义的发展道路、发展阶段、根本任务、发展动力、发展战略、政治保证、祖国统一、外交和国际战略、领导力量和依靠力量等一系列问题。“概论”课第五章至第七章关于邓小平理论、“三个代表”重要思想、科学发展观的教学中，可将《决议》的相关内容从以下方面融入。

（一）融入第五章“邓小平理论”

关于邓小平理论与中国特色社会主义的成功开创问题，《决议》指出：“党的十一届三中全会以后，以邓小平同志为主要代表的中国共产党人，团结带领

① 《中国共产党第十九届中央委员会第六次全体会议文件汇编》，人民出版社 2021 年版，第 34 页。

② 《中国共产党第十九届中央委员会第六次全体会议文件汇编》，人民出版社 2021 年版，第 35 页。

全党全国各族人民，深刻总结新中国成立以来正反两方面经验，围绕什么是社会主义、怎样建设社会主义这一根本问题，借鉴世界社会主义历史经验，创立了邓小平理论，解放思想，实事求是，作出把党和国家工作重心转移到经济建设上来、实行改革开放的历史性决策，深刻揭示社会主义本质，确立社会主义初级阶段基本路线，明确提出走自己的路、建设中国特色社会主义，科学回答了建设中国特色社会主义的一系列基本问题，制定了到二十一世纪中叶分三步走、基本实现社会主义现代化的发展战略，成功开创了中国特色社会主义。”①邓小平理论坚持解放思想、实事求是，把马克思列宁主义基本原理与当代中国实际和时代特征相结合，围绕什么是社会主义、怎样建设社会主义，提出了“走自己的道路，建设有中国特色的社会主义”的重大命题，科学回答了在中国这样的经济文化落后国家，建设和发展社会主义的一系列原则性、方向性、根本性问题，开创性地提出了社会主义本质、社会主义初级阶段、社会主义市场经济等重要理论，用一系列独创性的思想、观点，继承、丰富和发展了马克思列宁主义、毛泽东思想，为我们坚持走自己的路，建设中国特色社会主义提供了根本遵循，是中国特色社会主义理论体系的开篇之作，对改革开放和社会主义现代化建设具有长远的指导意义。

（二）融入第六章“‘三个代表’重要思想”

关于“三个代表”重要思想与成功把中国特色社会主义推向二十一世纪问题，《决议》指出：“党的十三届四中全会以后，以江泽民同志为主要代表的中国共产党人，团结带领全党全国各族人民，坚持党的基本理论、基本路线，加深了对什么是社会主义、怎样建设社会主义和建设什么样的党、怎样建设党的认识，形成了‘三个代表’重要思想，在国内外形势十分复杂、世界社会主义出现严重曲折的严峻考验面前捍卫了中国特色社会主义，确立了社会主义市场

① 《中国共产党第十九届中央委员会第六次全体会议文件汇编》，人民出版社 2021 年版，第 36 页。

经济体制的改革目标和基本框架，确立了社会主义初级阶段公有制为主体、多种所有制经济共同发展的基本经济制度和按劳分配为主体、多种分配方式并存的分配制度，开创全面改革开放新局面，推进党的建设新的伟大工程，成功把中国特色社会主义推向二十一世纪。”①教学中重点结合发展是党执政兴国的第一要务、建立社会主义市场经济体制、全面建设小康社会、建设社会主义政治文明、推进党的建设新的伟大工程等主要内容，讲清楚“三个代表”重要思想对于坚持和发展马克思主义，对于推进中国特色社会主义伟大事业的重要理论价值和实践价值，体现了中国特色社会主义理论体系的接续发展。

（三）融入第七章“科学发展观”

关于科学发展观与中国特色社会主义在新形势下的坚持和发展问题，《决议》指出：“党的十六大以后，以胡锦涛同志为主要代表的中国共产党人，团结带领全党全国各族人民，在全面建设小康社会进程中推进实践创新、理论创新、制度创新，深刻认识和回答了新形势下实现什么样的发展、怎样发展等重大问题，形成了科学发展观，抓住重要战略机遇期，聚精会神搞建设，一心一意谋发展，强调坚持以人为本、全面协调可持续发展，着力保障和改善民生，促进社会公平正义，推进党的执政能力建设和先进性建设，成功在新形势下坚持和发展了中国特色社会主义。”②教学中重点结合加快转变经济发展方式、发展社会主义民主法治、推进社会主义文化强国建设、构建社会主义和谐社会、推进生态文明、全面提高党的建设科学化水平等主要内容，讲清楚科学发展观深化了对经济社会发展一般规律的认识，是马克思主义关于发展的世界观和方法论的集中体现，是中国特色社会主义理论体系的重要部分，是发展中国特色社会主义必须长期坚持的指导思想。

---

① 《中国共产党第十九届中央委员会第六次全体会议文件汇编》，人民出版社 2021 年版，第 36—37 页。

② 《中国共产党第十九届中央委员会第六次全体会议文件汇编》，人民出版社 2021 年版，第 37 页。

· 立德树人

教育工作的根本任务*

习近平总书记在全国教育大会上明确指出，我国是中国共产党领导的社会主义国家，这就决定了我们的教育必须把培养社会主义建设者和接班人作为根本任务，培养一代又一代拥护中国共产党领导和我国社会主义制度、立志为中国特色社会主义奋斗终身的有用人才。这是教育工作的根本任务，也是教育现代化的方向目标。

培养社会主义建设者和接班人，是由我国的国家性质决定的。我国是人民民主专政的社会主义国家，社会主义制度是近代以来我国人民经过艰苦卓绝的斗争所取得的根本成就。历史事实证明，只有社会主义才能救中国，只有中国特色社会主义才能发展中国。无论到什么时候，社会主义制度这一根本制度不容动摇，中国特色社会主义的正确道路不容偏离。因此，我们的教育培养的建设者和接班人，必须是社会主义制度的维护者，是中国特色社会主义道路的坚定捍卫者与继承发展者。

培养社会主义建设者和接班人，是实现中华民族伟大复兴中国梦的根本保证。习近平总书记指出，教育是民族振兴、社会进步的重要基石，是功在当代、利在千秋的德政工程，对提高人民综合素质、促进人的全面发展、增强中华

* 原载《光明日报》理论版，2018 年 11 月 12 日。

民族创新创造活力、实现中华民族伟大复兴具有决定性意义。① 我们的教育就是要为实现中华民族伟大复兴培养生力军，只有一代代有理想、有才干的青年人成长起来，接过前人的接力棒，续写好中国特色社会主义这篇大文章，才能将中国梦的愿景变为现实。

培养社会主义建设者和接班人，是弘扬中华民族伟大精神的要求。在十三届全国人大一次会议上，习近平总书记将中华民族伟大精神概括为伟大创造精神、伟大奋斗精神、伟大团结精神、伟大梦想精神。这种伟大精神是中国人民在长期奋斗中培育、继承、发展起来的，是一代代中华儿女创造和积淀出来的，为中国发展和人类文明进步提供了强大动力。我们的教育培养的建设者和接班人，要充分吸收中华优秀传统文化、中国共产党革命文化和社会主义先进文化滋养，将伟大精神传承下去。

党的十八大以来，习近平总书记在不同场合多次论述过社会主义建设者和接班人应当具有的特质。2017 年 10 月 30 日，习近平总书记在会见清华大学经济管理学院顾问委员会海外委员和中方企业家委员时指出："教育就是要培养中国特色社会主义事业的建设者和接班人，而不是旁观者和反对派。"②2017 年 12 月 30 日，在给莫斯科大学中国留学生的回信中，习近平总书记指出："希望你们弘扬留学报国的光荣传统，胸怀大志，刻苦学习，早日成长为可堪大任的优秀人才，把学到的本领奉献给祖国和人民，让青春之光闪耀在为梦想奋斗的道路上。"③2018 年 5 月 2 日，习近平总书记在北京大学师生座谈会上的讲话中强调："新时代青年要乘新时代春风，在祖国的万里长空放飞青春梦想，以社会主义建设者和接班人的使命担当，为全面建成小康社会、全面建设社会主义现代化强国而努力奋斗，让中华民族伟大复兴在我们的奋斗

---

① 习近平：《在全国教育大会上的讲话》，《人民日报》2018 年 9 月 11 日。

② 《习近平会见清华大学经济管理学院顾问委员会海外委员和中方企业家委员》，《人民日报》2017 年 10 月 31 日。

③ 《习近平给莫斯科大学中国留学生的回信》，《人民日报》2017 年 12 月 31 日。

中梦想成真!”①他对广大青年提出了爱国、励志、求真、力行四点希望。由此可见,我们的教育所要培养的建设者和接班人,是拥护中国共产党领导和我国社会主义制度、愿意将所学奉献给祖国和人民、立志为中国特色社会主义事业奋斗终身的有用人才。社会主义建设者和接班人要成为国家发展的中流砥柱,要深明大义,有为实现强国之梦作出个体贡献的自觉担当,把自己的人生同民族的命运紧密联系在一起,扎根人民,奉献国家;要有坚定的意志,执着的信念,珍惜时代际遇,在实现中华民族伟大复兴的时代浪潮中施展抱负,展现出未来社会发展引领者应有的胸襟气魄和精神风貌;要有高尚品德和真才实学,知行合一、以知促行、以行求知,认知国情,用脚步丈量民情、用行动贴近民生。

教育工作者要切实担负起培养社会主义建设者和接班人这一新时代赋予的光荣使命,必须在以下几个方面着力。

帮助学生树立崇高理想、坚定信念,是培养社会主义建设者和接班人的铸魂之举。教育工作者要教育引导学生正确认识世界和中国发展大势,从中国共产党探索中国特色社会主义历史发展和伟大实践中,认识和把握人类社会发展的历史必然性,认识和把握中国特色社会主义的历史必然性,不断树立为共产主义远大理想和中国特色社会主义共同理想而奋斗的信念和信心。以历史为镜鉴、以事实为依据、以理论阐释为辅助,帮助学生增强中国特色社会主义道路自信、理论自信、制度自信、文化自信,为学生点亮理想的灯、照亮前行的路。

让爱国主义精神在学生心中牢牢扎根,是培养社会主义建设者和接班人的基础工程。习近平总书记指出:“爱国主义是中华民族民族精神的核心。”②要深入挖掘中华民族的爱国主义传统,积极阐发新时代爱国主义的具体内涵,使学生明白实现中华民族伟大复兴的中国梦是当代中国爱国主义的鲜明主

① 习近平:《在北京大学师生座谈会上的讲话》,《人民日报》2018 年 5 月 3 日。

② 习近平:《在纪念中国人民抗日战争暨世界反法西斯战争胜利 69 周年座谈会上的讲话》,人民出版社 2014 年版,第 8 页。

题，坚持爱国和爱党、爱社会主义相统一是当代中国爱国主义的本质体现，坚持爱国情怀、创新精神、世界眼光相结合是当代中国爱国主义的突出特征，进而引导学生立志听党话、跟党走，将个人理想融入中华民族伟大复兴的时代浪潮之中。

实现德智体美劳全面发展，是培养社会主义建设者和接班人的核心举措。应教育引导学生培育和践行社会主义核心价值观，踏踏实实修好品德，成为有大爱大德大情怀的人；教育引导学生心无旁骛求知问学，增长见识，丰富学识，求真理、悟道理、明事理；教育引导学生在体育锻炼中享受乐趣、增强体质、健全人格、锤炼意志，历练敢于担当、不懈奋斗的精神，具有勇于奋斗的精神状态、乐观向上的人生态度；坚持以美育人、以文化人，提高学生审美和人文素养；教育引导学生崇尚劳动、尊重劳动，做到辛勤劳动、诚实劳动、创造性劳动。

社会主义核心价值体系要融入学校教育全过程*

党的十七届六中全会通过的《中共中央关于深化文化体制改革、推动社会主义文化大发展大繁荣若干重大问题的决定》明确指出，社会主义核心价值体系是兴国之魂，是社会主义先进文化的精髓，决定着中国特色社会主义发展方向。该《决定》还强调必须通过教育引导，增进社会共识，把社会主义核心价值体系融入国民教育的全过程，并坚持用社会主义核心价值体系引领社会思潮，在全社会形成统一指导思想、共同理想信念、强大精神力量、基本道德规范。青少年是国家和民族的未来和希望，“少年强，则中国强”。“强”不仅在于有强健的体魄，关键在于有强健的精神。在当代中国，“强”的根本就在于有这样一种社会主义核心价值的支撑。因此，必须在中小学贯彻社会主义核心价值体系教育，让青少年自觉成为社会主义核心价值理念的学习者、践行者、传承者。

一、深刻理解社会主义核心价值体系的思想内涵

马克思主义指导思想、中国特色社会主义共同理想、以爱国主义为核心的

---

* 原载《河北教育（德育版）》2012 年第 1 期。

民族精神和以改革创新为核心的时代精神、社会主义荣辱观构成了社会主义核心价值体系的基本内容。要在中小学贯彻社会主义核心价值体系教育，教育工作者首先要深刻理解社会主义核心价值体系的基本内容和思想内涵，唯有如此，才能深入浅出地把社会主义核心价值体系教育融入到日常教育管理工作中。

第一，为什么必须坚持马克思主义指导地位？马克思主义深刻揭示了人类社会发展规律，坚定地维护最广大人民根本利益，是指引人类社会进步、创造美好世界的科学理论体系。同时，坚持马克思主义的指导地位必须把马克思主义基本原理与当代中国的具体实际相结合，运用马克思主义基本立场、观点、方法，科学分析世界形势与中国的新情况，不断深化对社会主义建设规律的认识，实现马克思主义的中国化、时代化和大众化。

第二，为什么必须坚定中国特色社会主义共同理想？中国特色社会主义是当代中国发展进步的根本方向，体现了最广大人民根本利益和共同愿望。党的领导、中国特色社会主义制度是历史的选择，体现了历史发展的必然性和规律性。中国特色社会主义道路是实现社会主义现代化、实现中华民族伟大复兴的必由之路，也是创造人民美好生活的必由之路。

第三，为什么必须弘扬以爱国主义为核心的民族精神和以改革创新为核心的时代精神？爱国主义是中华民族深厚而博大的思想传统，改革创新是当代中国发展的不竭动力。中华民族历经挫折而不屈，屡遭坎坷而不馁，就在于有这样一种以爱国主义为核心的自强不息民族精神的鼓舞。改革创新是当代中国最鲜明的时代特征，改革开放以来之所以能够克服一切艰难险阻，取得令世人瞩目的巨大成就，关键就在于不断地改革创新。

第四，为什么必须树立和践行社会主义荣辱观？社会主义荣辱观体现了社会主义道德的根本要求，社会存在决定社会意识，社会意识反作用于社会存在。先进的、向上的、代表历史前进方向的社会道德，对社会发展起到积极的促进作用。社会主义荣辱观明确诠释了是与非、善与恶、荣与辱的根本界限，促使在全社会形成知荣辱、讲正气、作奉献、促和谐的良好风尚。

二、通过丰富多彩、喜闻乐见的方式，增强学生掌握社会主义核心价值体系的自觉意识

理论上的认知需要灌输，但理论灌输不能采取生硬的、填鸭式的教育方法，对于青少年更是如此。社会主义核心价值体系作为科学的理论观点，有其理论性、抽象性。广大中小学教师要采用青少年喜闻乐见、生动活泼的方式，联系中小学生的学习生活实际，把抽象的理论形象化、把枯燥的理论生动化，使不同年龄段的学生都愿意接受，并成为其内在的精神自觉和外化的行为准则。中小学校可以开展多渠道、全方位的教育教学活动，进行有益的尝试。

第一，马克思主义的基本理论要以德育课堂为教育的主阵地和主渠道。根据邓小平"学马列，要精，要管用"的思想，针对中小学生的年龄实际和课堂教学时数的实际，马克思主义基本理论教育不必面面俱到，更不可能事无巨细，可以选择与学生相关的马克思主义基本理论展开深入透彻的分析，使学生感受理论的魅力。同时，通过对经典作家的人生历程的分析和解读，使学生领悟伟人的人格魅力，从感性上增强学生接受马克思主义理论熏陶的意愿。不同年龄段的学生理解能力和认知能力不同，讲授的方式应该有所不同。对于小学生，应侧重从感性上加以引导，可以通过讲故事、看电影、听红色歌曲等方式，展现伟人青少年时期崇高的理想、远大的抱负，进一步分析马克思主义理论的科学性、革命性和实践性；对于中学生尤其是高中生，可以较多地进行理论分析，解读马克思主义科学理论逻辑，从而提高学生的认知能力和分析思辨的能力。

第二，对于中国特色社会主义的共同理想，可以从对中国近现代史的学习，特别是党领导人民进行革命、建设、改革的历史入手，展现中国人民在近现代进行的波澜壮阔、艰苦卓绝的斗争，明白"只有社会主义才能救中国"，社会主义是中国历史的选择、是中国人民的选择、是中国共产党的选择。可以通过

请名师做讲座、看电影、知识竞赛等方式吸引学生积极参与，以小学少先队、中学共青团为主要力量深入开展形势政策教育、国情教育、革命传统教育、改革开放史教育、爱国主义教育，坚定广大青少年学生对中国特色社会主义的信心和信念。

第三，对于民族精神的培育，可以从对中国传统文化的关注和热爱入手。培养学生提升文化自信，中华民族源远流长、博大精深的优秀思想文化，无疑是重要的思想资源。可以尝试在中小学进行中国传统文化经典诵读活动。中国传统文化具有爱国主义、高尚人格理想、关爱人生、关注世界的精神内容。诵读经典可以培养孩子们的爱国情怀，树立远大的人生理想，提升学生的文化品位和思想境界。青少年时期是人一生心灵最洁净、记忆力最旺盛、接受新事物最快的阶段。让最具智慧的经典在他们幼小的心灵中储存、积淀，让他们用一生的时间去消化、理解、思考、实践，从而潜移默化，奠定其一生具有高远的智慧和优秀人格的基础。

弘扬时代精神教育，可以通过举办改革开放成就展览等形式多样的活动，让中小学生感性认识改革创新的巨大成就，联系一些成功人士的创业经历，使学生理解不断创新对于个人发展进步的重要意义，进而培养他们的创新意识，培育一种鼓励创新的氛围。

第四，开展形式多样的活动，引导青少年学生树立正确的荣辱观。明荣辱，知礼仪，是人的综合素质的重要内容。面对社会上出现的假丑恶的现象，重塑价值观、引导正确的荣辱观是十分重要而紧迫的时代课题。在中小学深入开展社会主义荣辱观宣传教育，弘扬中华传统美德，评选表彰道德模范，学习宣传先进典型，引导学生增强道德判断力和道德荣誉感。比如，中央电视台等媒体推出的“感动中国”就是极好的教材。他们中大多数都是普普通通的劳动者，都是感动中国的主人公，他们在平凡的岗位上，以热爱祖国为荣、以勤劳奉献为荣，以服务社会为荣，以尊老事亲为荣，他们普通但不平凡，他们是社会主义荣辱观践行的模范，应该成为青少年学习的楷模和榜样。

三、积极引导青少年学生成为社会主义价值理念的践行者

马克思指出，理论一经群众掌握，就会变为强大的物质力量。毛泽东同志也指出，代表先进阶级的正确思想，一旦被群众掌握，就会变成改造社会、改造世界的物质力量。科学的理论通过灌输实现价值认同，才能成为践行的理论力量。

中小学教育工作者不仅是知识的传播者，还应该是先进理念的倡导者，身体力行、率先垂范、为人师表，自觉践行社会主义的核心价值理念，以自身坚定的信念、远大的理想、博大的胸襟、敬业的精神、负责的态度去影响、感召学生。"其身正，不令而行，其身不正，虽令不从"，通过言传身教形成示范效应，使学生"爱其师而信其道"，愿意接受社会主义的道德教育和价值观教育。

通过形式多样、丰富多彩的活动，营造积极向上的校园文化氛围。深入开展学雷锋活动，引导学生从身边小事做起、从自身做起、从现在做起，勿以善小而不为，弘扬善的理念，形成崇善、向善的校园风气，自觉抵制丑陋、落后、腐朽的意识和行为；广泛开展青少年志愿者活动，利用节假日投入火热的社会实践、积极参与社会活动，亲身感受社会的进步和发展，理性分析社会问题的背景和根源；培养同学团结互助、礼让宽容的团队意识。只有在这样的校园氛围中，社会主义核心价值体系教育才能做到"随风入夜，润物无声"。

价值观的教育是一个长期、复杂的系统工程，学校教育必须和家庭教育、社会教育有机结合，通过各级政府、新闻媒体、文学艺术机构以及民间群众团体的协同作用，动员各方力量加强学校德育体系建设，深化社会主义核心价值体系建设，使青少年在"润物细无声"的社会氛围中感受善的力量、美的召唤。同时，应该意识到，价值观的教育成效不是一蹴而就、立竿见影的，要坚持不懈、持之以恒地进行下去，从点滴做起、从青少年做起，才能取得事半功倍的效果。

立德树人——中国特色社会主义教育发展道路的根本价值取向*

党的十八大以来，以习近平同志为核心的党中央围绕培养什么人、怎样培养人、为谁培养人这一根本问题对教育改革发展给予了高度重视。“在党的坚强领导下，全面贯彻党的教育方针，坚持马克思主义指导地位，坚持中国特色社会主义教育发展道路，坚持社会主义办学方向，立足基本国情，遵循教育规律，坚持改革创新，以凝聚人心、完善人格、开发人力、培育人才、造福人民为工作目标”，致力于“培养德智体美劳全面发展的社会主义建设者和接班人，加快推进教育现代化、建设教育强国、办好人民满意的教育”①。中国特色社会主义教育发展道路是中国特色社会主义道路的重要组成部分，是在继承毛泽东、邓小平等老一辈党和国家领导人关于中国教育发展的基本经验基础上，坚持社会主义教育的基本原则，遵循教育发展规律，结合中国具体国情，不断推进中国特色社会主义教育创新发展的实践中形成的，带有明确的价值取向。其中，立德树人对教育培养什么人、怎样培养人、为谁培养人进行了较为系统的阐释，集中反映了中国特色社会主义教育发展道路的根本价值取向。

---

* 原载《东岳论丛》2020 年第 11 期。本文第二作者李洁，法学博士，北京理工大学马克思主义学院助理教授。

① 《坚持中国特色社会主义教育发展道路　培养德智体美劳全面发展的社会主义建设者和接班人》，《人民日报》2018 年 9 月 11 日，第 1 版。

一、立德树人集中反映了中国特色社会主义教育发展道路的根本价值取向

所谓价值取向,是指行为主体在实践活动中处理各种关系或矛盾时所持有的基本价值立场和价值态度,进而表现出来的价值倾向。从根本上说,价值取向在实践活动中时刻以价值目标、价值方向、评判标准等形式影响、制约着实践活动。因此,有什么样的价值取向就有什么样的实践行为,实践活动的结果在一定程度上取决于价值取向。坚持中国特色社会主义教育发展道路,首先要回答的就是教育要培养什么人、怎样培养人、为谁培养人这一根本问题。这一根本问题带有鲜明的价值取向,事关我国教育改革发展举什么旗、走什么路、为什么人的根本问题,客观上要求必须有一个明确的价值取向来加以引领,以确保我国教育事业沿着中国特色社会主义方向前进。立德树人被视为教育的根本任务、思想政治工作贯穿教育教学全过程的中心环节、评价学校一切工作的根本标准等,集中反映了中国特色社会主义教育发展道路的根本价值取向。

(一)立德树人是教育的根本任务

对于教育的根本任务,在不同的场合有不同的表达,大体来说有"培养人""培养社会主义建设者和接班人""培养能够担当民族复兴大任的时代新人"等,但这些都是对教育根本任务的一种具体表达,归根结底,中国特色社会主义教育的根本任务就是立德树人。自胡锦涛 2006 年 8 月首次将立德树人确立为教育的根本任务以来①,党的十八大、十九大及习近平总书记"5·2"

① 胡锦涛:《坚持把教育摆在优先发展战略地位 努力办好让人民群众满意的教育》,《人民日报》2006 年 8 月 31 日。

讲话、全国教育大会、“3·18”讲话等都进一步强调了立德树人作为教育根本任务的重要地位。特别是在全国教育大会上，习近平总书记将“坚持把立德树人作为根本任务”①纳入“九个坚持”的中国特色社会主义教育理论体系之中，进一步深化了对我国教育事业发展规律性的认识。

培养德智体美劳全面发展的社会主义建设者和接班人内在地包含了“德”和“才”的要求，只有具备了相应的道德素质和专业技能才能成为社会主义合格建设者和可靠接班人。培养社会主义建设者和接班人侧重于从教育目标出发，静态地描述教育的根本任务，而立德树人则是着眼于育人与育才的人才培养过程，动态地讨论和践行教育的根本任务。从本质上讲，二者是从不同侧面对同一问题的同一回答。因此，对中国特色社会主义教育根本任务的诸多提法，归根结底就是立德树人。

进入新时代以来，习近平总书记对立德树人的根本任务作了系统性论述和创新性发展。特别从整个教育系统出发指出，“培养社会主义建设者和接班人，是我们党的教育方针，是我国各级各类学校的共同使命”②，既强调“基础教育是立德树人的事业”③，又强调“大学是立德树人、培养人才的地方”④，必须“构建以社会主义核心价值观为引领的大中小幼一体化德育体系”⑤。

立德树人是教育工作的根本任务，也是教育现代化的方向目标，时刻指引着我国教育沿着中国特色社会主义教育发展道路前进。立德树人作为教育的根本任务、价值目标等贯穿中国特色社会主义教育发展道路，起到指引、规范、纠偏等作用，充分体现了中国特色社会主义教育发展道路的价值取向。

---

① 《坚持中国特色社会主义教育发展道路　培养德智体美劳全面发展的社会主义建设者和接班人》，《人民日报》2018 年 9 月 11 日。

② 习近平：《在北京大学师生座谈会上的讲话》，《人民日报》2018 年 5 月 3 日。

③ 《全面贯彻落实党的教育方针　努力把我国基础教育越办越好》，《人民日报》2016 年 9 月 10 日。

④ 习近平：《在北京大学师生座谈会上的讲话》，《人民日报》2018 年 5 月 3 日。

⑤ 《认真谋划深入抓好各项改革试点　积极推广成功经验带动面上改革》，《人民日报》2017 年 5 月 24 日。

（二）立德树人是思想政治工作贯穿教育教学全过程的中心环节

思想政治工作“是经济工作和其他一切工作的生命线”①，也是“我们党的优良传统和政治优势，是精神文明建设一项基础性工作和搞好两个文明建设的基本保证”②。“思想政治工作从根本上说是做人的工作”③，在培养社会主义建设者和接班人，落实立德树人根本任务的过程中必须常抓不懈，不可动摇。但在实际工作中，有的地方和高校还“存在重智育轻德育、重学术轻思想政治工作、重科研轻课堂教学等现象……个别教师不能很好做到教书育人、为人师表，师德师风建设和思想政治工作队伍建设亟待加强……有的高校基层党组织软弱涣散，存在工作软化、效应递减现象；等等。”④思想政治工作与业务工作相分离的“两张皮”现象依然存在。

要消除实际工作中的“两张皮”现象，必须高度重视思想政治工作。但好的思想政治工作绝不是硬灌、漫灌，而应该像食盐，“最好的方式是将盐溶解到各种食物中自然而然地吸收”⑤。思想政治工作要取得良好效果，发挥其育人和育才功能，只有与业务工作相融合，才能像食盐放进菜里、融入汤里，老百姓日用而不觉，取得良好的效果。但怎样才能促进思想政治工作与业务工作较好地融合呢？必须“坚持把立德树人作为中心环节，把思想政治工作贯穿教育教学全过程，实现全程育人、全方位育人”⑥。立德树人是中国特色社会主义教育的根本任务，学校教育工作的每一个环节、每一个领域都必须围绕根本任务来开展，否则就无法实现教育目标。同时，立德树人作为一种教育理

---

① 《三中全会以来重要文献选编》下，人民出版社 2011 年版，第 161 页。

② 《十四大以来重要文献选编》下，人民出版社 2011 年版，第 150 页。

③ 《习近平谈治国理政》第二卷，外文出版社 2017 年版，第 377 页。

④ 《十八大以来重要文献选编》下，中央文献出版社 2018 年版，第 479 页。

⑤ 《沿用好办法　改进老办法　探索新办法——三论学习贯彻习近平总书记高校思想政治工作会议讲话》，《人民日报》2016 年 12 月 11 日。

⑥ 《习近平谈治国理政》第二卷，外文出版社 2017 年版，第 376 页。

念，要求学校教育的每个环节、每门课程、每个教职员工都树立起立德树人的教育理念，自觉承担起立德树人的根本任务，自觉开展思想政治工作。唯有如此，才能做到教书育人、管理育人、服务育人，实现全程育人、全方位育人、全员育人。

立德树人作为思想政治工作融入教育教学全过程的中心环节，要求学校教育"把立德树人融入思想道德教育、文化知识教育、社会实践教育各环节，贯穿基础教育、职业教育、高等教育各领域，学科体系、教学体系、教材体系、管理体系要围绕这个目标来设计，教师要围绕这个目标来教，学生要围绕这个目标来学。凡是不利于实现这个目标的做法都要坚决改过来。"①

（三）立德树人的成效是检验学校一切工作的根本标准

立德树人不仅可以作为一种价值目标指引实践活动的开展，同时也可以作为一种评判标准检验教育实践活动的成效。坚持中国特色社会主义教育发展道路，其根本任务是要培养社会主义建设者和接班人，但培养人的活动究竟进行得怎么样，同样需要有一个评价标准。立德树人，一方面描述了中国特色社会主义教育应该培养什么人，讲清楚了社会主义建设者和接班人应该具备什么样的道德素质和专业技能；另一方面又从培养人才的过程出发，翔实地规定了中国特色社会主义教育应该传递什么内容、怎样培养人才等内容。因此，立德树人的成效本身就是一种评判标准，进而以此评价学校教育工作是否是围绕立德树人这个根本任务而展开。

习近平总书记在北京大学师生座谈会上的讲话中明确指出："要把立德树人的成效作为检验学校一切工作的根本标准。"②进入新时代以来，党中央作出建设"双一流"大学的战略决策，也明确指出，"高校立身之本在于立德树

① 《坚持中国特色社会主义教育发展道路　培养德智体美劳全面发展的社会主义建设者和接班人》，《人民日报》2018 年 9 月 11 日。

② 习近平：《在北京大学师生座谈会上的讲话》，《人民日报》2018 年 5 月 3 日。

人。只有培养出一流人才的高校,才能够成为世界一流大学。"①认为,"高校只有抓住培养社会主义建设者和接班人这个根本才能办好,才能办出中国特色世界一流大学。"也只有"在培养社会主义建设者和接班人上有作为、有成效",我们的大学才能"在世界上有地位、有话语权"②。

二、坚持中国特色社会主义教育发展道路必须要明确立什么德、树什么人

中国特色社会主义进入新时代以来,在迈向中华民族伟大复兴的新征程中,我国所面临的机遇和挑战都前所未有,"立德树人"的内涵也更为丰富。坚持中国特色社会主义教育发展道路必须要明确立什么德,树什么人,在把握立德与树人的辩证关系中促进中国特色社会主义教育改革创新发展。

(一)立德就是要教育学生明大德、守公德、严私德

立德树人之"德"既包括大德和小德,也包括公德和私德,既有立足平时、反映一定时代要求的道德知识,也有立意高远、超越一定时代要求的道德信仰。立德,其实质就是教育学生明大德、守公德、严私德。"一个人只有明大德、守公德、严私德,其才方能用得其所。"所谓明大德,就是"要立志报效祖国、服务人民,这是大德,养大德者方可成大业"③。而守公德、严私德就是要"踏踏实实修好公德、私德","从做好小事、管好小节开始起步,'见善则迁,有过则改'……学会劳动、学会勤俭,学会感恩、学会助人,学会谦让、学会宽容,学会自省、学会自律"。

---

① 《习近平谈治国理政》第二卷,外文出版社2017年版,第377页。

② 习近平:《在北京大学师生座谈会上的讲话》,《人民日报》2018年5月3日,第2版。

③ 习近平:《青年要自觉践行社会主义核心价值观——在北京大学师生座谈会上的讲话》,《人民日报》2014年5月5日。

一个社会的核心价值观,“其实就是一种德,既是个人的德,也是一种大德,就是国家的德、社会的德。”①社会主义核心价值观则集中体现了中国特色社会主义的“德”,把国家层面的价值目标、社会层面的价值取向、个人层面的价值准则完美地统领了起来。“富强、民主、文明、和谐”体现了一种个人应该追求的大德,就是在国家层面要建成富强民主文明和谐的社会主义现代化国家,实现中华民族伟大复兴中国梦,这是中华民族的最高利益和最根本利益。“自由、平等、公正、法治”体现了一种个人应该守护的公德,就是在社会层面要不断化解社会矛盾,促进社会公平公正,形成良好秩序,提高社会文明程度和人民幸福感,体现了不断满足人民对美好生活需要的价值取向。“爱国、敬业、诚信、友善”体现了一种个人应该遵循的私德,就是在个人层面应该养成的热爱祖国、恪尽职守、诚实守信、相互尊重的价值准则。立德并不是一项虚无缥缈的活动,而需要一个切实可行的抓手。积极培育和践行社会主义核心价值观就是明大德、守公德、严私德的有力抓手。

国无德不兴,根本在于明大德。大德是国家之德,是国之灵魂,国家的繁荣兴盛根本在于明大德。明大德就是要求中国特色社会主义教育要用马克思主义理论武装广大青年学生,加强理想信念教育,强化精神之“钙”。教育引导广大青年学生树立共产主义远大理想和中国特色社会主义共同理想,争当坚定信仰者和忠实实践者,将个人前途与国家命运自觉联系起来,为实现中华民族伟大复兴中国梦而不懈奋斗,坚信“只有把人生理想融入国家和民族的事业中,才能最终成就一番事业。”②

业无德不昌,源泉在于守公德。社会公德是一个社会道德秩序的总体表现。道德秩序运行失范,必然导致纷争不断,直接表现为社会道德滑坡;道德秩序运行顺畅,百业则兴盛昌荣,其源泉就在于守公德。守公德就是要求用自由、平等、公正、法治等社会层面的价值取向规范、引导、约束广大青年学生,引

① 习近平:《青年要自觉践行社会主义核心价值观——在北京大学师生座谈会上的讲话》,《人民日报》2014 年 5 月 5 日。

② 《勇做走在时代前面的奋进者开拓者奉献者》,《人民日报》2013 年 5 月 5 日。

导他们树立民主意识、权利意识、法治意识等。

人无德不立,关键在于严私德。私德是对个体行为具有严格约束的道德观念、规范等,集中体现于人的世界观、人生观、价值观。因此,习近平总书记多次强调,要“抓住世界观、人生观、价值观这个总开关”①,“要抓住青少年价值观形成和确定的关键时期,引导青少年扣好人生第一粒扣子。”②

(二)树人就是要培养德智体美劳全面发展的社会主义建设者和接班人

教育的根本任务在于立德树人,立德是前提,也是途径,但最终目的却在于树人。但“人的本质不是单个人所固有的抽象物,在其现实性上,它是一切社会关系的总和”③。由于社会关系不同,虽然“在教育必须培养社会发展所需要的人这一点上”各国都有广泛共识,但每个国家对教育要培养什么样的人却有着不同的认识和要求④。中国特色社会主义教育就是“要培养德智体美劳全面发展的社会主义建设者和接班人”⑤。

教育,是指“人类按照一定的社会需要培养人的一种实践活动”⑥。中国特色社会主义教育与中国特色社会主义社会的经济基础相适应,从性质上来看,属于社会主义性质的教育。“我国是中国共产党领导的社会主义国家,这就决定了我们的教育必须把培养社会主义建设者和接班人作为根本任务,培养一代又一代拥护中国共产党领导和我国社会主义制度、立志为中国特色社

---

① 《十八大以来重要文献选编》上,中央文献出版社2014年版,第579页。

② 《举旗帜聚民心育新人兴文化展形象　更好完成新形势下宣传思想工作使命任务》,《人民日报》2018年8月23日。

③ 《马克思恩格斯选集》第一卷,人民出版社2012年版,第139页。

④ 习近平:《在北京大学师生座谈会上的讲话》,《人民日报》2018年5月3日。

⑤ 《坚持中国特色社会主义教育发展道路　培养德智体美劳全面发展的社会主义建设者和接班人》,《人民日报》2018年9月11日。

⑥ 童彭庆、郁景祖、邱柏生:《思想政治教育学词典》,兰州大学出版社1990年版,第41页。

会主义奋斗终身的有用人才。”[①]社会主义建设者和接班人能否在实现中华民族伟大复兴的伟大征程中担当时代大任，就涉及到一个“合格”和“可靠”的问题，其实质就是在德和才方面对中国特色社会主义教育培养的人作出相应的规定。

中国共产党在培养人才方面始终强调德才兼备。毛泽东曾提出，“我们的教育方针，应该使受教育者在德育、智育、体育几方面都得到发展，成为有社会主义觉悟的有文化的劳动者”[②]，努力把青年培养成“又红又专”的人才。邓小平提出，要培养“有理想、有道德、有文化、有纪律”的共产主义新人[③]。江泽民对青年一代提出要树立远大理想、服务祖国人民，做到德才兼备，实现全面发展的要求，并明确提出要“努力造就有理想、有道德、有文化、有纪律的，德育、智育、体育、美育等全面发展的社会主义事业建设者和接班人”[④]。胡锦涛多次强调，青年是民族的希望、祖国的未来，勉励全国广大团员和各族青年“努力成为理想远大、信念坚定的新一代，品德高尚、意志顽强的新一代，视野开阔、知识丰富的新一代，开拓进取、艰苦创业的新一代，让青春在建设中国特色社会主义的伟大事业中焕发出更加绚丽的光彩！”[⑤]。习近平总书记多次勉励广大青年要具有执着的信念、优良的品德、丰富的知识、过硬的本领[⑥]，要爱国、励志、求真、力行[⑦]，努力成长为德智体美劳全面发展的社会主义建设者和接班人。

培养德智体美劳全面发展的社会主义建设者和接班人是一个系统工程，必须从多方面着手。习近平总书记在全国教育大会的讲话中以立德为重点，

---

① 《坚持中国特色社会主义教育发展道路　培养德智体美劳全面发展的社会主义建设者和接班人》，《人民日报》2018 年 9 月 11 日。

② 《毛泽东文集》第七卷，人民出版社 1999 年版，第 226 页。

③ 《邓小平文选》第三卷，人民出版社 1993 年版，第 110 页。

④ 《江泽民文选》第二卷，人民出版社 2006 年版，第 332 页。

⑤ 胡锦涛：《致中国青年群英会的信》，《人民日报》2007 年 5 月 5 日。

⑥ 习近平：《青年要自觉践行社会主义核心价值观——在北京大学师生座谈会上的讲话》，《人民日报》2014 年 5 月 5 日。

⑦ 习近平：《在北京大学师生座谈会上的讲话》，《人民日报》2018 年 5 月 3 日。

从德、智、体、美、劳诸方面作了全面阐述。他强调道，必须从坚定理想信念、厚植爱国主义情怀、加强品德修养、增长知识见识、培养奋斗精神、增强综合素质等方面下功夫①。

（三）立德树人本质上体现了人才培养的辩证法

立德树人就是要求我们的教育坚持人才培养辩证法，做到育人和育才并举。所谓人才培养辩证法，是指人才培养的过程是“育人和育才相统一的过程，而育人是本。人无德不立，育人的根本在于立德”②。这也是人才培养应该遵循的客观规律。一方面，中国特色社会主义教育要根据党和国家的政治要求来培养社会主义的建设者和接班人。社会主义的建设者和接班人，不仅要具有某种专业技能知识，德性也至关重要。同样的教育方法、教学技能等可以传递相同的教学内容，使受教育者掌握相同的专业技能知识，但这些掌握相同专业技能知识的人要怎样使用其本领，要用他们拥有的本领来为谁服务，这就是“德”的规定性。习近平总书记就曾强调，“科学技术必须同社会发展相结合，学得再多，束之高阁，只是一种猎奇，只是一种雅兴，甚至当作奇技淫巧，那就不可能对现实社会产生作用。”③如果“才”失去“德”的规定性必将迷失方向。另一方面，德虽重要，但也不能因此而否定才的重要性。人才不仅需要德，还必须具备一定的专业技能知识，并且具有持续创新能力。没有“才”，再高尚的“德”也将失去依靠。因此，人才培养要注重育人和育才的统一，要明白立德和树人本就是你中有我、我中有你的人才培养过程。要培养出又红又专能够堪当民族复兴大任的时代新人，就必须坚持以立德树人为根本任务，坚持这个根本价值取向，抓住这个灵魂。

---

① 《坚持中国特色社会主义教育发展道路　培养德智体美劳全面发展的社会主义建设者和接班人》，《人民日报》2018 年 9 月 11 日。

② 习近平：《在北京大学师生座谈会上的讲话》，《人民日报》2018 年 5 月 3 日。

③ 习近平：《在中国科学院第十七次院士大会、中国工程院第十二次院士大会上的讲话》，《人民日报》2014 年 6 月 10 日。

三、走好中国特色社会主义教育发展道路的关键在于落实立德树人

中国特色社会主义教育的根本任务在于培养人，立德树人的本质也在于培养人，并且立德树人的成效也要通过培养人的质量和效果来反映。中国特色社会主义教育发展道路走得好不好，其成效怎么样，也要通过立德树人的成效来检验和评价。因此，要走好中国特色社会主义教育发展道路，学校工作必须把人才培养作为中心工作，充分落实立德树人，“教学、科研等都要积极服务于这个中心、这个根本，不能搞成两个或者几个中心。”①为此，必须坚持走好中国特色社会主义教育发展道路，以全面提高人才培养能力这个核心点为抓手，全面落实立德树人，做好“三项基础性工作”，即坚持办学正确政治方向、建设高素质教师队伍、形成高水平人才培养体系，致力于培养出一代又一代社会主义建设者和接班人。

（一）坚持办学正确政治方向

办学政治方向从根本上决定着一个学校要培养什么人、为谁培养人。坚持办学正确政治方向既是教育本质的内在要求，又是新时代社会发展的现实需要。在社会主义中国，坚持办学正确政治方向根本上就是要坚持中国特色社会主义教育发展道路。中国在迈向新征程，成就伟大事业的过程中，坚持办学正确政治方向对人才培养具有决定性的意义。

要加强马克思主义理论教育。马克思主义理论教育是确保办学政治方向的理论根源，也是中国特色社会主义教育的鲜明特色。中国特色社会主义教

① 陈宝生：《在新时代全国高等学校本科教育工作会议上的讲话》，《中国高等教育》2018年第Z3期。

育要培养社会主义建设者和接班人，必须始终围绕立德树人的根本任务，扎根中国大地办教育。习近平总书记多次强调，“办好中国的世界一流大学，必须有中国特色。没有特色，跟在他人后面亦步亦趋，依样画葫芦，是不可能办成功的……世界上不会有第二个哈佛、牛津、斯坦福、麻省理工、剑桥，但会有第一个北大、清华、浙大、复旦、南大等中国著名学府。我们要认真吸收世界上先进的办学治学经验，更要遵循教育规律，扎根中国大地办大学。”①加强马克思主义理论教育，一要加强马克思主义理想信念教育，“以理想信念教育为核心，深入进行树立正确的世界观、人生观和价值观教育……要积极引导大学生不断追求更高的目标，使他们中的先进分子树立共产主义的远大理想，确立马克思主义的坚定信念”②。二要引导学生研读马克思主义经典著作，“教育他们学会运用马克思主义立场观点方法观察世界、分析世界，真正搞懂面临的时代课题，深刻把握世界发展走向，认清中国和世界发展大势”③，做到真学真懂真信真用。三要引导学生学习了解马克思主义中国化的历程及其最新成果，推动习近平新时代中国特色社会主义思想进教材、进课堂、进头脑。

要积极培育和践行社会主义核心价值观。社会主义核心价值观是社会主义核心价值体系的主要内容，集国家的大德、社会的公德、个人的私德于一体，是凝聚社会共识的“最大公约数”。积极培育和践行社会主义核心价值观是落实立德树人根本任务进而教育引导学生明大德、守公德、严私德的关键环节。一要加强宣传教育，引导学生正确认识理解社会主义核心价值观，从根本上认识社会主义核心价值观与所谓“普世价值”的本质区别。二要推进社会主义核心价值观在大学生学习生活中落细落小落实，促进社会主义核心价值观像空气一样融于校园生活、校园活动和校园文化，积极引导广大师生做社会主义核心价值观的坚定信仰者、积极传播者、模范践行者。

---

① 习近平：《青年要自觉践行社会主义核心价值观——在北京大学师生座谈会上的讲话》，《人民日报》2014 年 5 月 5 日。

② 《十六大以来重要文献选编》中，中央文献出版社 2011 年版，第 180 页。

③ 习近平：《在北京大学师生座谈会上的讲话》，《人民日报》2018 年 5 月 3 日。

（二）建设高素质教师队伍

教育不仅有培养什么人、为谁培养人的问题，还有一个靠谁培养人的问题。“教师的工作是塑造灵魂、塑造生命、塑造人的工作”①，教师队伍的素质甚至“直接决定着大学办学能力和水平”②，在人才培养过程中的作用至关重要。新时代，“党和国家事业发展对高等教育的需要，对科学知识和优秀人才的需要，比以往任何时候都更为迫切”，加之“知识获取方式和传授方式、教和学关系都发生了革命性变化”，对教师队伍能力和水平提出了新的更高的要求。要培养社会主义建设者和接班人，就必须着力建设一支“政治素质过硬、业务能力精湛、育人水平高超的高素质教师队伍”③，引导教师做到“德高”“学高”“艺高”④。

“德高”要求加强师德师风建设。“一个人遇到好老师是人生的幸运，一个学校拥有好老师是学校的光荣，一个民族源源不断涌现出一批又一批好老师则是民族的希望。”⑤而要评价一个老师是否是好老师，要评价一支教师队伍是否是高素质的教师队伍，师德师风是第一标准⑥。要加强师德师风建设，引导教师“把教书育人和自我修养结合起来，做到以德立身、以德立学、以德施教”⑦。一方面学校要给予高度重视，建立健全并严格执行规章制度，设立并充分发挥学校党委教师工作部的作用，加强对师德师风的日常教育督导。另一方面要充分重视在教师工作队伍中出现的问题，及时发现、认真解决，做好教师队伍的思想政治工作，鼓励老师做有理想信念、有道德情操，有扎实学

---

① 《做党和人民满意的好老师》，《人民日报》2014 年 9 月 10 日。

② 习近平：《在北京大学师生座谈会上的讲话》，《人民日报》2018 年 5 月 3 日。

③ 习近平：《在北京大学师生座谈会上的讲话》，《人民日报》2018 年 5 月 3 日。

④ 陈宝生：《在新时代全国高等学校本科教育工作会议上的讲话》，《中国高等教育》2018 年第 Z3 期。

⑤ 《做党和人民满意的好老师》，《人民日报》2014 年 9 月 10 日。

⑥ 习近平：《在北京大学师生座谈会上的讲话》，《人民日报》2018 年 5 月 3 日。

⑦ 习近平：《在北京大学师生座谈会上的讲话》，《人民日报》2018 年 5 月 3 日。

识、有仁爱之心的“四有”好老师①，争当“四个引路人”，做到“四个相统一”，促进教师成长。习近平总书记在“3・18”讲话中还特别强调思政课教师政治要强、情怀要深、思维要新、视野要广、自律要严、人格要正②。

“学高”要求教师夯实理论基础，以扎实学识支撑高水平教学。传道者自己首先要明道、信道，教育者一定是先受教育的。教师对学生产生最大的影响莫过于学识，只有拥有扎实的学识才能支撑起高水平的教学。为此，一方面要着力引导教师树立终身学习理念，及时更新知识储备，下苦功夫、求真学问。另一方面要建立科学完善的教师教育培训体系，为广大教师提供再学习的时间和机会，夯实理论基础，丰富学识。既促使教师从繁重的教学实践中重返理论学习，得到理论提升，又促使其通过教育培训，深入思考，将教育教学实践中的经验上升为理论。

“艺高”要求大力提高教师教书育人的能力。教书育人是教师的天职，“高校教师不管名气多大、荣誉多高，老师是第一身份，教书是第一工作，上课是第一责任。”③但部分高校在人才引进、职称评定、绩效考核等方面仍然存在唯学历、唯论文等制度规定，进而导致在实际工作中“重智育轻德育、重学术轻思想政治工作、重科研轻课堂教学等现象”还在一定程度上存在，甚至有的老师科研上成绩斐然，但教学能力却不敢恭维④。培养人才必须提高教师教书育人的能力，一方面要强化制度设计，实现制度引领，健全立德树人落实机制。在教育评价导向上，“坚决克服唯分数、唯升学、唯文凭、唯论文、唯帽子的顽瘴痼疾，从根本上解决教育评价指挥棒问题”⑤。改革在人才引进、职称评定、绩效考核中不符合人才培养规律的相关规定，通过制度规定来引导教师

① 《做党和人民满意的好老师》，《人民日报》2014 年 9 月 10 日。

② 习近平：《思政课是落实立德树人根本任务的关键课程》，《求是》2020 年第 17 期。

③ 陈宝生：《在新时代全国高等学校本科教育工作会议上的讲话》，《中国高等教育》2018 年第 Z3 期。

④ 《十八大以来重要文献选编》下，中央文献出版社 2018 年版，第 479 页。

⑤ 《坚持中国特色社会主义教育发展道路　培养德智体美劳全面发展的社会主义建设者和接班人》，《人民日报》2018 年 9 月 11 日。

摒弃那种视教学为“副业”“低人一等”的偏见，激发教师教学积极性，致力课堂创新。另一方面强化技能培训，提升教师课堂教学能力，提升教师在现代信息技术运用、课堂掌控等方面的能力。

（三）形成高水平人才培养体系

立德树人要求人才既要有高尚品德，又要有真才实学。但学生在学校里学什么、能学到什么、学得怎么样又都与学校的人才培养体系相关。能否落实立德树人的根本任务，培养出一批批社会主义建设者和接班人，高水平人才培养体系是其重要依托。构建高水平人才培养体系必须站在培养社会主义建设者和接班人的高度，一方面要促使思想政治工作体系与其他教育体系相贯通，另一方面又必须从中国实际出发完善人才培养体系。

促使思想政治工作体系与其他教育体系相贯通。构建高水平人才培养体系的根本目的在于培养德智体美劳全面发展的社会主义建设者和接班人，而在此过程中关键是如何处理好“育人”和“育才”两个过程。具体到人才培养过程中则是如何促进“德育”体系贯通“智育”“体育”“美育”“劳动教育”等教育体系的问题，实质是如何把思想政治工作体系贯通到学科体系、教学体系、教材体系、管理体系。一要加强党的领导和建设，加强思想政治工作体系建设，确保高校的社会主义办学方向，把我们的特色和优势有效转化为培养社会主义建设者和接班人的能力。二要推动思想政治工作融入教育教学全过程，实现全员、全程、全方位育人。三要充分重视专业课教师对大学生思想言行和成长的影响，统筹思想政治工作队伍和教学科研队伍建设，推动两支队伍融合发展，在继续提升专业思政的基础上注重开发课程思政，推动其他课程特别是专业课程发挥其育人功能，与思政课程同向同行，产生协同效应。

从中国实际出发完善人才培养体系。高校的人才培养体系，从根本上体现了高校的办学理念和办学方向，在办学实践中用实际行动回答了高校培养什么人、怎样培养人这个根本问题。因此，中国特色社会主义高校必须立足于人才培养实际，既注重借鉴国外有益做法，又扎根中国大地，不断完善人才培养体系。目前,虽然"我国科技队伍规模是世界上最大的",但是"创新型科技人才结构性不足矛盾突出,世界级科技大师缺乏,领军人才、尖子人才不足,工程技术人才培养同生产和创新实践脱节"①。因此,高校人才培养体系要致力于瞄准世界科技前沿,"下大气力组建交叉学科群和强有力的科技攻关团队,加强学科之间协同创新,加强对原创性、系统性、引领性研究的支持。要培养造就一大批具有国际水平的战略科技人才、科技领军人才、青年科技人才和高水平创新团队,力争实现前瞻性基础研究、引领性原创成果的重大突破。"②

① 习近平:《在中国科学院第十七次院士大会、中国工程院第十二次院士大会上的讲话》,《人民日报》2014 年 6 月 10 日。

② 习近平:《在北京大学师生座谈会上的讲话》,《人民日报》2018 年 5 月 3 日。

社会主义核心价值观融入高校思想政治理论课的重要意义及其路径*

党的十八大以来，党中央一直强调将社会主义核心价值观融入到高校思想政治理论课教学的全过程。习近平总书记明确指出："办好中国特色社会主义大学，要坚持立德树人，把培育和践行社会主义核心价值观融入教书育人全过程"①。2015 年 7 月 27 日，中宣部、教育部印发的《普通高校思想政治理论课建设体系创新计划》进一步指出：思想政治理论课"是进行社会主义核心价值观教育、帮助大学生树立正确世界观人生观价值观的核心课程"②。社会主义核心价值观融入思想政治理论课具有十分重要的意义。

一、当前高校价值观教育面临的基本形势及其挑战

改革开放以来，社会主义市场经济的蓬勃发展为全社会创造了巨大的物

---

* 原载《思想教育研究》2017 年第 3 期。本文第二作者武传鹏，法学博士，青海大学马克思主义学院副院长，副教授。中国人民大学复印报刊资料《高校思想政治理论课教学研究》2017 年第 4 期全文转载。

① 《坚持立德树人思想引领 加强改进高校党建工作》，《人民日报》2014 年 12 月 30 日。

② 《中央宣传部 教育部关于印发〈普通高校思想政治理论课建设体系创新计划〉的通知》，中华人民共和国教育部政府门户网站，见 http://www.moe.gov.cn/srcsite/A13/moe_772/201508/t20150811_199379.html。

质财富,同时也严重冲击了以为人民服务为核心、以集体主义为原则的主流价值观。在此背景下,大学生价值观日益多元化,对当前高校价值观教育提出了严峻挑战。

(一)经济全球化和市场经济对主流价值观的冲击

经济全球化是当今时代的发展趋势,同时也在全球范围内带来了广泛的价值冲突。一方面,伴随我国进一步融入国际社会,国内外人员往来日益密切,例如 2015 年全年出入境人员总数已超过 5 亿人次。这必然促使各种思想文化的交流交融交锋更加频繁,导致我国主流价值观受到来自外部世界多样化社会思潮和西方价值观的冲击。另一方面,西方敌对势力凭借其经济、科技等方面的优势积极推行“价值观外交”,输出“普世价值”,有组织有预谋地对我国主流价值观展开多方面渗透,企图“和平演变”。同时,在市场经济逐利性的诱导下,人们的思维方式、生活观念、人生态度都发生了巨大变化,出现了价值观念的混乱和困惑,对我国主流价值观造成了消极影响。

新中国成立以来,在中国共产党的领导下,我国逐步形成了以为人民服务为核心、以集体主义为原则的社会主义的主流价值观。然而,转型时期,经济全球化和市场经济对主流价值观的冲击也表现为围绕主流价值观展开的价值冲突。第一,多元与一元之间的冲突。现代价值观念、传统价值观念、落后价值观念、西方价值观念、主流价值观念交相混杂①,令人不知以何为依归,主流价值观念逐渐式微。第二,利益与价值之间的冲突。利益意识的觉醒使市场经济追求个人利益最大化的内在冲动与主流价值观之间愈来愈无法保持应有的平衡。第三,个人主义与集体主义之间的冲突。一些人受拜金主义、享乐主义、极端个人主义等西方腐朽价值观念影响,为满足一己私欲,不惜践踏主流价值观和道德底线,置集体利益于不顾。

---

① 参见王岩、郑易平:《当代中国市场经济条件下价值观变迁与新型集体主义建构》,《马克思主义与现实》2004 年第 3 期。

（二）大学生价值观多元化对价值观教育的挑战

应该看到，当前大学生价值观的主流仍是积极健康向上的。但是，在主流价值观受到严重冲击的背景下，大学生价值观状况也呈现出前所未有的复杂性。大学生价值观多元化业已成为不争的事实。大学生价值观多元化突出表现在以下方面：第一，理想信念动摇。改革开放以来，国际国内形势深刻变化，“一些大学生不同程度地存在政治信仰迷茫、理想信念模糊”①，认为马克思主义陈旧过时，对中华民族伟大复兴的中国梦缺乏认同。第二，个人利益至上。在经济全球化和市场经济条件下，激烈竞争的社会环境造就了大学生开拓创新的进取精神和寻求自我发展的主体观念。追求自我人生价值无可厚非，但一些学生却片面地将人生价值的实现等同于自我价值的实现，置社会价值于不顾，缺乏时代责任感和历史使命感，丧失家国情怀，甘心情愿地蜕化为“精致的利己主义者”。第三，一切为了娱乐。随着西方后现代思潮的涌入以及大众文化的蓬勃发展，大学校园里出现了越来越多的泛娱乐化现象。例如低俗露骨的女生节、光棍节条幅。一些学生沉浸于享受娱乐，“拒绝崇高”，偏爱“恶搞”，通过娱乐解构价值，以娱乐为最高价值。

习近平总书记指出：“青年的价值取向决定了未来整个社会的价值取向”②。大学生是国家宝贵的人才资源，是未来各条战线上的生力军，将全过程参与党的十八大提出的“两个一百年”奋斗目标。根据《中国高等教育质量报告》，2015 年在校大学生规模达到 3700 万人，其中普通高校本专科学生 2625 万人，位居世界第一。③ 大学生群体的重要性和数量规模意味着帮助他们树立正确的价值观具有重大意义。但是，如前所述，大学生价值观多元状况对如何有效地进行价值观教育提出了严峻挑战。本文认为，价值观教育必须建立在充分认识大学生价值观多元状况的基础上，富有针对性地介入其中，积

---

① 《十六大以来重要文献选编》中，中央文献出版社 2006 年版，第 178 页。

② 《习近平谈治国理政》第一卷，外文出版社 2018 年版，第 172 页。

③ 参见《首份高等教育质量“国家报告”出炉》，《中国青年报》2016 年 4 月 8 日。

极确立多元中的主导地位，只有这样，才能抵抗转型时期资本主义价值观念的侵蚀，推动大学生价值观向主流价值观回归。

二、高校思想政治理论课在价值观教育方面存在的突出问题

长期以来，思想政治理论课对于提升大学生思想政治素质，保持大学生主流思想政治状况积极健康向上发挥了重要作用。但是，对于大学生价值观多元化问题，作为价值观教育的主渠道、主阵地和核心课程，思想政治理论课也负有重要责任。思想政治理论课之所以没能充分发挥好价值观教育职能，主要有以下两个方面的突出问题。

（一）教学针对性、实效性不强

思想政治理论课教学针对性是实效性的前提和基础，实效性是针对性的目标和归宿，二者相辅相成。在经济全球化和市场经济条件下，大学生价值观多元化使得思想政治理论课的重要性进一步凸显，迫切要求提升思想政治理论课教学效果。然而，针对性不强、实效性不高却已构成制约当前思想政治理论课教学的瓶颈。

针对性不强是指思想政治理论课结合大学生的现实需求开展教学的紧密程度不高。近年来，因材施教日益成为思想政治理论课教学中的共识，学生对思想政治理论课的学习兴趣和满意程度也逐渐提升。但是，仍然有一些思想政治理论课教师不注重关照学生的成长背景、成才目标、发展需求、认知特点等思想实际，自说自话，教学内容脱离实际、教学方法僵化呆板的情况依然存在，既让教师认为自己的辛勤劳动意义索然，也导致学生丧失学习兴趣，甚至陷入教学相厌的恶性循环。

实效性不强是指通过开展教学活动使大学生达到思想政治理论课教学要

求的程度不高。近年来,通过课程和教材建设、教师队伍建设、教学方式方法改革等一系列重要举措的实施,思想政治理论课的教学效果已获得明显改善,学生的思想水平、政治觉悟、道德品质不断提高。但是,与思想政治理论课的课程目标——坚定对马克思主义的信仰,增强对中国特色社会主义的道路自信、理论自信、制度自信、文化自信,仍存在一定差距。

提升思想政治理论课针对性、实效性,有赖于说服力、感染力的加强。“理论只要说服人,就能掌握群众;而理论只要彻底,就能说服人。”①然而,当前一些高校思想政治理论课教学做不到讲深讲透,对于学生关心的重大理论现实问题无法做出富有针对性的释疑解惑。说服力不强,则难以让学生入耳入脑入心甚至引发逆反。与此同时,人们往往认为思想政治理论课感染力不足不是大问题,在教学实践中也不真正重视。事实上,思想政治理论课教学亟须建立在强烈使命感、责任感、忧患意识基础之上的感染力,不说“空话”“大话”,以理服人、以情动人,让学生喜闻乐见、乐于接受。反之,则容易导致学生对于教学甚至理论本身的轻视。

(二)重知识传授轻价值塑造

教学效果在很大程度上取决于教学理念,思想政治理论课尤其如此。长期以来,思想政治理论课之所以教学效果不理想,源于一种长期得不到纠正的错误教学理念,即重知识传授轻价值塑造。通常意义上,教学包括知识传授和价值塑造两个层面。其中,知识传授处于较低层次,难度较小,是价值塑造的基础;价值塑造处于较高层次,难度较大,是知识传授的归宿。习近平总书记指出:“要坚持不懈传播马克思主义科学理论,抓好马克思主义理论教育,为学生一生成长奠定科学的思想基础。”②思想政治理论课的根本任务就是用马克思主义及其中国化的理论成果武装大学生,帮助其树立正确的世界观、人生

① 《马克思恩格斯选集》第一卷,人民出版社2012年版,第9—10页。

② 《把思想政治工作贯穿教育教学全过程　开创我国高等教育事业发展新局面》,《人民日报》2016年12月9日。

观、价值观，这决定了思想政治理论课具有不同于其他课程的特殊性：更加注重价值塑造。

毛泽东曾经在《关于正确处理人民内部矛盾的问题》中指出，“不论是知识分子，还是青年学生，都应该努力学习。除了学习专业之外，在思想上要有所进步，政治上也要有所进步，这就需要学习马克思主义，学习时事政治。”①邓小平在《在武昌、深圳、珠海、上海等地的谈话要点》中也指出：“学马列要精，要管用的。”②以重知识传授轻价值塑造的教学理念开展教学活动，对于提升思想政治理论课的针对性、实效性，无异于南辕北辙，最终必然会削弱教学效果。重知识传授轻价值塑造的教学理念之主要表现为，在教学内容上，满足于让学生了解概念体系结构等知识点，而较少采用生动而丰富的事实案例去帮助其掌握立场观点方法；在教学方式上，停留于“满堂灌”的注入式教学，而很少采用启发式教学去引导学生通过学习和思考提高觉悟；在考核方式上，主要通过笔试来测试知识掌握程度，而不是通过笔试、社会实践、调查报告、论文、课堂展示、答辩等灵活多样的形式来考察以价值观为代表的综合素质。从根本上说，重知识传授轻价值塑造教学理念的错误在于，一方面不明确思想政治理论课的教学目标，没有处理好知识传授和价值塑造之间的关系，违背了理论联系实际的马克思主义学风；另一方面，取易舍难，停留于感性认识，将教书和育人割裂，丢失了思想政治理论课立身之本。

三、社会主义核心价值观融入高校思想政治理论课的路径

社会主义核心价值观教育是立德树人的必由之路。③ 只有社会主义核心

① 《毛泽东文集》第七卷，人民出版社 1999 年版，第 226 页。

② 《邓小平文选》第三卷，人民出版社 1993 年版，第 382 页。

③ 参见《社会主义核心价值观教育：立德树人的必由之路》，《北京日报》2014 年 1 月 13 日。

价值观融入思想政治理论课,才能真正解决思想政治理论课在价值观教育方面存在的突出问题,才能让价值观教育落地生根,才能全面提高人才培养能力,落实高校立德树人的根本任务。那么,如何融入? 本文认为,应主要从教学理念、教学内容、教学方式三个方面推进社会主义核心价值观融入思想政治理论课教学。

(一)从教学理念上明确高校思想政治理论课实质上是价值观教育

思想政治理论课贯穿着马克思主义的立场、观点和方法,是具有很强的政治性、思想性、实践性的课程。考察思想政治理论课的前身政治课诞生的背景可知,思想政治理论课早在设立之初就不是所谓"价值中立"的,它是出于维护新民主主义革命的胜利果实而设立的。1950 年 7 月 28 日,政务院通过《教育部关于实施高等学校课程改革的决定》,明确指出"废除政治上的反动课程,开设新民主主义的革命的政治课程,借以肃清封建的、买办的、法西斯主义的思想,发展为人民服务的思想。"①新中国成立以来,伴随着社会主义改造、建设和改革的历史进程,思想政治理论课历经多次重大改革而逐步成熟完善,一以贯之地承担着价值观教育的使命和责任。实践证明,"高等学校思想政治理论课在引导大学生坚定对马克思主义的信仰、对社会主义的信念,增强对改革开放和现代化建设的信心、对党和政府的信任等方面,发挥了重要的作用。"②成绩的取得,正是源于思想政治理论课长期坚持鲜明的价值导向。

1989 年 3 月,邓小平曾指出,"我们最大的失误是在教育方面,思想政治工作薄弱了,教育发展不够。"③应当明确,作为高校思想政治教育的主渠道,立德树人自然是思想政治理论课的重中之重。相较于其他课程,思想政治理

① 何东昌:《中华人民共和国重要教育文献(1949—1975)》,海南出版社 1998 年版,第 48 页。

② 教育部社会科学司:《普通高校思想政治理论课文献选编(1949—2008)》,中国人民大学出版社 2008 年版,第 213 页。

③ 《邓小平文选》第三卷,人民出版社 1993 年版,第 290 页。

论课必须更加突出价值导向,用社会主义核心价值观教育学生,致力于对高校培养什么人、如何培养人以及为谁培养人的根本问题作出明确回答。这是思想政治理论课的立身之本。社会主义核心价值观是以科学的世界观和方法论为指导,立足于中国特色社会主义伟大实践,真正引领当代中国发展进步的价值理念。社会主义核心价值观融入思想政治理论课,把社会主义核心价值观的价值理念、精神实质作为价值观引导的核心内容,通过思想政治理论课教学引导大学生扣好人生第一粒扣子,“做社会主义核心价值观的坚定信仰者、积极传播者、模范践行者”①,是立德树人的必由之路。

(二)从教学内容上将社会主义核心价值观融入高校思想政治理论课

从教学内容上将社会主义核心价值观融入思想政治理论课,不是融入“思想道德修养与法律基础”(以下简称“基础”)②、“中国近现代史纲要”(以下简称“纲要”)、“马克思主义基本原理”(以下简称“原理”)、“毛泽东思想和中国特色社会主义理论体系概论”(以下简称“概论”)其中的一门课程,而是对四门课程的全覆盖;不是机械地将社会主义核心价值观一一对应各门思想政治理论课的每一教学内容或是一味增添社会主义核心价值观的相关内容作为章节目,而是既要保证思想政治理论课的系统完整性,又要明确社会主义核心价值观教育这个核心和灵魂。因此,必须结合“基础”“纲要”“原理”“概论”不同的课程特点,将社会主义核心价值观切实融入高校思想政治理论课的教学内容。

社会主义核心价值观融入“基础”课教学内容,应充分发挥两者之间联系最为直接、明显的特点,抓住社会主义核心价值观教育这条教学主线,紧紧围

① 《把思想政治工作贯穿教育教学全过程 开创我国高等教育事业发展新局面》,《人民日报》2016 年 12 月 9 日。

② 根据中共中央宣传部、教育部印发的《新时代学校思想政治理论课改革创新实施方案》,“思想道德修养与法律基础”课程名称已调整为“思想道德与法治”。

绕国家、社会、个人三者之间的关系，开展马克思主义世界观、人生观、价值观、道德观、法律观教育，提升思想道德素质和法律素质，引导大学生通过树立和践行社会主义核心价值观，促进大学生成长成才。

社会主义核心价值观融入"纲要"课教学内容，应强调"历史是最好的教科书"①。引导大学生在了解国史、国情的基础上理解和认同——一部历史和人民选择中国共产党、选择社会主义、选择马克思主义、选择改革开放的中国近现代史其实就是一部社会主义核心价值观的生成史，从为救亡图存和实现中华民族伟大复兴的中国梦而艰苦奋斗的历史中领悟自觉践行社会主义核心价值观的历史担当。

社会主义核心价值观融入"原理"课教学内容，要明确马克思主义是社会主义核心价值观最主要的理论源泉。马克思主义是科学性和价值性的统一，是以人类解放为最高价值追求的。作为中国特色社会主义的价值目标，社会主义核心价值观的根本方向是人类解放。"原理"课应引导大学生将践行社会主义核心价值观与把握马克思主义的世界观和方法论有机结合起来，在深刻把握人类社会发展规律的基础上坚定共产主义理想信念。

社会主义核心价值观融入"概论"课教学内容，应注重把握社会主义核心价值观与中国化马克思主义之间的关系，尤其要指明社会主义核心价值观是在马克思主义中国化过程中、在中国特色社会主义伟大实践中逐渐形成的价值目标。"概论"课应引导大学生树立和践行社会主义核心价值观，以价值观自信支撑道路自信、理论自信、制度自信、文化自信，坚定中国特色社会主义理想信念。

（三）从教学方式上促进社会主义核心价值观融入高校思想政治理论课

从教学方式上促进社会主义核心价值观融入思想政治理论课，必须联系

① 《习近平谈治国理政》第一卷，外文出版社2018年版，第405页。

时代背景和“95后”大学生的思想实际，遵循学生成长规律，遵循价值观教育规律，以“贴近实际、贴近生活、贴近学生”为原则，采用大学生喜闻乐见的教学方式，将社会主义核心价值观融入到思想政治理论课的各个环节中去，落细落小落实，让学生真心喜爱、终身受益。

由于社会主义核心价值观具有很强的抽象性和概括性，传统的灌输式教学容易降低价值观教育的效果，已不能很好地适应当前社会主义核心价值观融入思想政治理论课的现实要求。各门课程须根据不同的教学内容、教学目标及课程特点，采用灵活多样的教学方式，帮助大学生提高认识、分析、判断价值问题的能力，自觉树立和践行社会主义核心价值观。总体上看，以下四种教学方式可以推广和借鉴。

专题教学。以价值塑造为出发点和落脚点，对社会主义核心价值观相关知识点进行系统梳理，搭建知识体系，设计思维导图，选取鲜活案例加以详细阐释，辅之以思考题进行师生互动，达到启迪心灵、提升境界之目的。专题教学针对现实中存在的大学生价值观多元化问题，对症下药，整合教学资源，以深入浅出的讲解实现思想引导，可以有效提高思想政治理论课教学的针对性和实效性。

问题探究教学。根据具体授课章节，布置社会主义核心价值观的相关问题或者案例，以问题为导向，通过查阅资料、社会调研、小组讨论、答辩等环节引导学生自主地思考价值观问题。问题探究教学的最大意义在于激发学生的内在动力，在探究中实现理解和认同，主动将社会主义核心价值观内化于心、外化于行。

新媒体教学。运用新媒体新技术开展社会主义核心价值观的网络“微”教学。通过微课、慕课等多种教学方式，在知识传授与价值塑造高效率地统一起来的基础上突出价值观教育。此外，也可以通过构建思想政治理论课的新媒体矩阵，打造体现社会主义核心价值观的新媒体产品，将课堂内外教学相结合，“使核心价值观的影响像空气一样无所不在、无时不有”①。

---

① 《习近平谈治国理政》第一卷，外文出版社2018年版，第165页。

实践教学。组织学生参观革命遗址遗迹等实践教学基地,举办经典讲读、演讲征文、纪念活动以及道德楷模、成功人士的报告会,鼓励学生结合专业、兴趣以及实际条件进行社会调研,开展志愿服务活动践行社会主义核心价值观等。通过理论教学和实践教学相结合,提升教学过程的实践性,加深学生对社会主义核心价值观的理论认同、情感认同、价值认同。

新时代青年要做什么样的人*

习近平总书记在党的十九大报告中提出："青年兴则国家兴，青年强则国家强。青年一代有理想、有本领、有担当，国家就有前途，民族就有希望。中国梦是历史的、现实的，也是未来的；是我们这一代的，更是青年一代的。中华民族伟大复兴的中国梦终将在一代代青年的接力奋斗中变为现实。"2017 年 10 月 30 日，习近平总书记在人民大会堂会见清华大学经济管理学院顾问委员会海外委员和中方企业家委员时明确指出，教育就是要培养中国特色社会主义事业的建设者和接班人，而不是旁观者和反对派。2017 年 12 月 30 日，习近平总书记在给莫斯科大学中国留学生的回信中，希望广大留学生弘扬留学报国的光荣传统，胸怀大志，刻苦学习，早日成长为可堪大任的优秀人才，把学到的本领奉献给祖国和人民，让青春之光闪耀在为梦想奋斗的道路上。2018 年 5 月 2 日，习近平总书记在北京大学师生座谈会上的讲话中，对广大青年提出"爱国、励志、求真、力行"四点希望，"新时代青年要乘新时代春风，在祖国的万里长空放飞青春梦想，以社会主义建设者和接班人的使命担当，为全面建成小康社会、全面建设社会主义现代化强国而努力奋斗，让中华民族伟大复兴在我们的奋斗中梦想成真！"这些重要论述既是对新时代青年的殷切希望和谆谆教诲，更对新时代青年提出了严格要求和明确目标。新时代青年

---

* 原载《红旗文稿》2018 年第 15 期。本文第二作者佳日一史（彝族），法学硕士，现就职于中直机关。

要做中国特色社会主义的合格建设者和可靠接班人，需要树立坚定的理想信念，确立正确的价值观，勇于担当时代重任。

一、要树立坚定的理想信念

青年阶段是一个人成长过程中非常重要的时期，思想开始趋于成熟，事业进入起步阶段。人在青年时期最需要树立坚定的理想信念，因为崇高的理想是指路的灯塔，坚定的信念是不竭的动力，将激励广大青年不畏艰险，勇往直前。

第一，青年是推动历史发展的巨大力量，社会的进步和发展离不开青年。近代以来，由于中国社会的剧烈变迁，青年一直走在时代的前列，积极投身中国共产党领导的革命、建设和改革，是推动中国社会发展的重要力量。每个重要的历史阶段，广大青年都发挥着重要的作用。面对近代中国闭关锁国而落后挨打的境地，梁启超愤然呼唤："少年强则国强。"五四运动中，面对空前的民族危机，广大青年站在反帝反封建的前列，用实际行动践行"爱国、进步、民主、科学"，为了中国革命的胜利抛头颅，洒热血。新中国成立以来，广大青年以"八、九点钟的太阳"之姿态，挥洒热情投入生产建设，使中国从一穷二白的境地迅速发展起来，尽管历经磨难与挫折，仍然积极乐观，健康向上，迸发出蓬勃的革命激情。改革开放以来，广大青年积极投身于改革开放的大潮，解放思想、善于学习，积极投身于中国特色社会主义建设的伟大实践。不同的时代背景造就不同发展阶段先进青年的特质，不变的却是一代又一代青年的崇高理想和坚定信念。在中国共产党领导下，一代又一代的青年自觉投身于民族解放和社会主义现代化建设，迎来了中华民族从站起来、富起来到强起来的伟大转变。

第二，新时代中国特色社会主义的建设者和接班人需要有坚定的理想信念。志当存高远，青年欲成大事，当立大志。新时代青年最大的志，就是为了中华民族伟大复兴而努力奋斗。新时代青年沐浴着改革开放的春风、伴随着祖国强盛的步伐成长起来,在和平的环境下接受了优良教育,形成了自信、乐观的性格,同时具备了较强的学习能力,思想解放,勇于创新;对外开放带给这一代青年人广阔的国际视野,从而更能认清自己、定位自己,明确自己的志向。而实现个人价值、追求个人理想的最佳方式,便是将之与追求社会价值、顺应时代潮流相结合。正如习近平总书记所说:"'得其大者可以兼其小'。只有把人生理想融入国家和民族的事业中,才能最终成就一番事业。""中国梦是国家的梦、民族的梦,也是包括广大青年在内的每个中国人的梦。"①今天我们比历史上任何时期都更接近、更有信心和能力实现中华民族伟大复兴的目标。中国特色社会主义进入了新时代,开启了新征程,也迎来了新挑战。改革进入深水区,社会问题格外复杂,社会矛盾异常突出,国际形势复杂多变。为了更好地应对新问题,需要新时代青年挺身而出,承担起民族复兴的大任,牢牢把握历史机遇,树立坚定的理想信念,顺应历史潮流,把自己的理想与实现中华民族伟大复兴的梦想结合起来。新时代青年中的共产党员,更要坚定共产主义理想信念,站稳人民立场、以人民为中心,不忘初心,密切联系群众,为实现共产主义而努力奋斗。

二、要确立正确的价值观

价值观是一个人对客观事物的看法,指导着一个人的认知与行为。正确的价值观有助于人们做出科学的判断,为有中国特色社会主义事业奋斗,为自己、家庭以及社会作出贡献。反之,则会容易使人误入歧途,迷失方向,不仅毁掉自己的人生,也会给家庭和社会带来灾难。

---

① 《习近平给北京大学考古文博学院二〇〇九级本科团支部全体同学的回信》,《人民日报》2013 年 5 月 5 日。

青年阶段是确立价值观的重要阶段,正确的价值观对青年的成长有着至关重要的作用。当前,新生事物和社会思潮层出不穷,广大青年对此应接不暇;文化传播方式多元化,互联网成为青年学习和交流的重要工具;自由宽松的社会环境让广大青年表达自我、追求个性更加容易、更受鼓励。在此背景下,价值观也出现了多元化倾向。一些消极、颓废甚至错误的价值观和不良思想文化、价值观念影响着新一代青年。习近平总书记在与青年交流时曾强调,要"扣好人生第一粒扣子",因为"青年的价值取向决定了未来整个社会的价值取向,而青年又处在价值观形成和确立的时期,抓好这一时期的价值观养成十分重要"。[①] "人生第一粒扣子",意即树立正确的、积极的价值观,并在此价值观的指导下努力成长。

新时代青年要担当起民族复兴大任、成为时代新人,首先要树立社会主义核心价值观。社会主义核心价值观继承了数千年以来不断发展的民族优秀传统文化,注重个人品格的修养,强调个人的责任意识,包含对人生、社会和国家的态度;是对以爱国主义为核心的民族精神的继承,是对以改革创新为核心的时代精神的发展;吸收了人类文明的积极成果,吸取和提炼了自由、平等、公正、法治精神,代表了人类对理想社会和美好生活的向往。习近平总书记在党的十九大报告中明确指出:"要以培养担当民族复兴大任的时代新人为着眼点,强化教育引导、实践养成、制度保障,发挥社会主义核心价值观对国民教育、精神文明创建、精神文化产品创作生产传播的引领作用,把社会主义核心价值观融入社会发展各方面,转化为人们的情感认同和行为习惯。"国家层面的富强、民主、文明、和谐是新一代青年努力追求的价值目标,社会层面的自由、平等、公正、法治是新时代青年的价值取向,公民个人层面的爱国、敬业、诚信、友善是新时代青年的价值准则。社会主义核心价值观为新时代青年提出了具体要求,作为新时代青年应该以此严格要求自我,积极投入建设社会主义

---

① 习近平:《青年要自尊践行社会主义核心价值观——在北京大学师生座谈会上的讲话》,人民出版社 2014 年版,第 9 页。

现代化强国的实践中,并主动宣传,模范践行社会主义核心价值观,将其落实到新时代坚持和发展中国特色社会主义的建设事业中。

三、要勇于担当时代重任

新时代青年要勇于担当起时代的重任,树立坚定的理想信念、确立正确的价值观,更要具有崇高的精神品质、丰富的知识学养和积极主动的实践精神。坚定的理想信念和正确的价值观让新时代青年具有强烈的担当意识和勇气,而精神品质、知识学养和实践精神则是新时代青年担当时代重任的必备条件。

第一,崇高的精神品质,包括坚韧不拔的意志品质和高尚的思想道德修养。新时代青年要将国家富强、民族振兴、人民幸福作为奋斗目标,志存高远,将追求个人价值与社会价值的实现相结合,将个人的理想与实现中华民族伟大复兴的中国梦相结合,勇敢投身于新时代社会主义现代化强国建设的伟大实践中。“心中有阳光,脚下有力量。”新时代青年要敢于迎接挑战,不畏困难,不贪图安逸,勇于创新,敢闯敢拼,攻坚克难;要坚忍不拔,艰苦奋斗,耐得住寂寞和清贫,不轻言放弃。新时代青年还应当在日常生活中自觉遵守社会公德、职业道德、家庭美德,扮演好社会角色、家庭角色,努力工作,爱护家庭,构建和谐社会、和谐家庭,为社会主义现代化强国建设贡献自己的力量;严格要求自我,培养正直、善良、诚实、勇敢等优秀品质,关心他人,乐于助人,为社会提供正能量;弘扬爱国主义、集体主义精神,维护祖国和集体的尊严和利益,甘于奉献,履行好公民义务。

第二,丰富的知识学养,是新时代青年投身于社会主义现代化强国建设实践所应具备的素质。青年是一个人的黄金学习年龄,理解能力强,记忆力好,学习新知识的效率高,而且新时代青年有着良好的学习环境,有着充分的学习时间,要抓住大好时光,打好知识基础,学好专业知识,求真学问,练真本领。走上工作岗位的新时代青年,要将所学知识应用于实践当中,更应该养成终身学习的习惯，学以致用，不断提高工作水平和实践能力。知识学养既需要从书本中获得，也需要从实践中获得。“纸上得来终觉浅，绝知此事要躬行。”既要读万卷书，更要行万里路，读好无字之书，全面提升自己的综合素质。这方面习近平总书记为广大青年做出了很好的榜样，他的七年知青岁月，从极不适应环境到积极融入环境，再到主动带动群众发展，社会这本“无字之书”教给他坚韧勇敢，繁忙的工作之余他不断读书，积淀下丰厚的学养，这为他后来的成长奠定了坚实的基础。

第三，积极发挥主观能动性，主动投身新时代社会主义现代化强国建设实践，为服务国家和人民更好地贡献自己的力量。新时代我国社会的主要矛盾已经转化为人民日益增长的美好生活需要和不平衡不充分的发展之间的矛盾，这就要求广大青年立志高远，勇于担当，服务于祖国和人民的事业。要像习近平总书记说的那样，“不论学习还是工作，都要面向实际、深入实践，实践出真知；都要严谨务实，一分耕耘一分收获，苦干实干。广大青年要努力成为有理想、有学问、有才干的实干家，在新时代干出一番事业。”①

当前我国区域发展不平衡，城乡发展还不平衡，行业发展还不平衡，需要广大青年奋发有为。新时代青年需要扎根中国大地，到祖国最需要的地方去，积极投入创新创业当中来，将自己的聪明才智贡献给社会主义现代化强国的伟大事业。新时代青年成长于经济全球化的背景下，具有开阔的国际视野，习近平总书记曾说，“青年最富有朝气，最富有梦想，是未来的领导者和建设者”②，并寄语新时代青年要有理想、有担当，推进人类和平与发展的崇高事业，推动不同文明交流互鉴、和谐共生，积极为构建人类命运共同体添砖加瓦。

---

① 习近平：《在北京大学师生座谈会上的讲话》，《人民日报》2018 年 5 月 3 日。

② 《习近平主席在联合国教科文组织第九届青年论坛开幕式上的贺词》，《人民日报》2015 年 10 月 27 日。

后　　记

党的十八大以来，习近平总书记多次强调，马克思主义是我们立党立国的根本指导思想，也是我国大学最鲜亮的底色。培养社会主义建设者和接班人，是我们党的教育方针，是我国各级各类学校的共同使命。学校思想政治理论课，承载着立德树人这一根本任务的重要使命，也是对学生进行思想政治教育的主渠道。办好思想政治理论课，成为新时代全党全社会的共识。对于培养堪当中华民族伟大复兴重任的时代新人，具有十分重要的意义。

我 1983 年本科毕业于河北师范学院（1996 年与河北师范大学合并）政教系并留系任教，从那时起一直从事思想政治教育专业和思想政治理论课的教育教学工作，先后主讲中共党史、毛泽东思想概论、毛泽东思想和中国特色社会主义理论体系概论等本科生的思想政治理论课。2009 年 6 月之后，在清华大学主讲本科生毛泽东思想和中国特色社会主义理论体系概论课。任教 40 年来，不管是从开始指导硕士研究生，还是后来指导博士研究生，从未放弃给本科生讲思想政治理论课。从事教学、研究教学，也是一个高校教师的职责和使命所在，我从教 40 年来发表的其他拙作，也大多是从教学过程中的重点难点问题出发进行分析和研究。

我在河北师范大学工作期间，曾经两次主编河北省普通高校通用的思想政治理论课教材《毛泽东思想概论》。2005 年以来，有幸作为首席专家之一，参与中央马克思主义理论研究和建设工程重点教材《毛泽东思想和中国特色社会主义理论体系概论》的编写和多次修订。2021 年，主编了教育部组织编写的《习近平新时代中国特色社会主义思想学生读本》(初中)。参与编写教材的这些经历,也使我加深了对学校思想政治理论课教材体系、教学体系、重点难点问题的理解和认识。

收入本书的20多篇拙作,是我在完成教学任务之余,围绕高校思想政治理论课教学而写就的一些习作,也记录了我对思想政治理论课、尤其是毛泽东思想和中国特色社会主义理论体系概论课教学的体会和心得。全书收录的文章分为总论、理论联系实际、概论课教学、立德树人四个板块。“总论”板块的几篇文章是对思想政治理论课建设几个重要问题的分析和研究,“理论联系实际”板块的几篇文章是对新时代高校思想政治理论课如何做到理论联系实际的思考,“概论课教学”板块的几篇文章是对“毛泽东思想和中国特色社会主义理论体系概论”课教学的分析和研究,“立德树人”板块的几篇文章是对高校思想政治理论课如何承担立德树人这一根本任务的探讨。

为了保持所发文章的原貌,此次成书时未对其内容进行修改,只是对引文注释的版本进行了更新,校勘了个别谬误。同时,也为了阅读方便,删去了文章的摘要和关键词。书中还收录了几篇合作撰写的文章,书中对每篇合著文章都加脚注,标注了合作者和发表文章的刊物,在此也对各位合作者表示感谢!

本书出版得到了清华大学马克思主义学院的资助。书中收录的文章由我指导的博士后吴璇负责选编,我指导的几位在读硕士、博士研究生帮助核对了全书引文。本书出版得到了人民出版社汪逸编辑的大力支持。在此向支持和帮助本书出版的各位领导、老师和各位同学表示感谢!

肖贵清

2022年春于清华园·善斋

责任编辑:汪　逸
封面设计:木　辛

图书在版编目(CIP)数据

守正创新——新时代高校思政课教学研究/肖贵清 著.—北京:人民出版社,2023.12

ISBN 978-7-01-026120-1

Ⅰ.①守…　Ⅱ.①肖…　Ⅲ.①高等学校-思想政治教育-教学研究-中国　Ⅳ.①G641

中国国家版本馆 CIP 数据核字(2023)第 225203 号

守正创新

SHOUZHENG CHUANGXIN

——新时代高校思政课教学研究

肖贵清　著

人民出版社 出版发行

(100706　北京市东城区隆福寺街 99 号)

北京中科印刷有限公司印刷　新华书店经销

2023 年 12 月第 1 版　2023 年 12 月北京第 1 次印刷

开本:710 毫米×1000 毫米 1/16　印张:18.75

字数:275 千字

ISBN 978-7-01-026120-1　定价:79.00 元

邮购地址 100706　北京市东城区隆福寺街 99 号

人民东方图书销售中心　电话 (010)65250042　65289539